汽车电气维修技能**进阶丛书**

刘春晖 曹金静 主编

汽车
电路图识读
与故障检修

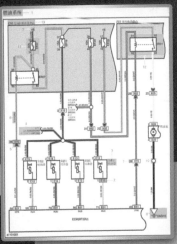

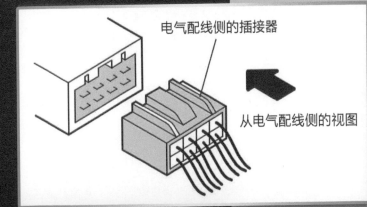

电气配线侧的插接器

从电气配线侧的视图

机械工业出版社
CHINA MACHINE PRESS

本书主要介绍汽车电路的基本知识、识读方法和技巧，并以典型车系电路图的识读为实例，介绍了各品牌主要车系电路图的识读方法，以使读者能尽快掌握正确识读和分析汽车电路图的技巧，能在实际维修工作中快速判断、准确排除汽车电路故障。本书的主要内容包括汽车电路的基本知识、汽车电路的基本组成元素、欧洲车系电路图的识读、美国车系电路图的识读、日韩及国产车系电路图的识读、汽车车身电气系统电路图的识读、汽车发动机电子控制系统电路图的识读、汽车底盘控制系统电路图的识读、汽车舒适与安全系统电路图的识读九个方面。

本书既可作为汽车维修行业修理人员提高技能的自学用书，也可作为职业院校汽车检测与维修专业、汽车电子技术专业及汽车运用专业的教学用书。

图书在版编目（CIP）数据

汽车电路图识读与故障检修/刘春晖，曹金静主编. —北京：机械工业出版社，2019.5（2024.2重印）
（汽车电气维修技能进阶丛书）
ISBN 978-7-111-61985-7

Ⅰ.①汽…　Ⅱ.①刘…　②曹…　Ⅲ.①汽车-电气设备-电路图-识图
Ⅳ.①U463.620.2

中国版本图书馆CIP数据核字（2019）第025779号

机械工业出版社（北京市百万庄大街22号　邮政编码100037）
策划编辑：杜凡如　责任编辑：杜凡如　陈文龙
责任校对：王明欣　责任印制：单爱军
北京虎彩文化传播有限公司印刷
2024年2月第1版第5次印刷
184mm×260mm·18.25印张·452千字
标准书号：ISBN 978-7-111-61985-7
定价：89.90元

凡购本书，如有缺页、倒页、脱页，由本社发行部调换
电话服务　　　　　　　　网络服务
服务咨询热线：010-88361066　机工官网：www.cmpbook.com
读者购书热线：010-68326294　机工官博：weibo.com/cmp1952
　　　　　　　　　　　　　　金　书　网：www.golden-book.com
封面无防伪标均为盗版　教育服务网：www.cmpedu.com

前　言

随着汽车性能的不断提高和电子控制技术的迅猛发展，电子控制技术在汽车上的应用越来越广泛，这使得汽车电路的结构越来越复杂，加之世界各国不同品牌的汽车电路图图形符号及标注差异较大，电路图的画法也不尽相同，给广大汽车维修人员和学生读懂并使用好汽车电路图增加了很大的难度。

汽车电路图是汽车电路符号化的书面语言，通过它可以了解汽车电气系统的工作原理、汽车电路中各元器件之间的关系、汽车线束的布置与接口端子的连接等信息。从通用性上来说，汽车电器及各系统的电子控制原理是大同小异的，这使得了解和掌握汽车电路有规律可循。而从电路图的表现形式上来看，因汽车品牌各自规范的不同（如线色的定义、接口端子的定义和电路图表现形式各成一体），又给电路图的识读带来一定的不便。

目前，汽车电路图已成为一线汽车维修人员在汽车维修中必备的基本资料。能否准确、快速地识读各类汽车电路图、弄清其内在联系、找出其中的特点和规律，是快速、准确判断汽车故障点和进行故障排除的关键。

本书介绍了汽车电路图识读的基本知识，重点讲述了汽车主要系统电路图的识读。由于不同车系电路的设计特点和电路符号在表示方法上有较大的差别，故本书详细介绍了欧洲车系、美国车系、日韩及国产车系相关系列车型的电路特点、表达方式及电路图的识读规范和实例，具有较强的代表性和实用性。

由于书中涉及不同品牌的车型，为便于读者识读原厂图，保留了原厂图中各元器件的画法，故本书电路图中的元器件符号不完全符合国家标准的规定，请读者注意。

本书由山东华宇工学院刘春晖、曹金静主编，山东华宇工学院张文志、肖媛媛、方玉娟、顾雅青、高春刚、李凤芹、任斌、唐娟、王东盈、张学忠参编。

由于编者水平有限，书中难免有错误和不当之处，恳请广大读者批评指正。

编　者

目　录

Chapter 1

第一章

汽车电路的基本知识

第一节 汽车电路的组成和特点

现代汽车的电气电路如同人的神经系统一样分布在汽车的各个部分，控制着各种机构、机件及器件有序协调地工作（运转），其复杂程度随汽车电子技术产品的广泛应用而与日俱增，这给速查速排汽车电路故障增加了难度。

一、汽车电路的组成

为了使汽车的电气设备工作，应按照它们各自的工作特性及相互间的内在联系，用导线和车体把电源、电路保护装置、控制器件及用电设备等装置连接起来，构成能使电流流通的路径，这种路径称为汽车电路。

汽车电路主要由电源、电路保护装置、控制器件、用电设备及导线组成，如图 1-1 所示。

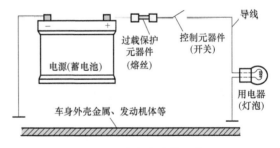

图 1-1 汽车电路的组成

1. 电源

现代汽车上装有两个电源，即蓄电池和发电机，其功能是保证汽车发动机的起动和各用电设备在不同情况下都能正常工作。

2. 电路保护装置

汽车电路保护装置主要有熔丝（俗称保险丝）、断路器及易熔线等，其功能是在电路中起保护作用。当电路中流过超过规定的电流时切断电路，防止烧坏电路连接导线和用电设备，并把故障限制在最小范围内。

3. 控制器件

除了传统的各种手动开关、压力开关、温控开关外，现代汽车还大量使用电子控制器件，包括简单的电子模块（如电子式电压调节器等）和微电脑形式的电子控制单元，如发动机电控单元（ECM）、自动变速器电控单元（TCM）等。电子控制器件和传统开关在电路上的主要区别是电子控制器件需要单独的工作电源并配用各种形式的传感器。

4. 用电设备

汽车用电设备包括电动机、电磁阀、灯泡、仪表、各种电子控制器件和部分传感器等。

5. 汽车导线

汽车导线包括低压导线和点火用高压导线，低压导线用于将以上各种装置连接起来构成电路。此外，汽车上通常用车体代替部分从用电器返回电源的导线。

二、汽车电路的基本特点

1. 两个电源

汽车上的两个电源是指交流发电机和蓄电池两个供电电源。蓄电池是辅助电源，在汽车未运转时向有关电气设备供电；交流发电机是主电源，当发动机运转到一定转速后，交流发电机转速达到规定的发电转速，开始向有关电气设备供电，同时对蓄电池进行充电。两者互补可以有效地使用电设备在不同的情况下都能正常工作，同时延长了蓄电池的供电时间。

2. 并联单线

汽车上的电源和所有的电气设备均采用并联，即它们正常工作时的电压相同。同时采用并联方式，个别电气设备故障不影响其他电气设备，每个用电设备都由各自串联在其支路中的专用开关控制，互不干扰。单线制是指从电源到用电设备只用一根导线连接，而用汽车底盘、发动机等金属机体作为另一公用导线。由于单线制节省导线、线路清晰、安装和检修方便，且电器也不需与车体绝缘，故现代汽车均采用单线制，但在一些不能形成可靠的电气回路或需要精确电子信号的回路中采用双线。

> ⓘ **注意**：对于某些电气设备，为了保证其工作的可靠性、提高灵敏度，仍然采用双线制连接方式。例如，发电机与调节器之间的接地线、双线电喇叭、电子控制系统的电控单元及传感器等。

3. 网络控制

由于汽车智能化的要求，多数用电设备的工作电流控制已不是由单一的开关信号控制的，而大多是由具有一定逻辑关系的多个信号来控制的。这些控制构成一个网络，所以称为网络控制，即用电设备是否工作是由网络控制的。实现网络控制主要是引入了电控单元（ECU），它连接着特定部位的传感器，每个传感器提供一路信号。在各种用电设备的工作电流控制中，有些信号是共用的，所以汽车上各个电控单元也要靠网络技术来连接。随着汽车电气技术的发展，拟人思维的功能控制需要的信号越来越多，满足的关系越来越复杂，网络结构也在不断发展。目前，汽车车载网络结构在向 CAN 总线制过渡。

4. 低压直流

汽车电系的额定电压有 12V 和 24V 两种，目前汽油车普遍采用 12V 电系，而中、重型柴油车则多采用 24V 电系。汽车正常运行中的电压，一般 12V 系统的为 14V，24V 系统的为 28V。汽车采用直流系统的原因是汽车发动机要靠电力起动机起动，它是直流串励电动机，必须由蓄电池供电，而蓄电池充电必须用直流电，所以汽车电系为直流系统。这主要是从蓄电池充电角度来考虑的。

5. 负极搭铁

采用单线制时，蓄电池的一个电极必须接至车架上，俗称"搭铁"，将蓄电池的负极接车架就称之为"负极搭铁"；反之，则称为"正极搭铁"，汽车电系已统一定为负极搭铁。

6. 由相对独立的分系统组成

汽车电路由相对独立的分系统组成，全车电路一般包括图 1-2 所示的九大系统。

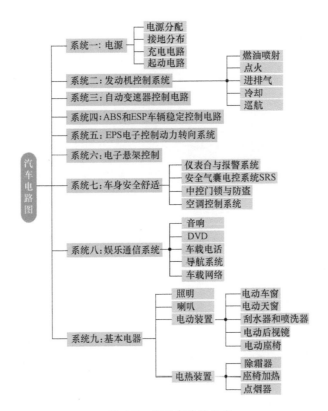

图 1-2 汽车电路的组成

第二节 汽车电路图的识读要领

一、识读汽车电路图的关键

要想轻松熟练地从事现代汽车的维修，就必须能看懂汽车电路图。识读汽车电路图的关键就是要把电的通路搞清楚，即信号是什么（该信号是输入信号、输出信号还是控制信号），信号起什么作用（在什么条件下有信号，从哪里来到哪里去）。这就需要联系前后的电路图，顺藤摸瓜，推出它的本质。脱离了具体电路，就无法快速有效地掌握汽车电路图的识读。

当然，要想把汽车电路图作为诊断汽车故障的工具，需要有一定的电路理论基础，再加上一线的实践维修经验，才会获得技术上的飞跃。从本质上了解电的通路、信号的通道，再遵循自然规律，运用科学方法进行分析，才能达到正确分析排除故障的目的。

二、汽车电路的 3 种电信号

1. 电源

汽车电路要正常工作，必须具备良好的供电。电路图识读时查看电源就是要看清楚蓄电池的电都供给了哪些元器件。与电源正极连接的导线在到达用电器之前是电源电路；与接地点连接的导线在到达用电器之前为接地电路。汽车电路的电源一般来说有常电源和条件电源两种。

所谓常电源，就是在蓄电池正常的情况下，均有规定电压的电源线。以上海大众桑塔纳3000轿车为例，如图1-3所示，图中30号线接蓄电池正极，称之为常相线（俗称常火线）。

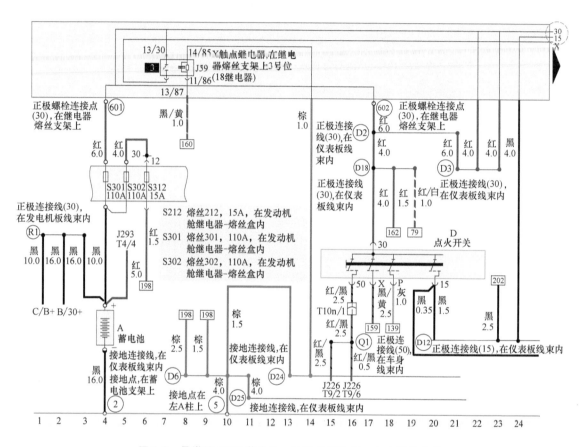

图1-3 桑塔纳3000蓄电池、X触点继电器、点火开关电路

所谓条件电源，就是在一定的条件下才有规定电压的电源线。点火开关位于 ON（接通）或 ST（起动）档时，30号线经点火开关接中央继电器盒内的15号线，15号线称为"钥匙来电"，是小容量相线（火线），用以控制仪表、交流发电机励磁、点火等小容量用电设备。卸荷线 X 是大容量相线，用以控制雾灯、刮水器、风窗加热、空调等大容量用电设备，只有在点火开关位于 ON 档时 X 触点继电器（J59）才工作，30号线经 X 触点继电器触点接通 X 线；而在点火开关位于 ST 档起动发动机时 X 线断电，使得即便上述大负荷用电器忘记关掉，它们也能自动断电，从而保证发动机能顺利起动。

2. 输入信号

汽车电路中常见的是各种开关输入信号和传感器输入信号。传感器经常共用电源线和接地线，但绝不会共用信号线。在分析传感器电路时，可用排除法来判断电路，即排除其不可能的功能来确定其实际功能，如分析某一具有三根导线的传感器电路时，如果已经分析出其电源电路和接地电路，则剩余的电路必然为信号电路。

3. 控制信号

控制信号主要由控制单元送出，它分布在各个执行器电路中，如点火电路中的点火信号、燃油喷射控制电路中的喷油信号、自动变速器控制电路中驱动换档电磁阀动作的换档信号、怠速控制电路中控制步进电动机的怠速控制信号、空调控制电路中控制压缩机运转的控制信号等。在汽车电路中，存在执行器共用电源线、接地线或控制线的情况。

三、汽车电路的类型

根据功用的不同，汽车电路一般可分为电源电路、搭铁电路与控制电路；根据控制器件与用电部件之间是否使用继电器，又可分为直接控制电路和间接控制电路；按在电路中是否采用电子控制器件可分为电子控制电路和非电子控制电路。

1. 电源电路、搭铁电路及控制电路

（1）电源电路 供电电路是汽车用电设备供电正常工作必不可少的电源电路。随着汽车用电设备越来越多，汽车上的供电电路也越来越复杂。汽车的供电电流一般都是从蓄电池或发电机的正极出发，经过配电盘（熔丝/继电器盒）后统一分配到各用电器，图 1-4 所示为本田雅阁车系供电系统的局部图。

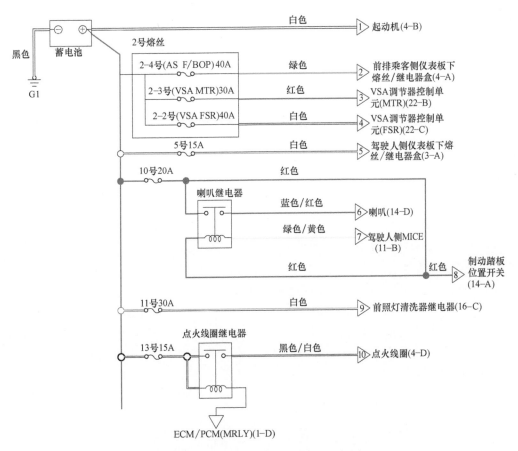

图 1-4　本田雅阁车系供电系统（局部图）

（2）搭铁电路 搭铁电路主要是为电气部件提供电源回路的，在各品牌汽车电路图中，

这部分被称为接地电路。一般汽车的接地点分布以位置图形式出现，直观地显示接地点位置。图 1-5 所示为 2016 款丰田凯美瑞（混合动力版）发动机舱接地点分布图，图中标号 E 为发动机线束，标号 A1、A2、A3、A4、E1、E3 为接地点，在其他电路中看到相应编号，即可对照图 1-5 找到接地点的位置。

（3）控制电路　控制电路是汽车电路的主体，电流通过各种类型的开关，再经过用电器回到蓄电池负极，用电器工作。图 1-6 所示为本田雅阁制动灯电路图，当驾驶人踩下制动踏板时，与制动踏板相连接的制动踏板位置开关闭合，来自 10 号（20A）熔丝（1 A）的电流经过制动踏板位置开关加到左制动灯、右制动灯和高位制动灯的正极且流过制动灯，并经负极接地点流回蓄电池负极，左制动灯、右制动灯和高位制动灯点亮。

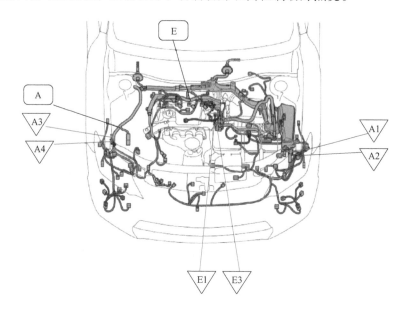

图 1-5　丰田凯美瑞（2016 混合动力版）发动机舱接地点位置分布图

2. 直接控制电路与间接控制电路

（1）直接控制电路　直接控制电路是最基本、最简单的电路。这种控制电路中不使用继电器，控制器件与用电器串联，直接控制用电器，图 1-6 所示为直接控制电路。

（2）间接控制电路　电路中采用继电器或电子控制模块控制用电器的电路称为间接控制电路。控制部件可以是继电器，也可以是电子控制器。还有一种是由电子控制器控制继电器，继电器再控制用电器。图 1-7 所示为大众 CC 汽车双音喇叭控制电路图，双音喇叭继电器的 2 脚是由车载电网控制单元 J519 T52b/41 端子送出的喇叭开关打开信号，来自熔丝 SB3 的电流流过继电器线圈，在 J519 内部接地，继电器吸合；同样来自熔丝 SB3 的电流流过 H2 高音喇叭和 H7 低音喇叭，分别在接地点 673 和 685 接地流回蓄电池负极，构成完整回路，使喇叭发出声音。

3. 电子控制电路与非电子控制电路

（1）电子控制电路　目前，电子控制取代其他控制模式成为现代汽车控制的主要方式，如发动机的机械控制燃油喷射被电控燃油喷射所取代，自动变速器及防抱死制动系统（ABS）

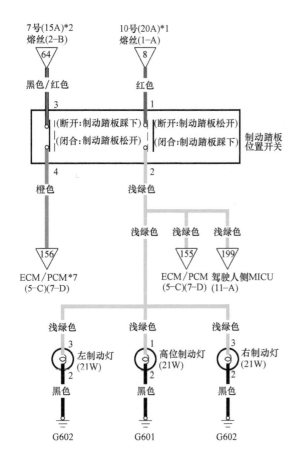

图 1-6　本田雅阁制动灯电路图

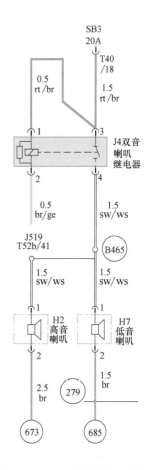

图 1-7　大众 CC 喇叭电路图

由电子控制取代液压控制等。电子控制电路是指增加了信号输入元件和电子控制器件，由电子控制器件对用电器进行自动控制的一种电路，此时用电器一般称为执行器。

　　电子控制电路的特点：在汽车电子控制系统中，电子控制单元（ECU）是核心，它通过接收传感器和控制开关输入的各种信号，根据其内部预先存储的数据和编制的程序，通过数学计算和逻辑判断，直接或间接控制各执行器的工作。

　　（2）非电子控制电路　非电子控制电路指的是由手动开关、压力开关、温控开关及滑线变阻器等传统控制器件对用电器进行控制的电路。汽车上的手动开关主要是点火开关、照明灯开关、信号灯开关及各控制面板与驾驶座附近的按键式、拨杆式开关及组合式开关等。

第三节　汽车电路图的类型

　　汽车电路图主要用于表达各电气系统的工作原理及电器间的连接关系，同时还可标示各用电器、线束等在车上的具体位置。尽管不同车型的电路图风格各异，但根据电路图的特点一般可分为电气布线图、电路原理图、电路线束图和电器定位图等。

一、布线图

汽车电气布线图也叫作汽车电气电路图，如图 1-8 所示，是传统的汽车电路表达方法。汽车电气布线图就是根据汽车各电气设备的外形和实际安装位置，用相应的图形符号和合理的导线布置将电路中的电源、开关、用电器等用导线一一连接起来所构成的电路图。汽车电气布线图的优点是能真实地反映电气设备的外形、安装位置和电路的路径，可以根据布线图很方便地找到导线中间的分支、接点，便于汽车制造厂制作线束，因此现在仍被不少汽车制造厂家采用。

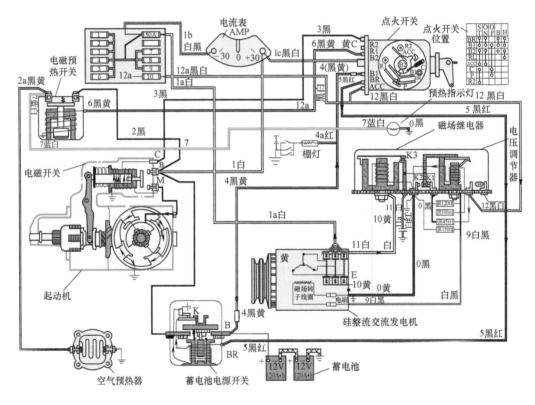

图 1-8 汽车电气布线图

汽车电气布线图也有自身的缺点，布线图中线路密集、纵横交错，不能清晰简洁地反映出电气系统的工作原理，给读图、查找和分析故障带来很大不便，需要较长时间才能读懂。随着汽车上电气设备的增多，也不可能把所有电气设备画到一张图上，因此这样的图会越来越少。

二、电路原理图

汽车电路原理图是用规定的图形符号，根据汽车各系统的工作原理和电气设备的连接关系绘制而成的。汽车电路原理图是现在最常见的汽车电路图，既可以是全车电路图，也可以是单元电路图，如图 1-9 所示。

汽车电路原理图在绘制的时候不讲究电气设备的开关、安装位置和电路走向，用简明的

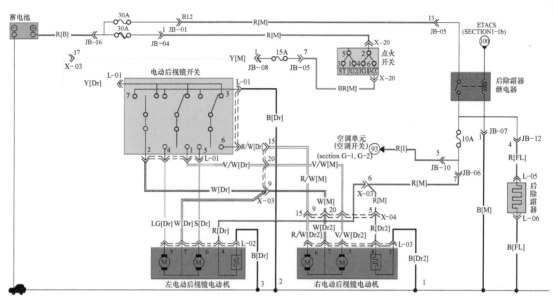

图 1-9 东风悦达起亚电动后视镜系统电路图

符号代替电气设备，根据绘图的需要布置汽车电气设备的位置和电路走向，使得电路图简洁清晰，电路简单明了，电气设备间的连接控制关系十分清楚，对于读图者了解汽车电气设备的工作原理和分析排除电气系统的故障十分方便。汽车电路原理图多由汽车制造厂家提供，虽然在绘制风格和表达内容上没有统一规定，风格各异，但也存在着很多相似处：导线都标注有颜色代码和规格，在有的车型上还标有电路代码，例如上海通用车系；汽车电气设备符号旁边都标有设备名称和代码；过载保护装置都标有规格、代码和安装位置；电路图中的开关、继电器等控制器都处于断开状态，用电器都处于停止工作状态；电路图中的电源线常画在图的上方，例如一汽大众车系（见图 1-10），也有的画在图的左边，例如一汽丰田车系。在阅读汽车电路原理图的时候，可以充分利用不同车系电路图中的相似处来提高读图效率。

三、电路线束图

在汽车上，为了安装方便和保护导线，将同路的许多导线用棉纱编织物或聚氯乙烯塑料带包扎成束。电路线束图是根据电气设备在汽车上的实际安装部位绘制的全车电路图。

如图 1-11 所示，整车电路线束图常用于汽车厂总装线和修理厂的连接、检修与配线。线束图主要表明导线线束与各用电器的连接部位、接线端子的标记、线头、插接器（连接器）的形状及位置等。这种图一般不去详细描绘线束内部的导线走向，只将露在线束外面的线头与插接器做详细编号或用字母标记。它是一种突出装配记号的电路表现形式，非常便于安装、配线、检测与维修。如果再将此图各线端都用序号、颜色准确无误地标注出来，并与电路原理图和布线图结合起来使用，则会起到更大的作用且能收到更好的效果。

四、电器定位图

电器定位图可显示用电器、控制器件（包括传感器、电控单元、开关、继电器等）、连

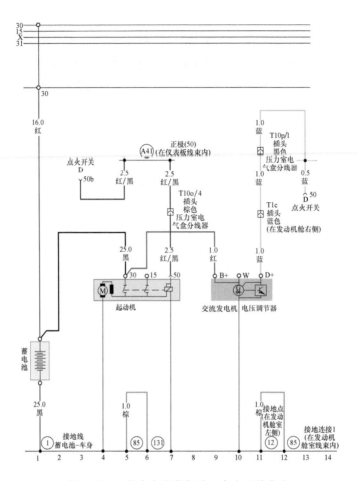

图 1-10　一汽大众汽车起动、点火系统电路

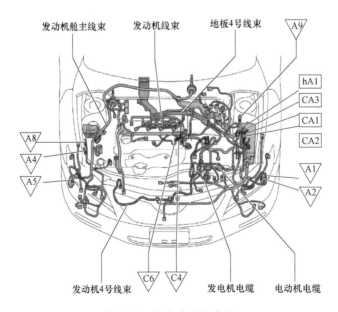

图 1-11　汽车电路线束图

接器、接线盒、熔丝盒、继电器盒等在车上的具体位置，可以迅速准确地找到各电器部件在车上的安装位置。一般采用绘制的立体图或实物照片的形式，立体感强，能直观、清晰地反映出电器在车上的实际位置，如图 1-12 所示。

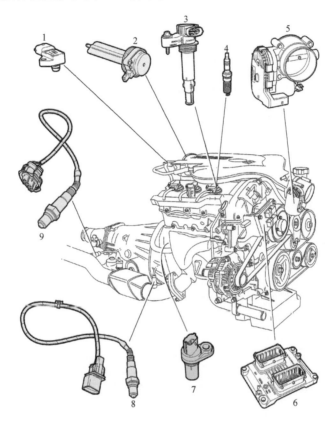

图 1-12 别克荣御发动机电器定位图

1—大气压力传感器 2—进气歧管管路控制阀 3—点火线圈 4—火花塞 5—节气门体总成
6—发动机控制模块（ECM） 7—曲轴位置（CKP）传感器 8—加热型氧传感器
（HO_2S），催化前 9—加热型氧传感器（HO_2S），催化后

　　定位图在某些车型中还有进一步的分类：可分为用电器定位图，控制器件定位图，熔丝盒、继电器盒、接线盒定位图，插接器定位图，接地点和铰接点定位图，诊断座定位图等，还有帮助确定熔丝具体安装位置的熔丝盒内部熔丝布局图，以及确定插接器内部导线连接位置的插接器插端子接线图。

　　导线的定位是由导线的两个端点来确定的。由于大多数导线是裹在线束中的，只用线束定位图是不能找到各导线的。需要参照电路原理图中该导线两端插接器的相应插端子代码，在定位图中找到相应插接器，参照插接器的插端子排列图找到导线相应的插端子或接线柱，然后找到该导线。

　　目前，大多数汽车制造公司均采用了电路原理图结合定位图的表达方式。为便于结合两类图，大多数车型的电路图还附有表格，指出电路原理图上的电器、导线等在哪一张定位图上（如通用等车型）。

第四节　汽车电路图的识读

一、汽车电路图的识读要领

1. 认真阅读图注

认真阅读图注，了解电路图的名称和技术规范，明确图形符号的含义，建立元器件和图形符号间一一对应的关系，这样才能快速准确地识图。

图注说明的是汽车所有电气设备的名称及其数字代号，通过阅读图注可初步了解该汽车装配了哪些电气设备。然后通过电气设备的数字代号在电路图中找出该电气设备，再进一步找出相互连线、控制关系。这样就可以了解绝大部分电路的特点。全车电路一般都是由各个局部电路所构成的，它表达了各个局部电路之间的连接和控制关系。要把局部电路从整车电路图中分割出来，就必须掌握各个单元电路的基本情况和接线规律。弄清楚局部电路的工作原理后，再来分析各局部电路的联系，特别是与电源电路的联系，进而弄清楚整车电路的工作原理。

2. 掌握回路的原则

任何汽车电路都应是一个完整的电路回路，其中包括电源、开关（或熔丝）、电器（或电子线路）、导线和插接器等，并从电源正极经导线、开关（或熔丝）至用电器后接地，回到同一电源的负极，这样的电路才是正确的，否则就是读错了或查错了回路。

具体查找通路的方法可以沿着工作电流的流向，由电源查向用电设备；也可以逆着工作电流的方向，由用电设备查向电源。尤其是查寻一些不太熟悉的电路，后者比前者更为方便。

> **注意：**
>
> 　1）从电源正极出发，经某用电器（或再经其他用电器），最后又回到同一电源的正极，由于电源的电位差（电压）仅存在于电源的正负极之间，电源的同一电极是等电位的，没有电位差，这种"从正到正"的途径是不会产生电流的。
>
> 　2）在汽车电路中，发电机和蓄电池都是电源。在寻找回路时，不能混为一谈，不能从一个电源的正极出发，经过若干用电设备后，回到另一个电源的负极，这种做法不会构成一个真正的通路，也不会产生电流。所以必须强调，回路是指从一个电源的正极出发，经过用电器，回到同一电源的负极。

3. 熟悉电路标记符号

对照图注和图形符号，熟悉有关元器件名称及其在图中的位置、数量和接线情况。为了便于绘制和识读汽车电路图，有些电气装置的接线柱被赋予不同的标志代号，如接至电源端接线柱用 B（Battery，蓄电池）表示、发电机电枢输出端接线柱用 B+（或 A）表示、接至点火开关的接线柱用 SW（Switch，开关）表示、接至起动机的接线柱用 S（Starter，起动机）表示、接至各种灯具的接线柱用 L（Light，灯）表示、发电机中性点接线柱用 N（Neutral，中性的）表示、磁场接线柱用 F（Field）表示、励磁电压输入接线柱用 D+表示等。

4. 熟悉开关的作用

开关是控制电路通断的关键，电路中主要的开关往往汇集许多导线，如点火开关、车灯总开关，读图时应注意与开关有关的几个问题：

1）在开关的众多接线柱中，注意哪些是接直通电源的，哪些是接用电器的，接线柱旁是否有接线符号，这些符号是否常见。

2）开关共有几个档位；在每个档位中，哪些接线柱通电，哪些接线柱断电。

3）蓄电池或发电机的电流是通过什么路径到达这个开关的，中间是否经过别的开关或熔丝，这个开关是手动的还是电控的。

4）各个开关分别控制哪个用电器，被控用电器的作用和功能是什么。

5）在被控的用电器中，哪些电器处于常通电，哪些电路处于短暂接通；哪些应先接通，哪些应后接通，哪些电器允许同时接通；哪些应单独工作，哪些应同时工作。

5. 了解开关继电器的初始状态

要特别注意，继电器不但是控制开关，也是被控制对象。对多层、多档、多接线柱的开关要按层、按档次、按接线柱逐级分析其各层各档的功能。有的用电装置受两个以上单档开关（或继电器）的控制，有的受两个以上多档开关的控制，其工作状态可能比较复杂。对于组合开关，在电路图中是画在一起的，而在电路图中又按其功能画在各自的局部电路中，遇到这种情况必须仔细研究识读。

大多数电器或电子设备都是通过开关（包括电子开关）或继电路的不同状态而形成回路或改变回路实现不同功能的。在电路图中，各种开关、继电器都是按初始位置画出的，如按钮未按下、开关未接通、继电器线圈未通电、其触点未闭合（常开触点）或未打开（常闭触点），这种状态称原始状态。但在识图时，不能完全按原始状态分析，否则很难理解电路所表达的工作原理，因为大多数用电设备都是通过开关、按钮、继电器触点的变化而改变回路的，进而实现不同的电路功能。

6. 了解各局部电路之间的内在联系和相互关系

识读汽车电路图时，应熟记各局部电路之间的内在联系和相互关系，汽车全车电路基本上由电源电路、充电电路、起动电路、点火电路、辅助电气设备电路等组成，随着汽车技术和电子技术的发展，现代汽车上又大量地增加了发动机控制电路、ABS控制电路、安全气囊控制电路、中控与防盗控制电路、动力转向系统控制电路等。从整车电路来讲，各局部电路除电源电路公用外，其他部分都是独立的，但它们之间存在着内在联系和相互影响。因此，不但要熟悉各局部电路的组成、特点、工作过程和电流流经的路径，还要了解各局部电路之间的联系和相互影响。这是掌握汽车电路的一个重要环节，也是实现准确判断和迅速找出故障部位、排除故障的必要条件。

7. 掌握汽车电路线束颜色标示及规律

在正常情况下，汽车上导线用什么颜色，图上就印制什么颜色。导线的颜色是有一定规律的，如红色线大多为控制相线；棕色线为接地线；白、黄色线用于控制灯；蓝色线大多用于指示灯或传感器；绿、红/黑或绿/黑色线多用于脉冲式的用电器。另外，通常相线代号是30，接地线的代号是31，受控制的大容量用电设备供电线的代号是X，受控制的小容量用电设备供电线的代号是15。这些在电路图里或电气零件上到处可见的颜色和数字，一旦掌握了，在使用与维修中就会提高工作效率。

8. 汽车电路图的一般规律

汽车电路图的一般规律如下：

1) 电源部分（发电机和蓄电池并联供电）到各用电设备的熔丝、开关的导线是电气设备的公共相线，在电路原理图中一般画在电路图的上部。

2) 标准画法的电路图，开关的触点位于零位或静态，即开关处于断开状态或继电器线圈处于不通电状态，晶体管、晶闸管等具有开关特征器件的导通与截止视具体情况而定。

3) 汽车电路是单线制，各电器相互并联，继电器和开关串联在电路中。

4) 大部分用电设备都经过熔丝，受熔丝的保护。

5) 把整车电路按功能及工作原理划分成若干独立的电路系统，这样可解决整车电路庞大复杂、分析困难的问题。现在汽车整车电路一般都按各个电路系统来绘制，如电源系统、起动系统、点火系统、照明系统、信号系统、发动机控制系统电路、ABS 控制系统电路等，这些单元电路都有它们自身的特点，抓住特点把各个单元电路的结构、原理理清了，理解整车电路也就容易了。

二、识读汽车电路图的一般方法

1) 纵观全图，把一个个单独的系统分解出来。按整车电路系统的各功能及工作原理把整车电气系统划分成若干个独立的电路系统，分别进行分析。这样化整体为部分，可以有重点地进行分析。为了阅读方便，现在多数汽车的电路原理图是按各个电路系统进行绘制的。一般来讲，各电气系统的电源和电源总开关是公共的，任何一个系统都应该是一个完整的电路，都应遵循回路原则。

2) 通过对典型电路的分析，达到触类旁通。许多车型汽车电路原理图的很多部分都是类似或相近的，通过一个具体的例子，举一反三、对照比较、触类旁通，可以掌握汽车电路的一些共同规律，再以这些共性为指导，了解其他车型汽车的电路原理，又可以发现更多的共性以及各种车型之间的差异。

汽车电气设备的通用性和专业化生产使同一国家汽车的整车电路形式大致相同，如掌握了某种车型电路的特点后，就可以大致了解相应车型或合资企业汽车电路的特点。因此，抓住几个典型电路，掌握各系统的接线特点和原则，对于了解其他车型的电路大有好处。

3) 随着车载网络技术在汽车上的应用，相应的电路也发生变化。由于汽车电气系统发生变化，故在识图时要注意以上变化。在识读电路图时，能有意识地将各系统电路进一步分成不同功能的几部分来识读，无论是了解电路原理还是分析故障，这样都将更加清楚、更加便捷。在读图时，要注意先分析图中用电器的控制方式，如是继电器控制，要区分控制电路及主要电路；如是电子控制单元控制，电路图不反映电控单元内部电路，要将电路区分为输入信号电路、输出信号电路（执行器工作电路）及电控单元的工作电路。

三、汽车电路原理图的识读技巧

1. 全面了解汽车电路全图

识读汽车电路图时，应根据电路图中的图形符号及文字符号，对全车电气设备做全面的了解。汽车全车电路一般都是由各个局部电路构成的，如电源电路、起动电路、仪表照明电路、信号电路、发动机电子控制电路等。各电路都有其自身的一些特点，它表达了各个局部电路之间的连接和控制关系。要将局部电路从全车电路总图中分割出来，就必须掌握各个单元电路的基本结构情况和接线原则。在弄清局部电路的工作原理后，再进一步分析各局部电路中的联系，特别是与电源电路的联系，如哪些部分与电源构成回路，有分电器点火还是无分电器点火，还是 ECU 控制点火。

2. 将汽车电路全图化整为零

先看全车电路图，根据电路原理图上的电气图形符号及文字符号，首先对全车电气设备的概况做全面的了解。汽车电路的单线制、各电路负载相互并联及两个电源也相互关联等特点，为把整车电路化整为零进行读图提供了方便。整车电路可以按组成汽车电气线路的各个分电路逐一进行分析，然后在全车电路图中把各局部电路一一框画出来，这样做的好处有以下几点：

1）在同一局部电路中，各电气设备间的联系总是比较紧密的，而与其他局部电路的联系相对松散些，框画出来后，比较容易地看出其特点，便于进行工作原理分析和查找故障。

2）不同汽车的某些局部电路是相同、基本相同或相近的，这样只要略做比较，便可知其异同，从而可以举一反三。

在查找局部电路的过程中，一定要遵守回路原则。在框画各个系统的电路图时，应注意既不能漏掉各个系统中的组件，也不能多框画其他系统的组件。一般规律：各电气系统只有电源和总开关（若有的话）是公共的，其他任何一个系统都应是一个完整的独立的电气回路，即包括电源、开关（熔丝）、电器（或电子线路）、导线等，并从电源的正极经导线、开关、熔丝至电器后搭铁，最后回到电源负极，否则所框画出的系统图就不正确。

3. 分析各局部电路的工作原理或工作过程以及相互关系

在分析局部电路的工作过程中，应特别注意开关、继电器触点的工作状态。大多数电气设备都是通过开关、继电器触点状态的变化来改变其回路，从而实现不同电路功能的。例如转向信号电路就是通过转向灯开关档位的置换来接通不同的灯，而发出转向信号。

在电路图上，开关的触点总是处于零位或静态，即开关处于断开状态或继电器线圈处于失电状态。电子开关若初始通电，其初始状态是电路达到稳定工作时的状态；电子开关若初始不通电，其初始状态就是静止的状态。为了便于分析，可把局部电路中的某些电气设备的电气图形符号（例如起动机）用较详细的电路来替换，就能把电路工作原理较清楚地表达出来了。

4. 牢记两个电源原则

读图时往往将发电机和蓄电池这两个电源当作一个电源，常从这个电源的正极出发，经过用电器回到另一个电源的负极，这实际上并未构成真正的通路，也就不能产生电流。因此，读图时要强调从一个电源正极出发，经过用电器，回到同一电源的负极。

有的初学者虽然注意到回路原则，但在电流方向上是随意的，有时从电源正极出发，经用电器回到同一电源的负极（这是正确的）；有时又从电源的负极出发，经用电器回到电源的正极，这样虽然构成了回路，却因电流方向不确定，容易在某些线圈或磁路中引出错误的结论，而且这种从负到正的电流方向在电子电路中是行不通的。如照这种路线去连接这些电器（如电子调节器、电子点火系统、电子闪光继电器等），可能使元器件损坏。

四、汽车电控系统电路图的识读

在汽车电子控制系统中，电子控制单元（Electronic Control Unit, ECU）是核心，它通过接收传感器和控制开关输入的各种信号，根据其内部预先存储的数据和编制的程序，通过数学计算和逻辑判断，然后直接或间接控制各执行器的工作。

1. 汽车电控系统电路图的识读要领

识读要领如下：

1) 要以电控系统 ECU 为中心，因为这是整个系统的控制中心，所有电气部件都必然与 ECU 发生关系。

2) 对 ECU 的各个插接端子有大致印象，弄清楚分为几个区域，各区插接端子排列的规律。

3) 找出该系统给 ECU 供电的电源线有哪些。

> ⊕ **注意**：一般 ECU 都不止一根电源线，弄清楚各电源线的供电状态（如常相线或开关控制）。

4) 找出该系统给 ECU 供电的搭铁线有哪些。

> ⊕ **注意**：应分清哪些是在 ECU 内部搭铁，哪些是在车架上搭铁，哪些是在各总成机体上搭铁。

5) 找出哪些是系统的信号输入传感器，各传感器是否需要电源，并找出相应的电源线，确定该传感器在哪里搭铁。

6) 找出系统的执行器有哪些，弄清电源供电和搭铁情况，电脑控制执行器的方式（控制搭铁端或电源端）。

2. 汽车电控系统电路图的识读技巧

汽车电控系统的电路一般可分为电控单元电源电路、信号输入电路（传感器或控制开关）及执行器工作电路。

(1) 电控单元电源电路的识读　如图 1-13 所示，电控单元与电源的连接电路称为电控单元的电源电路。一般分为两大类：一类与电源正极直接相连，其作用为在任何时候都能给电控单元供电，以使电控单元保存数据信息，称为永久电源电路；另一类则在点火开关或其他开关的控制下直接或间接向电控单元供电，以提供正常工作时所需要的电能，称为主电源电路。

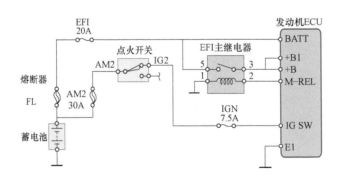

图 1-13　丰田汽车电控单元的电源电路

电控单元通过车体与电源负极连接的电路称为电控单元的搭铁电路，以使电控单元与电源构成回路。为保证电控单元可靠搭铁，电控单元与车体之间往往有多条搭铁线。

(2) 信号输入电路的识读　信号输入电路有传感器电路、开关电路及电控单元之间的数据传输电路 3 种形式。

1）传感器电路。传感器在电路图中不绘制其具体结构，只绘制其符号或用文字标注。有些车型电路图中用符号或字母较具体地表达，如热敏电阻、可变电阻等类型的传感器，而在实践中一般只需要了解其接线端子的代码等有关电路连接的内容。传感器电路可分为有源传感器电路和无源传感器电路：

① 有源传感器电路。大多数传感器需要由电控单元提供基准电压（一般为 5V）作为电源才能工作，这类传感器称为有源传感器。如图 1-14 所示，有源传感器的连接线一般分为电源线、信号线和搭铁线。其中，电源线和信号线一般与电控单元连接，而搭铁线可经电控单元搭铁，也可直接搭铁。

② 无源传感器电路。有些传感器的工作无需提供电源，当外界条件变化时会产生电动势向电控单元发出电信号，这类传感器称为无源传感器。如图 1-15 所示，无源传感器因其信号微弱，为防止电磁干扰引起信号失真，信号线需要采用屏蔽线。

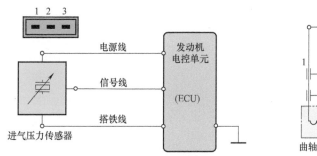

图 1-14　有源传感器的连接线

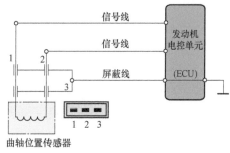

图 1-15　无源传感器的连接线

2）开关电路。电控系统中有多种开关，如点火开关、空调开关、制动开关、自动变速器档位开关等，这些开关向电控单元提供导通和断开两种电信号。常见的开关电路有电压输入型和搭铁型开关电路。

图 1-16 所示为电压输入型开关电路，当开关闭合时，电控单元（ECU）接收的电压信号为蓄电池电压；当开关断开时，电控单元（ECU）接收的电压信号为 0V。图 1-17 所示为搭铁型开关电路，当开关闭合时，电控单元（ECU）的电压信号为 0V；当开关断开时，电控单元（ECU）的电压信号为基准电压。

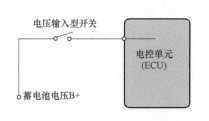

图 1-16　电压输入型开关电路

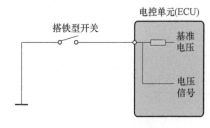

图 1-17　搭铁型开关电路

当电控单元的一个接线端子同时与开关和用电器连接时，要注意区分电路的具体作用，一般有两种情况：

① 电控单元与开关共同控制用电设备的工作，如图 1-18 所示，电控单元 12 号接线端子

同时与灯控开关和继电器电磁线圈连接。从图中可以看出，电控单元 12 号接线端子内部为电子开关（晶体管），该接线端子和灯控开关共同控制继电器的电磁线圈，进而控制前照灯的工作。

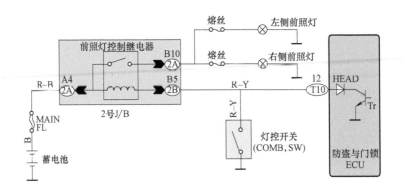

图 1-18　雷克萨斯前照灯控制继电器电路

② 开关给电控单元提供信号并同时控制用电器的工作，如图 1-19 所示，图中电控单元的接线端子 9 与行李箱开关和用电器连接。从图中可以看出，接线端子 9 的内部为信号接收电路：当行李箱门控开关闭合时，接线端子 9 的电压为 0V；当开关断开时，接线端子 9 的电压为 12V。该电路为行李箱门控开关向电控单元接线端子 9 提供行李箱门开闭信号并同时控制行李箱的门控灯工作。

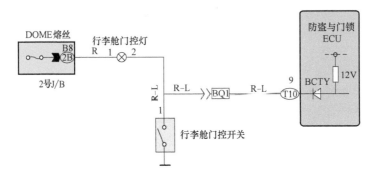

图 1-19　雷克萨斯行李箱门控灯开关电路

> **注意**：以上两种情况在看电路图、分析电路工作原理时要注意区分，区分的方法：
>
> a. 看电控单元的接线端子代码及文字说明。若注明信号输入，则为开关给电控单元提供信号；若注明为控制某用电器工作，则为电控单元控制用电器的电路。
>
> b. 看电控单元内部的电路。如电控单元内部为电子开关，则为电控单元控制用电器的电路；若电控单元内部为信号接收电路，则为电控单元信号电路。

3）电控单元之间的数据传输电路。各电控单元之间往往需要传输信号，以实现数据共享及工作匹配。许多新型汽车使用网络数据传输来实现以上功能，如图 1-20 所示。

数据共享是指几个电控单元需同一个信号输入装置的信号，可以由信号输入装置分别向各电控单元传输信号，也可以向一个电控单元传输信号，然后由这个电控单元通过电控单元间的信号电路传输信号。

　　工作匹配是指几个系统之间相互影响，如自动变速器在进行换档控制时，需要发动机电控单元匹配控制，减少喷油量并减小点火提前角，以改善换档品质。

　　若要由自动变速器电控单元向发动机电控单元传输换档信号，则需要在电控单元之间连接信号导线。

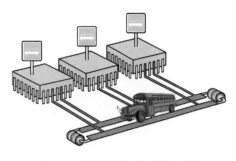

图 1-20　控制单元之间的信号传输

　　（3）执行器工作电路的识读　执行器是由电控单元控制进行工作的。常见的执行器有电磁阀、继电器、电动机、灯、蜂鸣器和喇叭等，如图 1-21 所示。执行器的电路分为电源电路和搭铁电路：当电控单元处于电源电路时，电源电路即为控制电路；当电控单元处于搭铁电路时，搭铁电路即为控制电路。

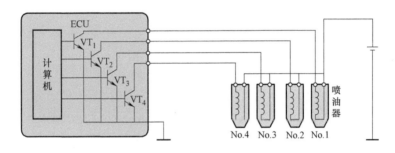

图 1-21　电子控制电路

　　通过电路原理图和定位图可以掌握电路原理并在车上找到各电器和导线。但在实际电路检修时，还需要其他的信息，所以在电路图后面还有文字说明及各种表格等辅助资料。常见的相关信息如下：

　　1）在集中控制的电子控制系统中，一个电子控制单元同时连接多个信号输入装置，控制多个执行器，在维修时需要知道各执行器分别与哪些传感器有关，这在电路图中是看不出的，需要有相应的文字资料说明。

　　2 对于电子控制系统，在检修时需要知道电控单元各插接端子的检测条件及数据，这可以通过对插接端子的说明来了解。

　　3）对于复杂的电气系统，某些车系会提供检修流程图。

　　4）对于仅靠电路图难以清晰表达的复杂工作原理（如电控单元之间的数据总线的数据传输），仅用图无法说明，还需专门的文字来说明。

Chapter 2

汽车电路的基本组成元素

第一节 导线、线束和插接器

一、导线

导线是连接汽车上电气元器件的部件，是控制和传递汽车运行信号的桥梁，是汽车用电设备正常工作的保证。汽车用导线主要有两种：一种是低压导线，有普通低压导线、屏蔽线、起动电缆和搭铁电缆之分；另一种是高压导线，有铜芯线和阻尼线之分。

1. 低压导线

（1）导线的选择 如图 2-1 所示，汽车上各种电气设备所用的连接导线，通常是根据用电设备负载电流的大小来选择导线截面面积的。选择导线截面面积的原则：长时间工作的电气设备可选用实际载流量60%的导线；短时间工作的电气设备可选用实际载流量 60%~100%的导线。

（2）导线的电气特性 导线的电气特性主要是指对低压电路的电压降。如果某一电路由于导线造成过大的电压降，将严重影响用电设备的正常工作和电源的供电效能。在汽车低压电路中，起动机电路一般要求每 100A 电流产生的电压

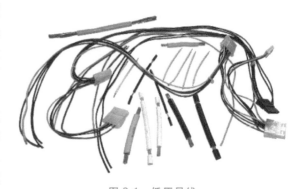

图 2-1 低压导线

降不得大于 0.15V，起动机起动时的电压降不允许超过 0.5V。发电机处于额定负载时，电路电压降不得大于 0.3V。整车电路的总电压降，在不计接触电阻的情况下，不得超过0.8V。从电压降的角度来看，在许可的条件下，导线越短越好。当线芯长期工作温度不超过 70℃、环境温度在 -40~70℃ 范围内时，导线的正常车用寿命不得低于 $(6~8)×10^4$km（汽车总里程）。

（3）导线的颜色 为便于汽车电系的连接和维修，汽车用低压导线的颜色必须符合有关标准：单色线的颜色见表 2-1，双色线的颜色由表 2-2 规定的两种颜色配合组成。双色线的主色所占比例大些，辅助颜色所占比例小些；辅助色条纹与主色条纹沿圆周表面的比例为1:5~1:3；双色线的标注中第一色为主色，第二色为辅色。

表 2-1　汽车用导线颜色

■ B—黑	■ L—蓝	■ R—红	■ BR—棕	■ LG—浅绿	■ V—紫
■ G—绿	■ O—橙	□ W—白	■ GR—灰	■ P—粉红	Y—黄

表 2-2　我国规定导线颜色的选择程序

选择程序	1	2	3	4	5	6
导线颜色	B	BW	BY	BR		
	W	WR	WB	WBL	WY	WG
	R	RW	RB	RY	RG	RBL
	G	GW	GB	GY	GB	GBL
	Y	YR	YB	YG	YB	YW
	BR	BRW	BRR	BRY	BRB	
	BL	BLW	BLR	BLY	BLB	BLO
	GR	GRR	GRY	GRBL	GRB	GRB

2. 高压导线

高压导线（见图 2-2）是指点火系统中承担高电压传送任务的导线。由于高压导线的工作电压一般在 15kV 以上，电流强度较小，所以其绝缘包层厚，线芯截面面积较小，耐压性能高。

二、线束

在汽车上，为了使全车线路不零乱、安装方便，以及保护导线不被水、油侵蚀和磨损，汽车导线除高压导线和蓄电池导线外，都用绝缘材料包扎成束，称为线束，如图 2-3 所示。

图 2-2　高压导线

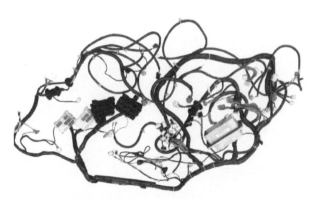

图 2-3　汽车线束

三、插接器

插接器俗称连接器，由插头和插座组成。线束与线束（或导线与导线）、线束（导线）与电气部件之间的连接一般采用插接器，如图 2-4 所示。为了防止插接器在汽车行驶中脱开，所有的插接器均采用了闭锁装置。

图 2-4　汽车插接器

1. 导线插头

汽车上经常使用快速插头或卢卡型插头（即插塞插头），孔眼式和叉形插接片也偶尔使用，如图 2-5 所示。安装导线接头时应使用合适的夹钳，使插头和铜芯连接良好，并夹固在护套上，以防松动脱落。

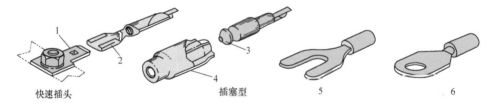

快速插头　　　　　　　　　　　插塞型

图 2-5　汽车导线插头

1—固定在设备上的插入式插头　2—压接导线的凹入式插头　3—线缆焊接在插头上
4—橡胶绝缘套　5—叉形插接片　6—孔眼式插接片

2. 导线插接器

导线插接器是汽车电路中简单但不可缺少的部件，目前大量使用的插接式插接器，使用方便、连接可靠，尤其适用于大量线束的连接。插接器的种类有很多，可供几条到数十条导线使用。图 2-6 所示为几种插接器的形式，有长方体、多边体等不同形状。插接器由插座、插头、导线插头和塑料外壳组成。壳上有一个或多个孔位，用以放置导线插头，在导线插头上带有倒刺，当嵌入塑料壳后自动锁止，在塑料壳上也有锁止机构，当插头和插座接合后自动锁止，防止脱开，如图 2-7 所示。

插接器在结合时，应把插接器的导向槽重叠在一起，使插头和插座对准，然后平行插入即可十分牢固地连接在一起。所谓插接器的导向槽，是指插接器在连接时，为了使其结合正确而设置的凸凹导轨。当要拆开插接器时，压下闭锁，就可以把插接器拉开。不压下闭锁时

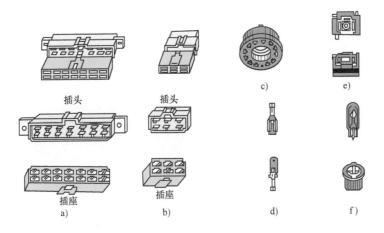

图 2-6　几种插接器的形式

a）14 线插接器　b）6 线插接器　c）12 线圆形插座　d）片状导线插头插座焊片　e）前照灯插座　f）仪表灯插座

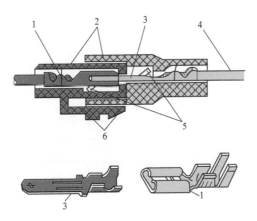

图 2-7　插接器结构

1—插座　2—护套　3—插头　4—导线　5—倒刺　6—锁止机构

绝不可以用力猛拉导线，否则会拉坏闭锁或连接导线。插接器的拆卸与连接如图 2-8～图 2-10 所示，插接器的图形符号和实物对照如图 2-11 所示，一般用途和特殊用途插接器的图形符号和实物对照分别如图 2-12 和图 2-13 所示。

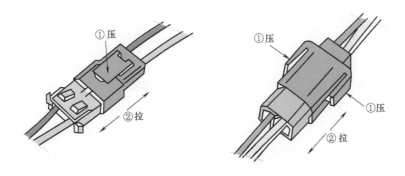

图 2-8　插接器的拆卸方法

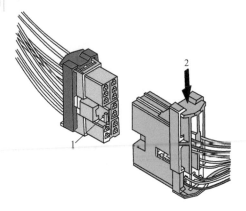

图 2-9　线缆插接器的拆卸方法

1—锁紧插接器的锁栓　2—拔下定位杆把线缆固紧

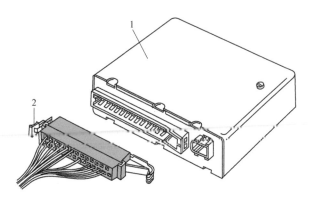

图 2-10　插接器与控制单元的连接与拆卸

1—电子控制单元　2—插销把插接器锁紧在控制器件上

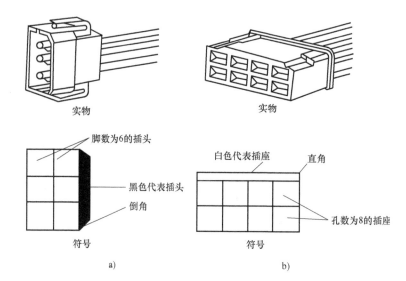

图 2-11　插接器的图形符号和实物对照

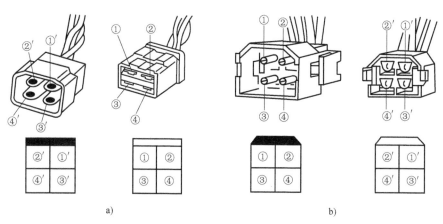

图 2-12　一般用途插接器的图形符号和实物对照

a）平端 4 脚插接器　b）针状 4 脚插接器

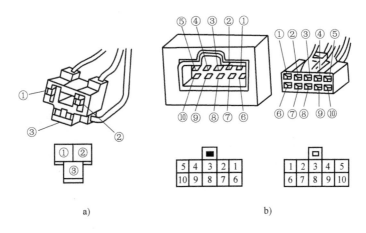

图 2-13 特殊用途插接器的图形符号和实物对照

第二节 开关和显示装置

一、汽车用开关的类型及识别

1. 汽车用开关的类型

开关在汽车电路中起接通/关断电路的控制作用。汽车上用来控制电气设备的开关有机械式和电磁式两类。

开关按功能和用途的不同，可分为电源开关、灯光开关、信号控制开关等（见图2-14）；按结构的不同，可分为推杆式、顶杆式、旋转式、扳柄式、翘板式、按钮式和组合式等多种形式的开关；按操纵方式的不同，可分为手动（旋转、推拉、按压）开关、压力控制开关、温度控制开关、机械控制开关等；按开关的通断状态，可分为常开（动合）开关、常闭（动断）开关两种类型。

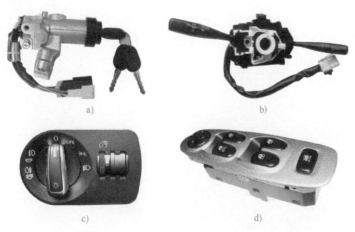

图 2-14 汽车中常见的开关

a）点火开关 b）组合开关 c）灯光开关 d）车窗及后视镜调节开关

2. 开关在电路图中的识别

开关常见的工作状态有两种，见表2-3。

（1）常开开关　通常处于断开状态的开关称为常开（N.O）开关。常开开关动作时，电路接通。

（2）常闭开关　通常处于闭合状态的开关称为常闭（N.C）开关。常闭开关动作时，电路断开。

表 2-3　汽车开关的工作状态

名　　称	常开(N.O)开关	常闭(N.C)开关
图形符号	可动部分为白色 触点为圆圈	可动部分为黑色 触点为黑色
正常状态	电流不能流过	电流能流过
工作状态	电流能流过	电流不能流过

二、点火开关

1. 点火开关的作用及常见车型电路中的符号

如图2-15所示，点火开关是汽车电路中最重要的开关，是各条电路分支的控制中心，是多档多接线柱开关。其主要功能：在 LOCK 档位锁住转向盘转轴；在 ON 或 IG 档位接通点火电源、仪表指示等；还有起动（ST 或 START）档、附件档（ACC 档主要是收放机专用）。其中操作起动档时必须用手克服弹簧力，扳住钥匙，一松手就弹回点火档，不能自行定位，其他档均可自行定位。

图 2-15　点火开关

不同汽车厂家点火开关的电路符号有所不同，图 2-16 所示为常见几种车型的点火开关电路符号。

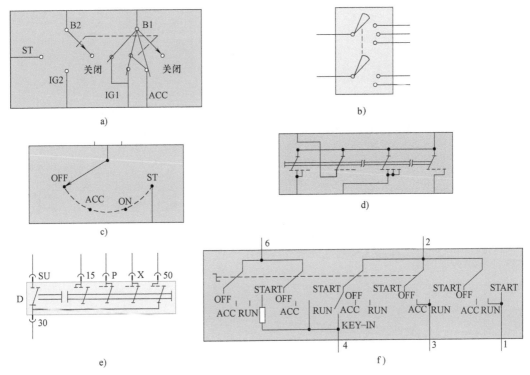

图 2-16 常见车型点火开关电路符号

a）马自达车系点火开关 b）丰田车系点火开关 c）日产车系点火开关 d）新款大众车系点火开关（安装有车载电网控制单元 J519 的车型） e）老款大众车系点火开关（无车载电网控制单元 J519 的车型） f）通用车系点火开关

2. 点火开关档位功能

以大众车型为例介绍点火开关各档位的功能。大众老款车型没有安装车载电网控制单元 J519，点火开关直接控制各档位的通断，点火开关置于起动档时有大的电流通过。由于大众汽车上的用电设备以及安全舒适系统越来越多，直接控制式点火开关已经不能满足需求，在新款的大众汽车上都安装了车载电网控制单元 J519。在安装了车载电网控制单元 J519 的车型上，点火开关只是起到输送给车载电网控制单元 J519 点火开关已经打开到某个档位的信号的作用，点火开关中没有大电流通过，保护了点火开关。

1）没有安装车载电网控制单元 J519 车型上的点火开关功能。没有安装车载电网控制单元 J519 的车型上的点火开关符号如图 2-16e 所示。老款大众车型点火开关工作图示如图2-17 所示。

① 点火开关位于 0 位置（锁止、拔钥匙位置）。点火开关处于关闭状态，汽车转向盘被锁死，具有防盗功能。此时电源总线 30 与 P 接通，操作停车灯开关，可使停车灯点亮，与点火开关是否拔下无关。如将点火开关钥匙插入，将使 30 与 SU 端接通，蜂鸣器工作。

② 点火开关位于 I 位置（正常行车位置）。起动后，松开点火开关钥匙，点火开关将自动逆时针旋转回位置 I，这是工作档。这时 P 端子无电，而 15、X、SU 三端子通电。15 通电，点火系统继续工作；X 通电使得前照灯、雾灯等工作，以满足夜间行车的需要。

位置	30	P	X	15	50	SU
0(LOCK)	○	○				○
Ⅰ(ON)	○	○	○	○		○
Ⅱ(ST)	○			○	○	○

图 2-17　老款大众车型点火开关工作图示

0—关闭点火开关、锁止转向盘　Ⅰ—接通点火开关　Ⅱ—起动发动机　30—接蓄电池　P—接停车灯电源

X—接卸荷工作电源　15—接点火电源　50—接起动电源　SU—接蜂鸣器电源

③ 点火开关位于Ⅱ位置（起动位置）。电源总线 30 与 50、15、SU 端子接通，使起动机运转；30 与 15 接通使点火系统等进入工作。因 P 断电，停车灯不能工作；因 X 断电，前照灯、雾灯等不能工作。这样就将前照灯、雾灯等耗电量大的用电设备关闭，达到卸荷目的，以满足起动时需要瞬间大电流输入起动机的需要。发动机起动后，应立即松开点火开关，使其回到位置Ⅰ，切断起动机的电流，起动机驱动齿轮退回。

2）安装有车载电网控制单元 J519 的车型上的点火开关功能。在安装有车载电网控制单元 J519 的大众车型上，点火开关不是直接控制电路电流，而只是起到产生档位信号的作用，点火开关在不同的档位产生相应的信号后送入转向柱控制单元 J527 中，由 J527 将信号送给车载电网控制单元 J519，再控制继电器的工作来决定是否接通电路电源，从而大大保护了点火开关。在传统汽车上，点火开关的电源由蓄电池直接供应，且总相线电流较大，导线较粗。而在装配了车载电网控制单元 J519 的车型上，点火开关由转向柱控制单元 J527 提供信号相线，它只是产生信号用的相线，电流小到可以忽略不计，如图 2-18 所示。

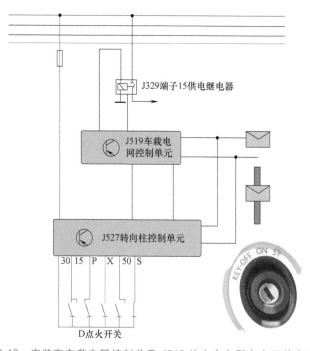

图 2-18　安装有车载电网控制单元 J519 的大众车型点火开关电路图

① 15 正电的形成。插入钥匙，顺时针拧动一下，为点火档，此时在点火开关中，由点火档经 15 号线向转向柱控制单元 J527 提供信号，由 J527 经 15 号线再向 J519 提供点火开关已打到点火档信号。J519 控制 J329 端子 15 供电继电器线圈中有电流通过，继电器吸合工作，向系统提供电源，此时车内所有 15 号线的电源供给由已工作的继电器提供，如图 2-19 所示。

② X 线卸荷正电的形成。在点火开关打开在 KEY-ON 时，J519 还控制 J59X 触点卸荷继电器工作向全车 X 线供电，如图 2-20 所示，但在起动车时，为增大起动机电流，J59 暂时停止工作，X 线无电；当起动着车、点火开关回到点火档后，J59 再次接合工作。

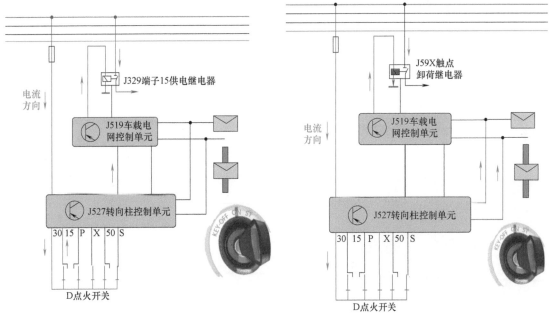

图 2-19　15 正电的形成　　　　图 2-20　X 线卸荷正电的形成

③ 50 号正电的形成。将钥匙顺时针拧到底为起动档 KEY-ST，点火开关中 50 号线有电，产生起动信号，信号经 J527 送到 J519，J519 向起动继电器线圈中供电，继电器吸合工作向起动机供电，起动机转动，带动发动机着车，如图 2-21 所示。

④ P 线停车正电的形成。关闭点火开关后，P 档形成，点火开关向 J527 提供信号，由 J527 再向 J519 提供信号，此时打开停车灯开关（为与转向灯开关相应的开关），停车灯点亮，如图 2-22 所示。

⑤ S 触点正电的形成。钥匙插入锁芯后，S 触点被钥匙机械顶动而接合，此时由点火开关 S 线向 J527 提供钥匙已插入点火锁信号。

3. 一键起动式点火开关

随着电子技术的不断发展，一键起动点火开关被越来越多地用到汽车中。一键起动点火开关不需要插入钥匙，而是通过按压起动按钮的次数、变速杆位置和是否踩下制动踏板等条件来实现普通点火开关的 OFF、ACC、ON（IG）等功能。

2016 款混合动力丰田凯美瑞车型一键起动点火开关（2016 款卡罗拉同此）示意图如图 2-23 所示。

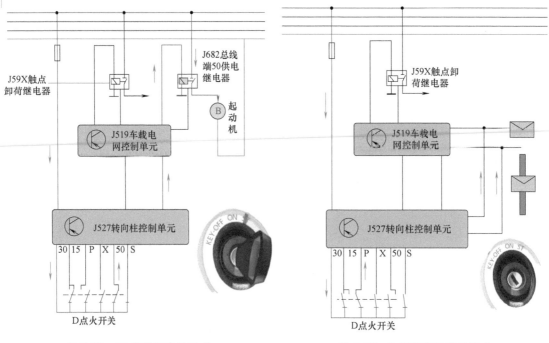

图 2-21 50 号线正电的形成　　　　图 2-22 P 线停车正电的形成

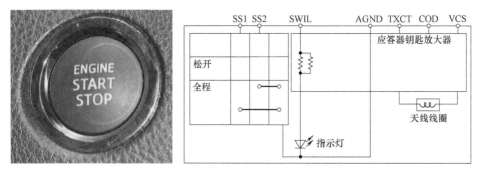

图 2-23 2016 款混合动力丰田凯美瑞一键起动点火开关示意图

一键起动点火开关由瞬时开关、指示灯（琥珀色和绿色 LED）、照明灯、天线线圈和应答器钥匙放大器组成。

驾驶人可根据指示灯的照明状态判定当前电源并检查混合动力控制系统是否可以起动。

主车身 ECU（仪表板接线盒总成）检测到智能上车和起动系统异常时，ECU 将使琥珀色指示灯闪烁。如果混合动力控制系统在此状态下停止，则可能无法重新起动。

点火开关电源状态和指示灯状态对照见表 2-4。

表 2-4　点火开关电源状态和指示灯状态对照

电源状态	指示灯状态	
	未踩下制动踏板	踩下制动踏板且变速杆置于 P 位
OFF	熄灭	点亮（绿色）
ON（ACC）、ON（IG）	点亮（琥珀色）	点亮（绿色）

（续）

电源状态	指示灯状态	
	未踩下制动踏板	踩下制动踏板且变速杆置于 P 位
READY	熄灭	熄灭
转向锁未解锁	闪烁（绿色）30s	闪烁（绿色）30s
智能上车和起动系统故障	闪烁（琥珀色）15s	闪烁（琥珀色）15s

一键起动点火开关具有不同的电源模式，使用不同的制动踏板状态和变速杆位置，如表 2-5 所示。

表 2-5　制动踏板状态和变速杆位置与相应的电源模式对照

制动踏板	变速杆	电源模式
踩下	P 位	按下电源开关 1 次时 ●OFF→READY（混合动力控制系统启动）
未踩下	P 位	每次按下电源开关时 ●OFF→ON（ACC）→ON（IG）→OFF
	除 P 位外	每次按下电源开关时 ●OFF→ON（ACC）→ON（IG）→ON（ACC）
—	P 位	在 ON（IG）状态下按下电源开关时 ●ON（IG）或 READY→OFF
	除 P 位外	在 ON（IG）状态下按下电源开关时 ●ON（IG）或 READY→ON（ACC）

三、组合开关

1. 多功能组合开关的结构

多功能组合开关将照明（前照灯、变光）开关、信号（转向、危险警告、超车）开关、刮水器/喷洗器（又称清洗器或洗涤器）开关等组合为一体，安装在便于驾驶人操纵的转向柱上。组合开关一般是分体式的，分灯光开关和刮水器开关。如图 2-24 所示，组合开关卡接在转向柱上，左手边为灯光开关，右手边为刮水器开关。

图 2-24　组合开关

（1）灯光开关　灯光开关用于控制转向信号灯、前照灯及其他灯光。

转弯前，按转向盘转动的方向前后扳动灯光开关手柄，可分别打开左、右转向信号灯（顺时针为右转，逆时针为左转），此时组合仪表中相应的转向指示灯也应该亮。

汽车在转弯后、转向盘回正时，手柄会自动回位，转向信号灯会自动关闭。灯光开关的末端可绕手柄的轴线扭动，控制其他灯光，分 3~4 档。

① OFF——空档，全部灯光熄灭。白天应在此档。

② AUTO——自动灯光档。系统根据当前的光照情况自动控制灯光的变换。

示廓灯：除前照灯外，其他灯光全开，包括仪表灯、前位灯、后位灯、牌照灯等。

前照灯：近光灯开，其他灯也开。在此档时，向下推手柄即可变远光。如果上下推拉手柄，即可交替变换远近光灯，发出超车或提醒前车注意等信号。

灯光开关的操控及导通情况如图2-25所示。

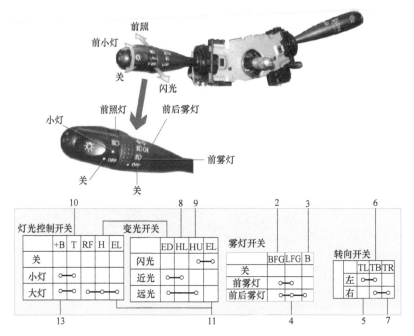

图2-25　灯光开关的操控及导通情况

（2）刮水器开关　转向盘右侧的操作手柄为刮水器和风窗喷洗器开关，汽车刮水器是为了在不同的天气情况下，改善驾驶人的视野状况，而选择刮水器开关的不同档位可以实现刮水及清洁功能。如向上拉起手柄，可使风窗洗涤液喷出。有的在手柄末端有洗涤液按钮。刮水器开关一般分5档：

1）MIST——点动刮水。

2）OFF——空档，刮水器不工作。

3）INT——间歇工作（每4~5s一次）。

4）LO——低速工作。

5）Hi——高速工作。

刮水器开关的操纵及导通情况如图2-26所示。

2. 桑塔纳组合开关

图2-27所示为桑塔纳轿车采用的多功能组合开关，主要由转向灯、变光/超车灯开关控制手柄（组合开关左手柄）和刮水器/喷洗器开关控制手柄（组合开关右手柄）组成。

（1）转向灯、变光/超车灯开关控制手柄　桑塔纳轿车转向灯、变光/超车灯的动作由设置在转向盘左侧的手柄控制。手柄的工作位置如图2-28所示。图2-29所示为转向灯、变光/超车灯开关的接线端子，它的档位通断情况见表2-6。

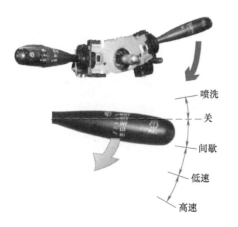

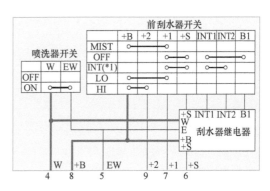

图 2-26 刮水器开关的操纵及导通情况

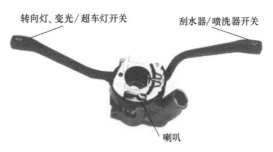

图 2-27 桑塔纳轿车采用的多功能组合开关

a)

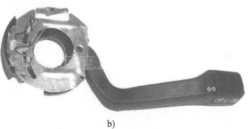

b)

图 2-28 桑塔纳轿车组合开关手柄的工作位置

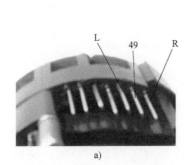

a)

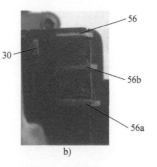

b)

图 2-29 桑塔纳轿车转向灯、变光/超车灯开关接线端子
a) 转向灯 b) 变光/超车灯

表 2-6　桑塔纳轿车转向灯、变光/超车灯开关的档位通断情况

接线端子		R	49	L	30	56	56b	56a
左转向			○	○				
右转向		○	○					
超车						○		○
变光	远光						○	○
	近光					○	○	

（2）刮水器/喷洗器开关控制手柄　桑塔纳轿车刮水器/喷洗器的动作由设置在转向盘右侧的手柄控制。刮水器/喷洗器开关控制手柄和接线端子如图 2-30 所示，其开关的通断情况见表 2-7。

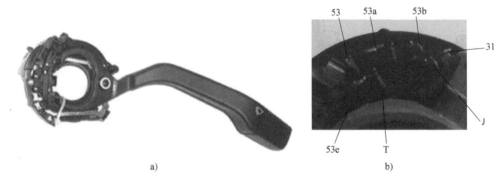

图 2-30　刮水器/喷洗器开关控制手柄和接线端子

a）开关控制手柄　b）接线端子

表 2-7　刮水器/喷洗器开关的通断情况

接线端子	53	53a	53b	31	J	T	53e
刮水器复位	○	○					
零位	○						○
间歇刮水	○	○			○		
低速刮水	○		○				
高速刮水			○				
喷洗		○				○	

四、电控单元（ECU）与显示装置

1. 电控单元（ECU）

电控单元（ECU）是指电子控制器。汽车中有发动机控制单元、变速器控制单元，以及车身底盘的 ABS 控制单元、SRS 控制单元、EPS 控制单元等。其中对于发动机控制单元，各汽车品牌的名称也不相同。通用公司将发动机变速器控制单元组成在一起，称为 PCM（动力系统控制模块）；福特汽车公司称之为 EEC；丰田公司称之为 TCCS；日产公司称之为 ECCS；还有些汽车公司称之为 MCU。无论称谓如何不同，但其表示的实质是一致的，都是

由输入回路、A-D 和 D-A 转换器、计算部分和输出回路等组成的。

目前汽车电控单元的功能越来越强大，处理数据的速度越来越快，处理能力也越来越强。随着汽车安全舒适性能的不断增加，电控单元的安装数量也越来越多。汽车电控单元的内部结构如图 2-31 所示。

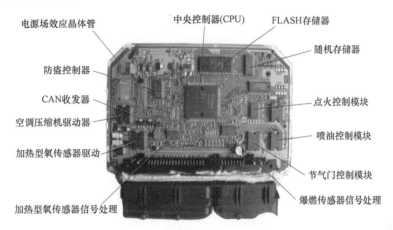

图 2-31 电控单元的内部结构

在汽车电气设备中，电控单元的图形符号可以是最简单的，也可以是最复杂的。汽车电控单元常见的电气符号如图 2-32d 所示。在对汽车电路进行维修时，不需要知道电控单元内

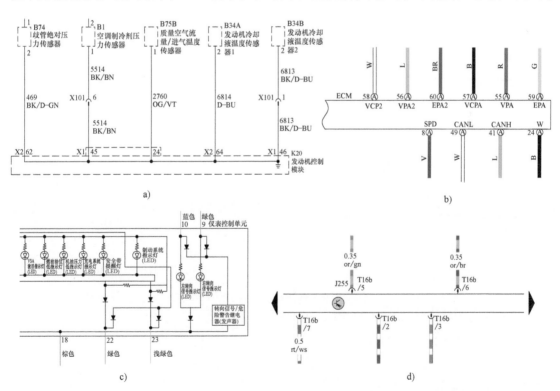

图 2-32 发动机电控单元端子标注方法

a）上汽通用车型 b）丰田车型 c）广汽本田车型 d）一汽大众车型

部的电路如何，但需要知道电控单元各端子的作用。在用电气符号表示电控单元时，也常把电控单元端子的作用标注出来，常见的标注方法如图 2-32 所示：

① 在电控单元端子处用英文缩写字母或符号等标明该端子的作用，如图 2-32b 所示。

② 在电控单元端子处画简单的内部电路，并用英文缩写进行标注，如图 2-32c 所示。

③ 在电控单元端子处用数字说明端子的作用，如图 2-32a 所示。

2. 显示装置

（1）显示装置的功能　显示装置通常是指安装在汽车仪表板上的各种仪表、图形符号和报警装置。它们可以对汽车许多工况进行检测，最多能同时检测几十个参数，并经控制单元计算、处理成易于理解的智能化显示。

监视和报警的信息主要有燃油温度、冷却液温度、润滑油压、充电状况、前照灯、尾灯、排气温度、制动液量、驻车（手）制动、车门未关紧等，当出现不正常现象或通过自诊断系统测出有故障时，该系统会立即进行声/光（并用）报警。

（2）指示/警告灯　汽车仪表板和转向柱上通常装有许多开关、警告灯和指示灯，仪表上常用的指示/警告灯如图 2-33 所示。为了区分它们的功能，常用各种各样的图形标志刻印在其表面，有些进口车型还用英文字母表示。这些图形标志国际通用，大都形象、简明，一看便知它们的功用。

图 2-33　仪表上常用的指示/警告灯

为了减少分散驾驶人注视道路交通状况的注意力，指示/警告灯在其所指示部位工作正常时是不亮的。仪表板上没有刺目的光亮，一旦某个部位不正常，代表其工况的指示/警告灯才亮。警告灯多用红色，以示情况紧急，需要及时检修，如制动气压过低警告、充电系统不充电警告、发动机过热警告、机油压力过低警告等。有些作为工作状况指示采用橘黄色指示灯，如阻风门关闭、空气滤清器堵塞、排气制动工作指示。还有一些属于正常工作状态的指示灯，如转向指示灯采用绿色、前照灯远光指示采用蓝色。汽车上部分指示/警告灯的标志详见表 2-8。

表 2-8　部分指示/警告灯的标志

序　号	图形或文字符号	名　　称	说　　明
1		转向灯指示灯	该指示灯是用来显示车辆转向灯所在的位置,通常为熄灭状态。当驾驶人点亮转向灯时,该指示灯会同时点亮相应方向的转向指示灯,转向灯熄灭后,该指示灯自动熄灭
2		远光灯指示灯	该指示灯是用来显示车辆远光灯的状态,通常情况下,该指示灯为熄灭状态。当驾驶人点亮远光灯时,该指示灯会同时点亮,以提示驾驶人,车辆的远光灯处于开启状态
3		近光灯指示灯	该指示灯是用来显示车辆近光灯的状态,通常情况下,该指示灯为熄灭状态。当驾驶人点亮近光灯时,该指示灯会同时点亮,以提示驾驶人,车辆的近光灯处于开启状态

序　号	图形或文字符号	名　称	说　明
4		发动机故障指示灯	该指示灯用来显示车辆发动机的工作状况，打开钥匙门，车辆开始自检时，该指示灯点亮后自动熄灭，如常亮则说明车的发动机出现了故障，需要维修
5	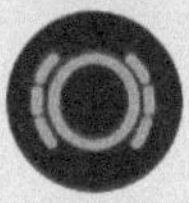	制动盘指示灯	该指示灯是用来显示车辆制动盘磨损的状况。一般该指示灯为熄灭状态。当制动盘出现故障或磨损过度时，该指示灯点亮，修复后熄灭
6		驻车制动指示灯制动液位过低警告灯	该指示灯用来显示车辆驻车制动的状态，平时为熄灭状态。当驻车制动被拉起后，该指示灯自动点亮；驻车制动被放下时，该指示灯自动熄灭。有的车型在行驶中未放下驻车制动会伴随有警告音；有的车型当制动液缺少时，该指示灯也被点亮
7		冷却液温度指示灯	该指示灯用来显示发动机内冷却液的温度，打开钥匙门，车辆开始自检时，会点亮数秒后熄灭。冷却液温度指示灯常亮，说明冷却液温度超过规定值，需立刻暂停行驶，冷却液温度正常后熄灭。一些没有冷却液温度表的车型会通过仪表板上的标识来告诉驾驶人冷却液温度是否过低或者过高。一般情况下，蓝色或者绿色表示温度过低，红色表示温度过高，无颜色则表示温度合适
8		充电指示灯	该指示灯用来显示充电系统的状态。打开钥匙门，车辆开始自检时，该指示灯点亮，起动后自动熄灭。如果起动后充电指示灯点亮，说明充电系统出现了使用问题，需要维修
9	 	安全带指示灯	该指示灯用来显示安全带是否处于锁止状态，当该灯点亮时，说明安全带没有及时扣紧，有些车型会有相应的提示音。当安全带被及时扣紧后，该指示灯自动熄灭。一些安全配置更高的车型会把驾驶人和前排乘客安全带提示分开显示。比如左下图提示的就是左侧，也就是驾驶人安全带没有扣紧
10		EPC（电子油门）指示灯	EPC 指示灯在大众品牌车型中比较常见。打开钥匙门，车辆开始自检时，EPC 指示灯会点亮数秒，随后熄灭。如车辆起动后仍不熄灭，则说明车辆机械与电子系统出现故障
11	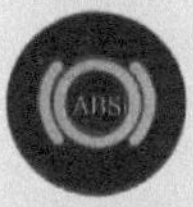	ABS 指示灯	ABS 指示灯是用来显示车辆的 ABS 工作状况。打开钥匙门，车辆开始自检时，ABS 指示灯会点亮数秒，随后自动熄灭。如果 ABS 指示灯未闪亮或者车辆起动后仍不熄灭，则表示该车 ABS 出现故障
12		玻璃清洁液指示灯	该指示灯是用来显示车辆所装玻璃清洁液的多少，平时为熄灭状态，该指示灯点亮时，说明车辆所装载玻璃清洁液已不足，需添加玻璃清洁液。添加玻璃清洁液后，指示灯熄灭
13		VSC 指示灯	该指示灯是用来显示车辆 VSC（电子车身稳定系统）的工作状态，多出现在日系车上。当该指示灯点亮时，说明 VSC 系统已被关闭

（续）

序　号	图形或文字符号	名　　称	说　　明
14		牵引力控制（TCS）指示灯	该指示灯是用来显示车辆 TCS（Traction Control System,牵引力控制系统）的工作状态,多出现在日系车上。当该指示灯点亮时,说明 TCS 系统已被关闭
15	TRC OFF	牵引力控制关闭指示灯	当该指示灯亮时,表明牵引力控制系统关闭
16	ESP	电子车身稳定系统关闭指示灯	当该指示灯亮时,表明电子车身稳定系统关闭
17		示宽指示灯	该指示灯是用来显示车辆示宽灯的工作状态,平时为熄灭状态。当示宽灯打开时,该指示灯随即点亮;当示宽灯关闭时,该指示灯自动熄灭
18		雾灯指示灯	该指示灯是用来显示前后雾灯的工作状况。当前后雾灯点亮时,该指示灯就会点亮。关闭雾灯后,指示灯熄灭
19		油量指示灯	该指示灯用来显示车辆内储油量的多少。打开钥匙门,车辆开始自检时,该油量指示灯会短时间点亮,随后熄灭。如起动后该指示灯点亮,则说明车内油量已不足
20	O/D OFF	O/D 位指示灯	O/D 位指示灯(仅出现在)用来显示自动档的 O/D 位(Over-Drive,超速位)的工作状态,当 O/D 位指示灯闪亮时,说明 O/D 位已锁止,此时加速能力获得提升,但会增加油耗
21		机油压力过低警告灯	该指示灯用来显示发动机内机油的压力状况。打开钥匙门,车辆开始自检时,指示灯点亮,起动后熄灭。该指示灯常亮,则说明该车发动机机油压力低于规定标准,需要维修
22		气囊指示灯	该指示灯用来显示安全气囊的工作状态。打开钥匙门,车辆开始自检时,该指示灯自动点亮数秒后熄灭,如果常亮,则表明安全气囊出现故障
23		车门指示灯	该指示灯用来显示车辆各车门的状况。任意车门未关上,或者未关好,该指示灯都会点亮相应的车门指示灯,提示驾驶人车门未关好,当车门关闭或关好时,相应车门指示灯熄灭
24		巡航指示灯	该指示灯点亮表示巡航系统进入工作状态
25		维修保养指示灯	当该指示灯点亮时,提示汽车到保养期

（续）

序 号	图形或文字符号	名 称	说 明
26		自动变速器故障警告灯	当自动变速器出现故障时,该指示灯点亮
27		助力系统检测指示灯	在行车过程中,该指示灯点亮表明助力转向系统出现故障
28		大众汽车档位变换提示标识	这个标识仅在自动档车型才会有,点亮的时候,必须踩下制动踏板才可以变换档位
29	SNOW	开启变速器的雪地模式	雪地模式:保证车辆在雪地或者低附着力路面可以安全行驶的一种变速器控制模式
30		轮胎压力检测标识指示灯	该指示灯点亮表明车胎压力不足
31	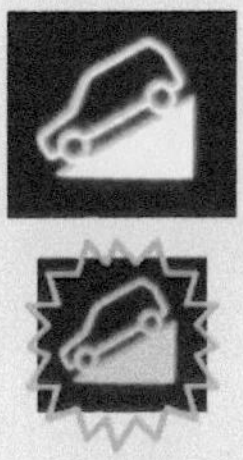	下坡辅助系统指示灯	下坡辅助系统指示灯点亮表示下坡辅助控制开关ON且系统正在工作 下坡辅助系统指示灯闪烁表示下坡辅助控制开关ON且车辆处于以下状态: ①工作条件未满足 ②制动控制ECU检测到制动系统故障 ③制动执行器过热(下坡辅助控制系统的工作短暂中断) ④系统工作时关闭下坡辅助控制开关(制动压力逐渐释放)
32	 4WD	四驱模式开启指示灯	该指示灯点亮表示汽车四驱模式开启,进入四驱模式工作状态
33	4WD LOCK	LOCK模式指示灯	该指示灯点亮表示车辆锁定为四驱模式
34	 钥匙探测不到	钥匙检测提示	采用一键起动和智能感应钥匙的车型都有钥匙检测的提示,如果在一定范围内没有检测到钥匙,车辆无法起动
35		车辆防盗系统警告灯	防盗系统警告灯点亮说明车辆进入防盗状态,此时,发动机因ECU控制点火系统停止点火使发动机无法起动
36		排气制动指示灯	此指示灯点亮表明排气制动系统起作用

第三节 继电器、电路保护装置和中央配电盒

一、继电器

在汽车电路中，继电器起开关作用，它是利用电磁或其他方法（如热电或电子），控制某一回路的接通或断开，实现用小电流控制大电流，从而减小控制开关触点的电流负荷。如空调继电器、喇叭继电器、雾灯继电器、风窗刮水器/喷洗器继电器、危险报警与转向闪光继电器等。常用的小型通用继电器如图2-34所示。

图 2-34 常用的小型通用继电器

1. 继电器的符号

继电器在电路图中用电气符号表达，符号由线圈和开关组成，线圈和开关用虚线连接，表示此开关受该线圈控制。继电器中开关一般表现该系统处于不工作状态时的位置：开关断开即为常开继电器（见图2-35）；反之则为常闭继电器。

2. 继电器的功用和原理

如图2-36所示，继电器主要由电磁线圈和触点等组成，其作用是通过线圈的电流控制经过触点的用电器的工作电流。

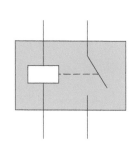

图 2-35 继电器的电器符号

图 2-36 继电器内部结构

下面用电路图来说明继电器的工作原理。如图2-37所示，若一个由电源、开关及灯泡组成的电路设备，要求用强电流直接接线，则开关及接线都要有能够承受此强电流的能力。但是，也可使用一个开关，利用弱电流去接通和断开一个继电器，然后由继电器通过的大电

流去接通或断开灯泡来达到这个目的。

当开关闭合时，电流经过触点 1、2 使线圈励磁，线圈的磁力吸引点 3 和 4 之间的动触点，结果触点 3、4 接通，并使电流流向灯泡；当开关断开时，线圈断电，线圈的磁力也随之消失，动触点就会在弹簧的反作用力下返回原来的位置，使动触点与原来的静触点释放。

3. 继电器的种类

继电器分为电流型和电压型两种。

（1）电流型继电器　电流型继电器的特点是电磁线圈通过的电流较大，而经过

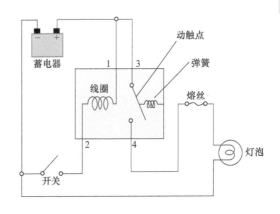

图 2-37　继电器工作原理

触点的电流较小。如舌簧继电器（见图 2-38），圆管玻璃内有两个舌形触点，玻璃管外有粗导线线圈，当电磁线圈通电时，触点闭合；当电磁线圈断电时，触点断开。它常用于雾灯监测电路（见图 2-39），电磁线圈和灯泡串联，触点控制仪表板上的相应故障指示灯的工作。

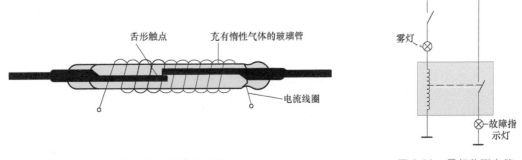

图 2-38　舌簧继电器

图 2-39　雾灯监测电路

（2）电压型继电器　电压型继电器的特点是电磁线圈通过的电流较小，而经过触点的电流较大。电压型继电器一般有以下几种：

1）常开式继电器：电磁线圈通电时，触点闭合。

2）常闭式继电器：电磁线圈通电时，触点断开。

3）切换式继电器：同一继电器内有两对触点，一对触点常开，另外一对触点常闭。电磁线圈通电时，常开触点闭合，常闭触点断开。

4）有多个电磁线圈的继电器：即多个电磁线圈共同控制一对触点，常用于多个控制器件控制同一用电器。

4. 继电器的连接

继电器的连接方式有接柱式和插接式两种。接柱式继电器（见图 2-40）触点容量可做得较大，在国产车的起动电路、喇叭电路中很常见，但是连接烦琐，正逐渐为插接式继电器所取代。插接式继电器因安装方便、体积较小，在国内外新型汽车上得到了广泛应用。几种插接式继电器的内部结构和安装示意图如图 2-41 所示。常用汽车继电器类型及工作状态见表 2-9。

!注意：当电子控制器件和继电器组装成一体时，要注意区分继电器的各接线端，哪些是属于电子控制器件的；哪些是属于继电器电磁线圈的；哪些是属于继电器触点的。

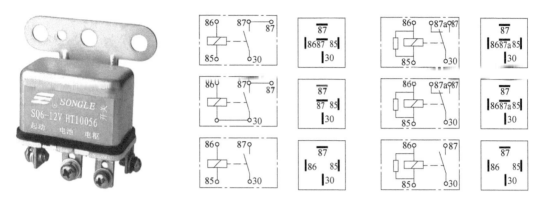

图 2-40　接柱式继电器　　　　　图 2-41　几种插接式继电器的内部结构和安装示意图

表 2-9　常用汽车继电器的类型及工作状态

开关位置	常开式继电器	常闭式继电器	混合式继电器
开关 1 断开	电流不能通过	电流可通过	电流可通过 / 电流不能通过
开关 1 闭合	电流可通过	电流不能通过	电流不能通过 / 电流可通过

5. 继电器的检测

（1）检测电阻　可用万用表电阻档检查继电器的好坏。如图 2-42 所示，以桑塔纳轿车上所使用的一款常开继电器为例，用万用表 $R \times 100\Omega$ 档检查接线端子 85 脚与 86 脚，应导通

图 2-42　继电器的外部引脚

（有一定的电阻），而接线端子 30 脚与 87 脚间电阻应为无穷大。如检测结果与上述情况不符，说明继电器有故障。

（2）通电检测 如果上述检查无问题，可在接线端子 85 脚与 86 脚间加 12V 电压，用万用表检查 30 脚与 87 脚，应导通。如检测结果与上述情况不符，或通电后继电器发热，均说明继电器已损坏。

二、电路保护装置

为了保护车辆的电路和各种电气设备，需要使用多种保护装置，电路保护装置串联在电源与用电设备之间，当用电设备或电路发生短路或过载时，切断电源电路，以免电源、用电设备或电路损坏。汽车上广泛使用的电路保护装置有易熔线、熔丝。

1. 易熔线

易熔线是一种截面面积一定、可长时间通过额定电流（如 30A、40A、60A 等）的合金导线，在它的表面有较厚的不易燃烧的绝缘层，所以看起来要比同规格的导线粗，其外形如图 2-43 所示。易熔线是容量非常大的熔丝，主要用于保护电源电路和大电流电路。如北京切诺基汽车设有 5 条易熔线，分别保护充电电路、预热加热器、灯光、雾灯及辅助装置电路。易熔线规格常用颜色来区别，常见规格见表 2-10。

图 2-43 易熔线

表 2-10 几种常见易熔线的规格

颜 色	截面面积/mm²	连续通电电流/A	5s 内熔断时的电流/A	构 成	1m 长的电阻/Ω
棕	0.3	13	≈150	$\phi 0.32 \times 5$	0.0475
绿	0.5	20	≈200	$\phi 0.32 \times 7$	0.0325
红	0.85	25	≈250	$\phi 0.32 \times 11$	0.0205
黑	1.25	33	≈300	$\phi 0.5 \times 7$	0.0141

如果电路短路或搭铁，由于易熔线阻值大，大电流会使易熔线中部熔断而使电路断开，从而避免发生失火危险。有的易熔线在它和被保护电路的接头处装有标牌，注明"易熔线"（Fusible Link）以便于辨识。

易熔线是电路保护的后备保险（双保险）系统。除起动机供电电路外，其余电路的电流都要先经易熔线然后再通过各自的熔丝，因此有时可能易熔线已断而熔丝没有烧断。易熔线的绝缘层能承受较高的温度。一般情况下，如表层已膨胀或鼓泡，则说明易熔线已熔断。但有时易熔线已断，而表层仍完好。因此为判明易熔线的状况，还是要用仪表测试。易熔线一般安装在靠近蓄电池附

图 2-44 易熔线的安装位置

近（见图 2-44），以便能更有效地保护直接由蓄电池引出的电路。

2. 熔丝

熔丝（俗称保险丝）的主要部件是细锡线，它装在玻璃管、磁料管内或陶瓷板上。每一个熔丝都有其额定最大容许电流值。当通过锡线的电流超过规定值时，锡线就会熔化而使电路断路。

熔丝用于对局部电路进行保护，根据形状不同可分为管状和片状熔丝，如图 2-45 所示。熔丝能承受长时间的额定电流负载。在过载 25% 的情况下，约在 3min 内熔断，而在过载一倍的情况下，则不到 1s 就会熔断。熔丝的熔断时间，包括两个动作过程，即熔体发热熔化过程和电弧熄灭过程。这两个过程进行得快慢，取决于熔丝中流过的电流值大小和本身的结构参数。很明显，当电流超过额定值倍数较大时，发热量增加，熔体很快就达到熔化温度，熔化时间大为缩短；反之，在熔丝过载倍数不是很大时，熔化时间将增长。熔丝只能一次作用，每次熔断必须更换。

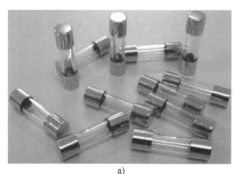

a)　　　　　　　　　　　　　　　　b)

图 2-45　汽车用熔丝的种类及形式

a）管状熔丝　b）片状熔丝

汽车片状熔丝的规格一般为 2~40A，其安培数值会在熔丝的顶端标注，如果熔丝烧坏了让安培数值无法辨认，我们还可以通过它的颜色来判断，国际标准：2A 灰色、3A 紫色、4A 粉色、5A 橘黄色、7.5A 咖啡色、10A 红色、15A 蓝色、20A 黄色、25A 无色透明、30A 绿色、40A 深橘色。

3. 熔丝的检查维修

（1）熔丝的检查　如图 2-46 所示，熔丝熔断后，一般用观察法就可发现，对于较隐蔽的故障，需要进行详细检查。其方法是用万用表测量熔丝是否熔断，也可用测试灯检查。检查熔丝的要求如下：

1）熔丝熔断时，必须真正找到故障原因，彻底排除故障。

2）更换熔丝时，一定要选用与原规格相同的熔丝，要特别注意，不能使用比规定容量大的熔丝。在汽车上增加用电设备时，不能随

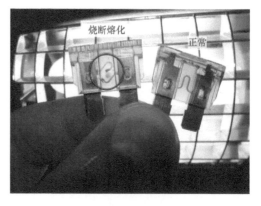

图 2-46　熔丝的检查

意改用容量大的熔丝。对于这类情况，最好另外再安装熔丝。

3）熔丝支架与熔丝接触不良会产生电压降和发热现象。因此，要特别注意检查熔丝支架有无氧化现象和脏污。有脏污和氧化物时必须用细砂纸打磨光，使其接触良好。

（2）熔丝熔断后的应急维修方法

1）熔丝熔断后，在没有备用熔丝的情况下，也绝对不能使用香烟盒上的锡箔纸或其他金属箔（丝）代替熔丝。如果装上锡箔纸，即使流过锡箔纸的电流达到 50A 以上，锡箔纸除了会发热变红之外不会熔断，这将很可能会引起火灾，是十分危险的。

2）在应急时可用细导线代替熔丝，把汽车上使用的 0.5mm² 聚乙烯树脂多股绞合线拆开，使用其中的一股。这种细导线一股相当于 15A 的熔丝。进行应急处理后，代用的熔丝或细导线，必须及时换用符合规定的熔丝。

三、中央配电盒

现代汽车一般均设有中央配电盒，汽车电气系统以中央配电盒为核心进行控制。大部分继电器和熔丝都安装在中央配电盒正面，当产生故障时，便于更换和检修。中央配电盒上一般标有线束和导线插接位置的代号及接点的数字号，主线束从中央配电盒背面插接后通往各用电设备。

某车型中央配电盒的正面如图 2-47 所示。在中央配电盒下方安装有 16 个熔丝，各熔丝都标明了该熔丝的编号、被保护的电路和额定电流，见表 2-11（备注：车型不同和出厂年代不同，熔丝数量和安装装置有所不同）。

图 2-47　某车型中央配电盒正面图

桑塔纳轿车中央配电盒背面的结构如图 2-48 所示，各种插接器的插座均固定在中央配电盒背面，与相应的线束插头连接后通往各个电气部件。每个插座的位置代号均用英文字母标注在配电盒上，各插接器的颜色及插座与线束插头代号见表 2-12。插接线束插头时，线束插头字母代号必须与相同字母的插座连接，以便检查与维修。

表 2-11　某车型中央配电盒下方熔丝的编号、被保护的电路和额定电流

编　号	被保护的电路	颜　色	额定电流/A	编　号	被保护的电路	颜　色	额定电流/A
1	闪光器电路	红色	10	9	小灯电路	红色	10
2	点烟器电路	蓝色	15	10	起动电路	绿色	30
3	总电源电路	红色	10	11	仪表电路	红色	10
4	电压调节器电路	橘黄色	5	12	暖风机电路	黄色	20
5	收音机电路	红色	10	13	左远光灯电路	蓝色	15
6	电喇叭电路	蓝色	15	14	右远光灯电路	蓝色	15
7	报警闪光器电路	绿色	30	15	左近光灯电路	蓝色	15
8	刮水器电路	蓝色	15	16	右近光灯电路	蓝色	15

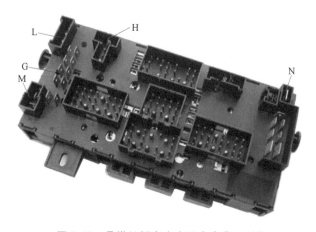

图 2-48　桑塔纳轿车中央配电盒背面结构

表 2-12　中央配电盒插接器插座代号及其连接线束的名称

插接器代号	颜　色	连接对象
A	蓝色	仪表板线束
B	红色	仪表板线束
C	黄色	发动机室左侧线束
D	白色	发动机室右侧线束
E	黑色	车辆的后部线束
G	不定	单端子插座（主要用于连接冷却液不足指示控制器电源线）
H	棕色	空调系统线束
K	不定	安全带与报警系统线束
L	灰色	喇叭线束
M	黑色	车灯开关 56 端子与变光开关 56b 端子线束
N	不定	单端子插座（主要用于连接进气预热器加热电阻电源线）
P	不定	单端子插座（连接蓄电池与中央线路板 30 号电源线，中央线路板 30 端子与点火开关 30 端子电源线）
R		备用插接器插座

Chapter 3

第三章 欧洲车系电路图的识读

第一节 大众车系电路图的识读

一、大众车系电路图符号的含义

1. 大众车系电路图电气符号含义

大众车系电路图中各电气符号的含义见表 3-1。

表 3-1 大众车系电路图中各电气符号的含义

名 称	电气符号与实物	名 称	电气符号与实物
带电压调节器的交流发电机	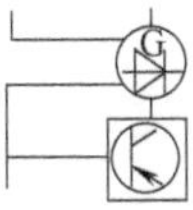 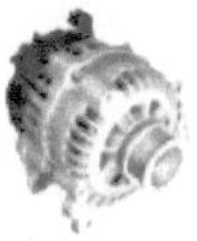	热敏开关	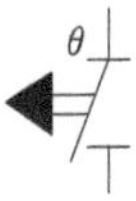 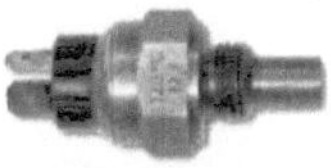
起动机	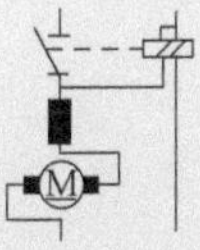 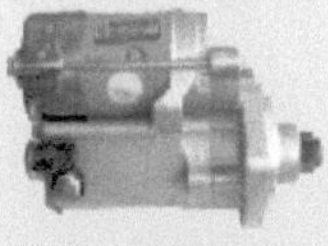	熔丝	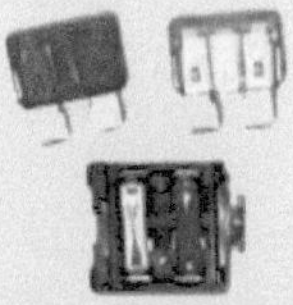
继电器	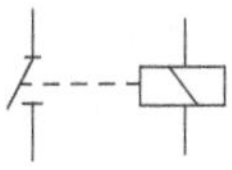 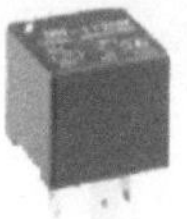	发光二极管	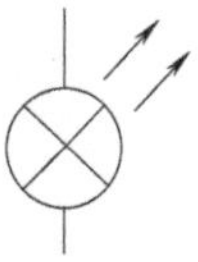 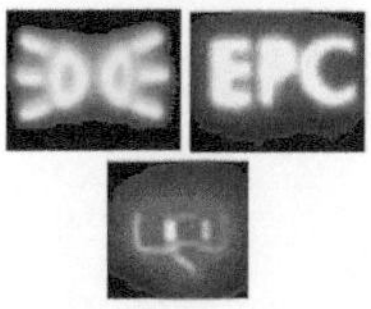
感应式传感器	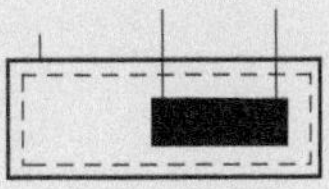 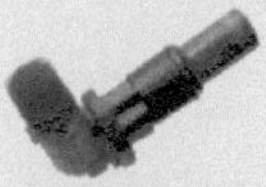 凸轮轴位置传感器	电阻	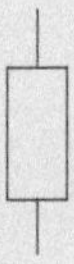 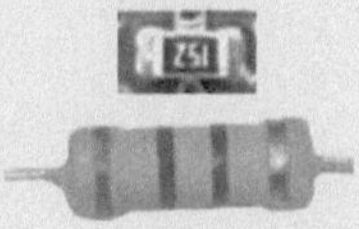
压力开关	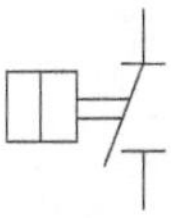 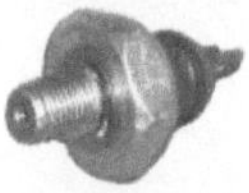		

（续）

名　称	电气符号与实物	名　称	电气符号与实物
电热丝		收放机	
电动机		蓄电池	
电磁阀	 喷油器 活性炭罐电磁阀	点火线圈	
电子控制器	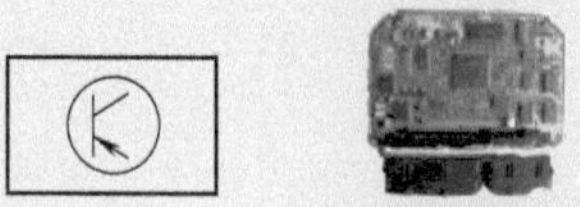 捷达ATK发动机ECU	接线插座	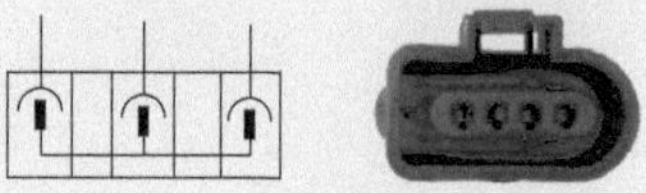
爆燃传感器	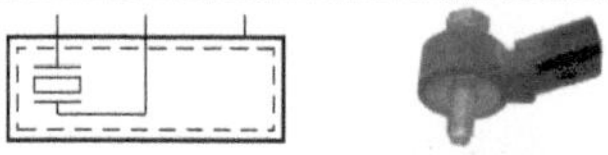	灯泡	
显示仪表		多功能显示器	
可变电阻		数字式时钟	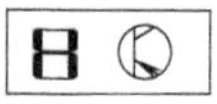
扬声器		后风窗除霜器	
火花塞和火花塞插头		双丝灯泡	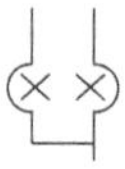
插头连接	 点火线圈插口	电磁离合器	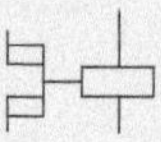
元器件上多针插头连接	  捷达ATK发动机控制单元插脚	多档手动开关	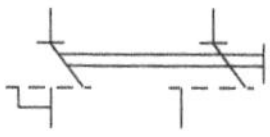
氧传感器		机械开关	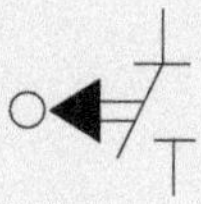
喇叭	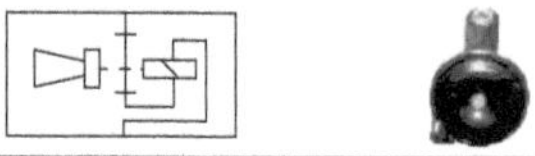	手动开关	
		按键开关	

2. 大众车系汽车电路导线颜色

大众车系电路图导线颜色与车辆中线束颜色一致，采用单色和双色（条纹色）并用的方式。双色线条前面的颜色为底色、后面的颜色为条纹色，如 bl/gn 为蓝色底色带有绿色条纹状的导线。大众车系导线颜色中英文对照见表 3-2。

表 3-2　大众车系导线颜色中英文对照

英文简写	导线颜色	颜　色	英文简写	导线颜色	颜　色	英文简写	导线颜色	颜　色
sw	黑色		ge	黄色		li	紫色	
br	棕色		gn	绿色		gr	灰色	
ro	红色		bl	蓝色		ws	白色	

二、大众车系电路图识读示例

大众车系电路图的识读如图 3-1 所示。

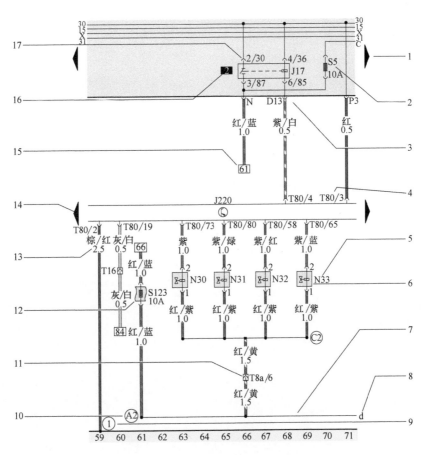

图 3-1　大众车系电路图的表示方法

电路图识读如下：

1——三角箭头：表示下接下一页电路图。

2——熔丝代号：图中 S5 表示该熔丝位于熔丝座第 5 号位，10A。

3——中央配电盒上插头连接代号：表示多针或单针插头连接和导线的位置，例如，D13 表示多针插头连接，该导线在中央配电盒 D 插座 13 号位置的接线端子上。

4——接线端子代号："80/3"表示电气元器件上插接器的接线端子数为 80，"3"为接线端子的位置代码（可以在插接器平面图上查得）。

5——电气元器件代号：在电路图下方可以查到元器件的名称。N30—第 1 缸喷油器；N31—第 2 缸喷油器；N32—第 3 缸喷油器；N33—第 4 缸喷油器。

6——元器件符号：可参见电路图符号说明。

7——内部连接（细实线）：该连接不用导线，而是表示元器件的内部电路或线束绞接部分。

8——指示内部接线的去向：字母表示内部接线在下一页电路图中与标有相同字母的内部接线相连。

9——电路接续号，用以标志电路图中电路定位。

10——线束内绞接点代号：在电路图下方可查到该绞接点位于哪个线束内。图中，A2 表示正极接线，在发动机线束内。

11——插头连接：插接器 T8a 用于发动机线束与发动机右线束的连接，"T8a/6"表示 8 针的插接器 a 插头上的第 6 针接线端子。

12——附加熔丝符号："S123"表示在中央配电盒附加继电器板上第 123 号位熔丝，其允许通过的最大电流为 10A。

13——导线的颜色和截面面积："棕/红"表示导线底色是棕色带有红色条纹。"2.5"表示导线截面面积为 2.5mm²。

14——三角箭头：指示元器件接续上一页电路图。

15——指示导线的去向：方框内数字"61"表明该导线与电路代码 61 的导线是同一条导线（见电路代码 61 处引线的方框内数字，是本线路的电路代码 66）。

16——继电器位置编号："2"表示该继电器定位于主要配电盒上 2 号位置继电器。

17——中央配电盒上的继电器或控制器接线代号。"2/30"表示继电器板上该继电器插座的 2 号插孔，"30"表示继电器上的 30 号接线端子。

三、电路图的构成

大众车系电路图大体可分解为以下几部分。

1. 外线部分

外线部分在图上以粗实线画出，集中在图的中间部分，如图 3-2 所示。每条线上都有导线的颜色和截面面积的标注。线端都有接线柱号或插口号标示其连接关系。颜色标记见表 3-2。

如果导线是双色的，则以两种颜色的字母共同标记，例如 ro/sw、sw/ge 等。导线的截面面积以数字标示在导线颜色上方，单位是 mm²，例如 4.0、6.0 等。

2. 内部连接部分

内部连接部分在图上以细线画出，如图 3-2 所示。这部分连接是存在的，但线路是不存在的。标示线路只是为了说明这种连接关系，同时使电路图更加容易被理解。

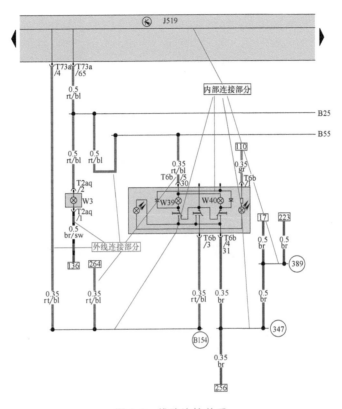

图 3-2　线路连接关系

3. 电气元器件部分

电路图本身就是表达元器件之间连接关系的，因此电气元器件在电路图中是主体。电气元器件在电路图中用框图辅以相应的标号表示。每一个元器件都有一个代号，如图3-3所示，A 表示蓄电池，V7 表示散热器风扇等。电气元器件的接线点都用标号标出，标号在元器件上可以找到，例如，起动机 B 有两个接点，一个标记 30，一个标记 50。

4. 继电器、熔丝及其电路连接件部分

如图3-4所示，这一部分标示在图的上部，反映的内容有继电器位置号、继电器名称、中央配电盒上插接元器件符号、中央配电盒上连接件符号、熔丝标号及熔丝容量等，并且熔丝容量用不同的颜色加以区别。汽车上大部分继电器和熔丝都安装在中央配电盒的正面，几乎全部主线束均从中央配电盒背面插接通往各用电设备。

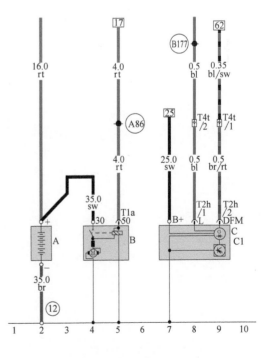

图 3-3　电气元器件部分

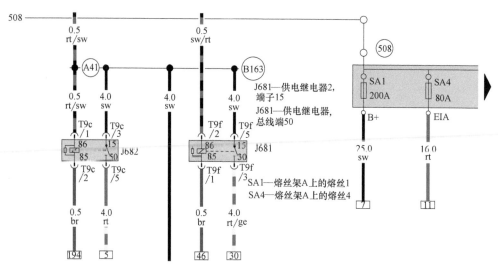

图 3-4　继电器、熔丝及其电路连接部分

5. 电路接续号（地址码）

电路接续号在图的最下方，这一标号只是制图和识图的标记号，数字的大小没有实际的物理意义。它有两个作用：一是可顺序表达整个汽车的全部电路内容，便于每一部分既相对独立又相互联系；二是便于反映在一部分电路图中难以表达的接续部分，如图 3-5 所示。

127	128	129	130	131	132	133	134	135	136	137	138	139	140

图 3-5　电路接续号

6. 所有负载、开关和触点表示的状态

带有连接导线的负载回路，在图中所有开关和触点均处于机械静止位置。

四、大众车系电路图的特点

1. 电路采用纵向排列、垂直布置

电源线为上 "+"、下 "-"，从左到右将同一系统的电路归纳到一起。排列顺序按电源、起动、点火、进气预热、仪表、灯光照明、信号与报警装置、刮水和喷洗装置、电动后视镜控制、电动车窗升降控制、集控门锁控制、空调控制、双音喇叭控制排列。

2. 采用断线代号法解决电路交叉问题

断线代号法即用导线连接端方框内的数字表明电路中与其连接导线的电路编号。因为有些比较复杂的电路（如灯光照明）工作时涉及的开关设备较多，按传统画法，要画一些横线把它们连接起来，这样就会使图面较乱、不易识读，采用断线代号法则有效地解决了这个问题。例如，某一条电路的上半段在电路号码为 24 的位置上，如图 3-6 所示，下半段在电路号码为 55 的位置上，在上半段电路的中止处画一个标有 55 的小方格，即可说明下半段电路就在电路号码为 55 的位置上，下半段电路开始处也有一小方格，里面标有 24，说明上半段电路就应在电路号码为 24 的位置上，通过 24 和 55，上、下半段电路就连在一起了。使用这种方法以后，读再复杂的电路图，也看不到一根横线，电路清晰简洁，大大缩短了读图时间。

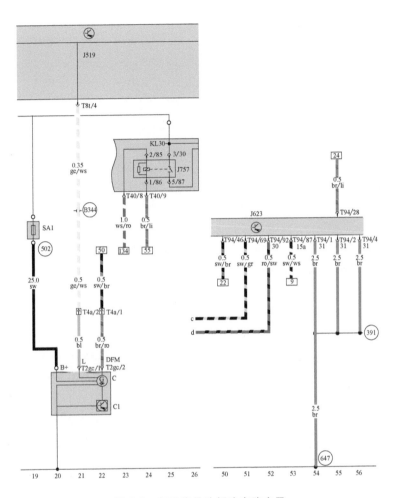

图 3-6 断线代号法解决电路交叉

3. 全车电路图分为三部分

如图 3-1 所示，最上面部分为中央配电盒电路，其中标明了熔丝的位置及容量、继电器位置编号及接线端子号等。中间部分是车上的电气元器件及连线。最下面的横线是搭铁线，上面标有电路编号和搭铁点位置；最下面搭铁线的标号实际上是不存在的，它是为了方便标明在一页画不完的连线的另一端在何处而人为编制的。汽车上不是所有电器都直接与金属车体相连接而搭铁的，有的通过搭铁插座，有的则通过其他电器或电子设备再搭铁连接。

4. 整车电气系统正极电源分为三路

如图 3-1 所示，电路图上方的 4 条横线用来表示压装在中央接线盒塑料盘身内的成形铜片。其中，3 条是引入接线盒内的不同用途的电源线，一条是搭铁线。整车电气系统正极电源分为三路。标有"30"字样的电源线为常相线，直接与蓄电池相连，中间不经过任何开关，无论汽车处于停车还是发动机处于熄火状态均有电，其电压都等于电源电压（12～14V）。"30"号电源线的电源专门供给发动机熄火时也需要用电的电气设备，如停车灯、警告灯、制动灯、顶灯、冷却风扇电动机等。标有"15"字样的电源线（常称为"点火线"）为小容量用电设备的电源正极，一般给汽车正常运行时的一些电气设备供电，如点火系统、交流发电机的励磁、仪表及报警系统等。"15"号电源线的电源受点火开关控制，只有在点火开关接通后，用电设备才能通电使用。标有"X"的电源线为车辆起步运行中才接通的大容量电器用相线，即只有在点火开关接通、卸荷继电器触点闭合时，标有"X"的电源线才有电（常称为"卸荷线"）。汽车上大功率的用电设备如空调系统、前照灯、雾灯、刮水电动机等。随着电子技术的发展，近几年大众系列的新车型中的上述 4 条横线已被车载电网控制单元 J519 所取代（见图 3-6），并且功能更加集成化，下面相应章节将有更详细介绍。

5. 整个电路突出以中央配电盒为中心

电路图上方第 5 条横线以上的部分表明了中央配电盒中安装的元器件与导线。例如，如图 3-1 所示，发动机电路图中 J17 为燃油泵继电器，上侧小方框内的数字是 2，表示该继电器插在中央接线盒正面板的第 2 号位置上。燃油泵继电器 J17 的周围标有 2/30、4/36、3/87、6/85 共 4 组数字，其中分母 30、36、87、85 是指该继电器上 4 个插脚的标号，分子 2、4、3、6 是指中央接线盒正面板第 2 号位置上相应的 4 个插孔。又如，S5 为燃油泵熔丝，位于中央接线盒正面板下方熔丝安装部位的右起第 5 个位置，额定电流为 10A。电路图上方第 5 条横线上标有中央接线盒背面插头的代号 D、N、P、E 等，代号后面的数字表明了该插头连接的导线在插头中的插孔位置。如 E14 表示插头 E 上第 14 插孔，N 表示该插头只有 1 个插孔；同理，D23、D7、D13 分别表示插头 D 的第 23、7、13 插孔，而且凡是接点标有同一代号的所有导线都在车上的同一线束内，这也为实际工作中查找电路提供了方便。

6. 许多重要电器的搭铁线都直接与蓄电池的负极连接

在电路图中，标有①的为仪表线束搭铁线的搭铁点，在中央线路板的支架上；标有②③④的为发动机线束搭铁线的搭铁点，在蓄电池支架上；标有⑦的为后灯线束搭铁线的搭铁点，在中央线路板的支架上，31 为中央继电器盒的搭铁线，在电路图中①②③④⑦与 31 都为搭铁线。

7. 电路中的连接插头统一表示

电路中的连接插头统一用字母 T 作代号，后面紧接的数字表示该插头的孔数以及连接导线对应的孔的序号。例如，T4/2 表示该插头为 4 孔，连接导线对应的插孔序号为 2；T80/71 表示该插头（T80 为电控单元上的连接插头）为 80 孔，连接导线对应的插孔序号为 71。电路中的连接导线都标有线芯横截面的直径，有的电路图上还用汉字或英文字母标明导线的颜色。

8. 在表示电路走向的同时，还表示出了线路结构情况

汽车电气电路以中央配电盒为中心进行控制，大部分继电器和熔丝安装在中央配电盒的正面，接插器和插座安装在中央配电盒的背面。

第二节　宝马车系电路图的识读

一、宝马车系电路图符号的含义

1. 宝马车系电气符号

宝马车系电气符号见表 3-3。

表 3-3　宝马车系电气符号

名　称	电气符号与实物	名　称	电气符号与实物
熔丝		继电器	
电阻		带保护电阻的继电器	
可变电阻		电动机	偏心轴调节电动机
电容	电解电容　　瓷片电容　　贴片电容	起动机	
二极管		发电机	
发光二极管		蓄电池	
灯泡		喇叭	
电子控制器		线圈	
半导体		表示部件全部	
爆燃传感器		表示部件的一部分	

（续）

名　称	电气符号与实物	名　称	电气符号与实物
氧传感器	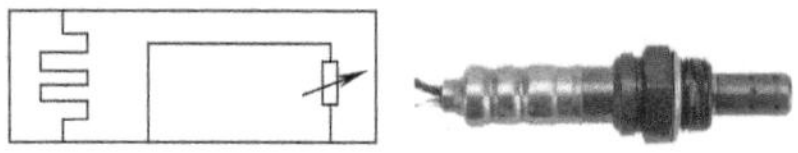	表示部件外壳搭铁	
电磁阀	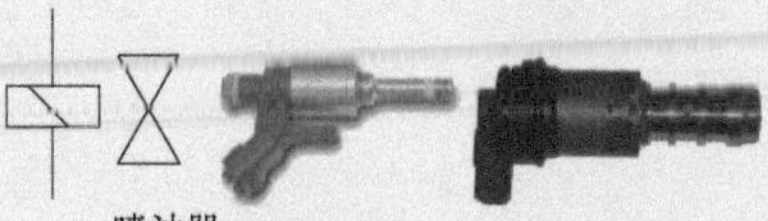 喷油器　　VANOS电磁阀	表示导线插接器在部件上	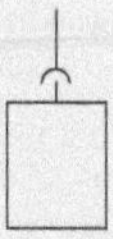
点火线圈		表示导线插接器用螺钉固定在部件上	
火花塞		开关	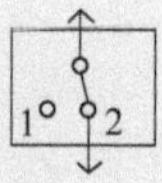 1° °2
冷却液温度传感器		多档开关	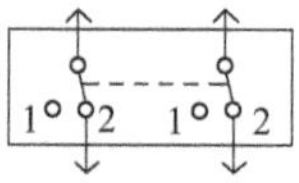 1° °2 1° °2 虚线表示开关之间的联动关系  刮水器开关
进气温度传感器	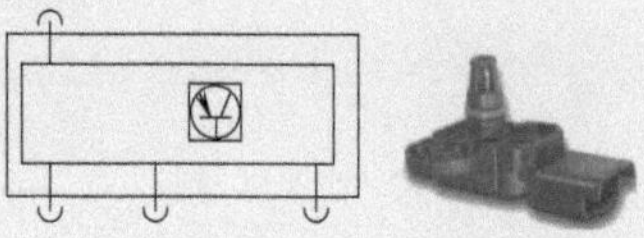	括号	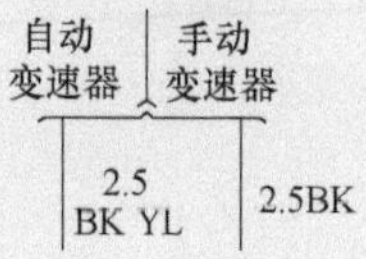 自动变速器　手动变速器 2.5 BK YL　2.5BK 括号表示车上可供选择项目在电路上的区分
霍尔传感器	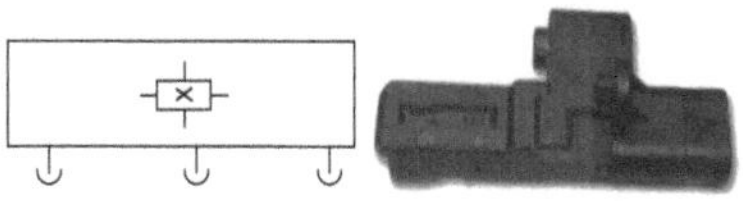	导线颜色	 .75GN/WS 表示绿色底色/白色条纹导线 （2个以上颜色的导线）
机油压力开关		导线规格、插头号码与接地号码	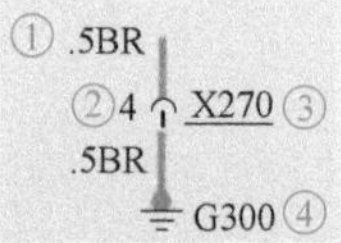 ① .5BR ② 4 X270 ③ .5BR G300 ④ ① 表示导线 ② 表示线脚号码 ③ 表示插头参考号码 ④ 表示地线参考号码

（续）

名　称	电气符号与实物	名　称	电气符号与实物
偏心轴位置传感器		同一插接器	.5BR　.5BR 3 |- - -| 4　X270 .5BR　.5BR 同一插接器标注用虚线表示，"3""4"插脚均属于X270连接插头

2. 宝马车系电气代码说明

宝马车系电气代码由字母和数字两部分组成。代码前部分是字母，表示电器的种类；代码后部是数字，表示编号；一般电气代码下面注明电器的名称。宝马车系电气代码说明见表3-4。

表 3-4　宝马车系电气代码说明

电气代码字母	说　　明	示　　例
A	表示控制单元、模块	A6000—汽车发动机 DME 控制单元；A3—照明模块
B	表示传感器、电气转换器	B1—右前车轮转速传感器；B10—加速踏板模块
D	表示诊断接口	—
E	表示灯、电气加热装置	E7—右侧大灯；E9—后窗加热
F	熔丝	F01—01 号熔丝
G	供电、触发单元	G1—蓄电池；G5—驾驶人安全气囊发生器
H	声光信号仪	H53—右后高音喇叭
I	来自国外生产商的部件	I01004—方向盘电子控制装置
K	继电器	K6—大灯清洗装置继电器
L	线圈	L1—环形线圈 EWS
M	电机、驱动装置	M2—电动燃油泵；M16—油箱盖板中控锁驱动装置
N	放大器、控制器、控制装置	N22—CD 光盘转换匣；N40a—高保真功率放大器；N42a—耳机接口模块
R	电阻、电位器	R8554—分级电阻；R012—后座区分区风门电位器
S	开关、按钮	S4—喇叭开关；S6—DSC/DTC 键
T	点火线圈	T6151—1 缸点火线圈
U	无线电设备、抗干扰设备	U400a—电话发射接收器
W	天线、屏蔽	W12—后部车内天线
Y	机电部件	Y2341—喷油器 1
Z	抗干扰滤波器	Z13—抗干扰滤波器

3. 宝马车系电路图各信号说明

宝马车系电路图各信号说明见表3-5。

表 3-5　宝马车系电路图各信号说明

信　号	说　　明	信　号	说　　明
15_WUP 或 15WUP	总线端 KL.15,唤醒	54	制动信号灯开关信号
30	总线端 KL.30,蓄电池	55HL	左后雾灯
30<1	总线端 KL.30,熔丝 1	56AL	左侧远光灯
30G	总线端 KL.30,已接通	58VR	右侧停车灯
31	蓄电池负极	58G	仪表和背景照明
31_SENS	传感器负极	KL.87	继电器输出端信号
31E	电子接地线	S_50	点火开关
31L	负载接地	U_30	总线端 KL.30 电源供应
5V	5V 供电电源	B+或 B(+)	蓄电池正极
49HL	左后转向信号灯	KL.31 或 KL31	接地
50L	总线端 KL.50,负荷信号	POS	档位信号

4. 宝马车系电路图导线颜色的标识

为便于识别和检修汽车电气设备，宝马车系电路中的低压导线通常由不同的颜色组成，并在电路图上用导线颜色的字母代号标注。宝马车系电路图导线颜色及英文简写见表3-6。

表3-6 宝马车系电路图导线颜色及英文简写

英文简写	颜 色	色 标	英文简写	颜 色	色 标	英文简写	颜 色	色 标
BL	蓝色		RT	红色		SW	黑色	
BR	棕色		GR	灰色		VI	紫色	
GE	黄色		OR	橙色		WS	白色	
GN	绿色		RS	粉红色		TR	透明色	

导线除了用颜色进行标注外，还需注明导线的粗细，即导线的截面面积（单位为 mm^2）。例如，0.35GE/BR 代表主色为黄色、辅色为棕色、截面面积为 $0.35mm^2$ 的导线；0.5SW/VI 代表主色为浅黑色、辅色为紫色、截面面积为 $0.5mm^2$ 的导线；4.0RT 代表红色、截面面积为 $4.0mm^2$ 的导线。

二、宝马车系电路图的识读方法

（1）熟悉电路符号，弄清电气组件的结构 在熟悉宝马车系电气符号、电气代码及电路信号说明的基础上，进一步了解电气组件的结构原理。

（2）查找电器位置分布，了解电器的用途 对照图注和电气符号，查看电器在车上的大概位置、数量和接线情况，了解电器的用途。

（3）注意电路中开关或继电器的状态 大多数电器或电子设备都是通过开关（包括电子开关）或继电器的不同状态而形成回路或改变回路以实现不同功能的。开关是控制电路通断的关键，开关的功能反映了局部电路的主要功能。从"开关"入手，找到开关控制的对象，弄清开关的作用。特别注意，继电器不但是控制开关也是被控制对象，在分析带继电器的电路时，要分清主回路和控制回路。

（4）汽车电气电路由单元电路组合而成 宝马车系电路图尽管很复杂，但都是由完成不同功能、相对独立的单元电路组成的，如充电系统、起动系统、发动机控制系统、变速器控制系统、DSC、SRS、空调等。这些单元电路都有它们自身的特点，在进行电路图识读时，可分系统、单独进行识读分析。

（5）运用回路的原则 任何一个电路都应是一个完整的电气回路，其中包括电源、开关（或熔丝）、用电器（或电子电路）、导线和插接器等。对于直流电路而言，电流总是要从电源的正极出发，通过导线，经熔丝、开关到达用电器，再经过导线（或搭铁）回到同一电源的负极。在这一过程中，只要有一个环节开路，该电路就不会通电工作。

（6）由"集中"到"分散"全车电路一般都是由各个局部电路构成的，它表达了各个局部电路之间的连接和控制关系。在对全车电路进行分析时，可分系统，把局部电路从全车总图中分割出来，采用各个击破的办法进行识读。宝马车系电路图识读示例如图 3-7 所示。

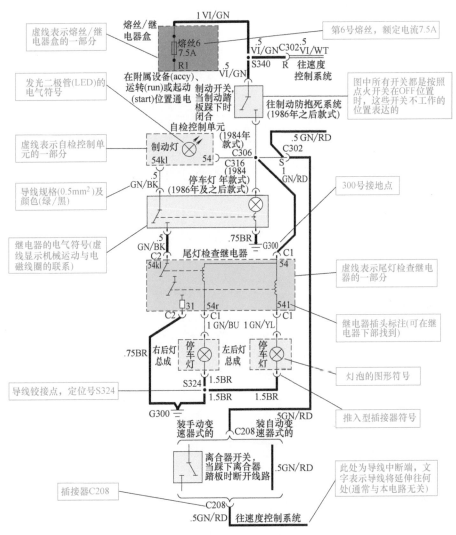

图 3-7 宝马车系电路图识读示例

三、宝马车系电路图的识读示例

宝马 5 系列（E60/E61）便捷起动系统电路（配 N52/N53/N54 发动机）如图 3-8 所示。起动系统电路一般由起动机的主电路和控制起动机电路通断的控制电路组成。

车辆的起动受便捷起动系统（全称便捷进入及起动系统，CAS）控制单元的控制，CAS 由无钥匙便捷上车（自动进入检查）、无钥匙便捷起动（自动授予驾驶权限）和无钥匙便捷退出 3 个子系统组成。当钥匙插入点火开关并起动车辆时，钥匙把数据传送到 CAS 控制单元，CAS 控制单元将对钥匙进行确认，如果这把车钥匙具有车辆起动权，那么 CAS 给予起动许可。同时便捷进入及起动系统 A149a 从 X10318-20 脚输出交换码至 DME 控制单元 X60001-15 脚，如果便捷起动系统发送至发动机 DME 控制单元的数值与 DME 控制单元内的交换码一致，就会禁用电子禁起动防盗锁功能，允许起动发动机。

A149a 的 X10318-41 脚外接自动变速器控制单元，此脚检测变速杆的位置，当变速杆位

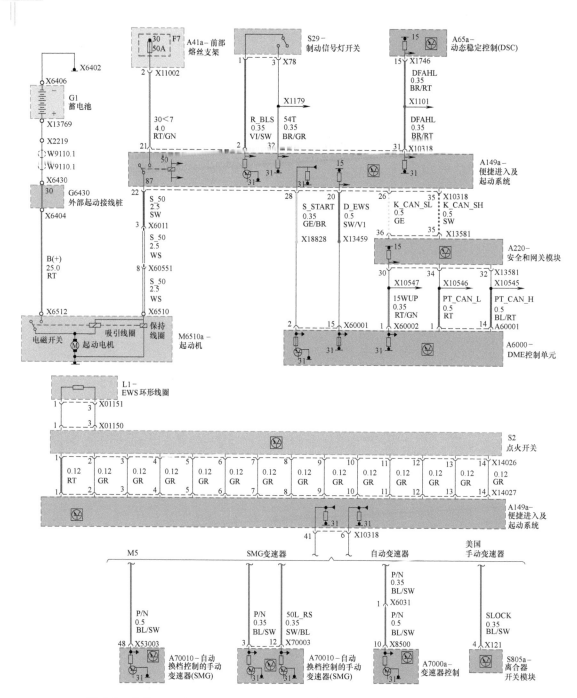

图3-8　宝马5系列（E60/E61）便捷起动系统电路（配 N52/N53/N54 发动机）

于 P 位或 N 位时，才能起动起动机；A149a 的 X10318-31 脚外接动态稳定控制（DSC），此脚接收车辆左后轮的轮速信号；A149a 的 X10318-2 脚（制动信号灯开关信号输入脚）输出供电电压到制动信号灯开关。

A149a 的 X14027-1~14 脚外接点火开关 S2，点火开关安装在转向柱右侧。点火开关中安装了 4 只霍尔传感器，霍尔传感器能够无接触地读取点火钥匙的位置。点火开关中还安装了1根环形线圈，对点火钥匙中的信号收发器进行查询。点火钥匙的位置以电子方式被监控，这样，使用无有效信号收发器的点火钥匙就不能机械开关各个总线端，点火开关总线端有 KI. R、KI. 15 和 KI. 50。

起动继电器集成在便捷进入及起动系统 A149a 中，当 A149a 检测到条件满足，将接通内部的起动继电器，A149a 的 X10318-21 脚与 X10318-22 脚接通。

起动机控制电路：到达前部熔丝支架 A41a 的蓄电池电压，经 A41a 内部的熔丝 F7→A149a 的 X10318-21 脚→A149a 的 X10318-22 脚→插接器 X6011-3 脚→插接器 X60551-8 脚→起动机 M6510a 的 X6510 端。之后分两路：一路经保持线圈→起动机搭铁点→蓄电池负极；另一路经吸引线圈→起动电机→起动机搭铁点→蓄电池负极。此时，起动机内部的电磁开关闭合。

起动机主电路：蓄电池正极→外部起动接线柱 G6430 的 X6430 端→G6430 的 X6404 端→起动机的 X6512 端→起动机内部的电磁开关→起动电机→起动机搭铁点→蓄电池负极。起动机进入工作状态，带动发动机飞轮转动。

第三节　奔驰车系电路图的识读

一、奔驰车系电路图的特点

1. 横纵坐标式电路图
在奔驰车系电路图中，采用横纵坐标来确定电器在电路图中的位置，其中数字作为横坐标、字母作为纵坐标。

2. 电气符号用代码及文字标注
代码前部是字母，表示电器的种类，例如，A 为仪表，B 为传感器，C 为电容，E 为灯，F 为熔丝盒，G 为蓄电池、发电机，H 为喇叭/扬声器，K 为断电器，L 为转速、速度传感器，M 为电机，N 为电控单元，R 为电阻、火花塞，S 为开关，T 为点火线圈，W 为搭铁点，X 为插接器，Y 为电磁阀，Z 为连接套。代码后部数字代表编号，一般电气代码之下注明电器的名称。插接器（字母 X）、搭铁点（字母 W），仅有代码，不注明文字。

二、奔驰车系电路图符号的含义

1. 奔驰车系电路图电气符号及含义
奔驰车系电路图中所用的电气符号在遵守国际 IEC（International Electrotechnical Commission，国际电工委员会）标准和德国工业标准 DIN（Deutsches Institut für Normung e. V. 德国标准化学会）的基础上，也有一些自己的特点。奔驰车系电路图中电气符号及实物对照见表3-7。

表 3-7　奔驰车系电路图中电气符号及实物对照

名　称	电气符号	名　称	电气符号	名　称	电气符号
电阻	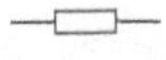	温度传感器		霍尔传感器	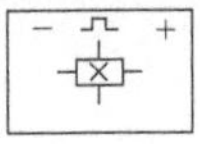

（续）

名　称	电气符号	名　称	电气符号	名　称	电气符号
可变电阻		压力传感器	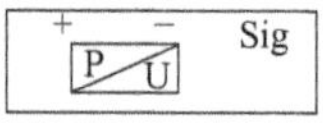	起动机	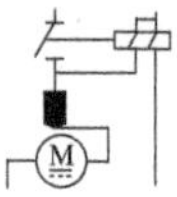
熔丝	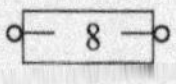	手动开关		直流电动机	
电容		手动按键开关		继电器	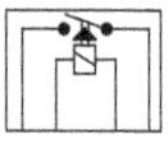
二极管		自动开关	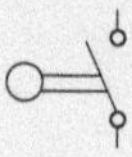	加热器加热电阻	
发光二极管	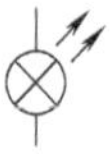	压簧自动开关		电位计	
电子器件	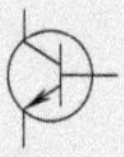	常开触点	 或	平插头	
灯泡		常闭触点	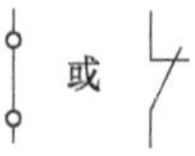 或	圆插头	
爆燃传感器		指示仪表		螺钉连接	
氧传感器	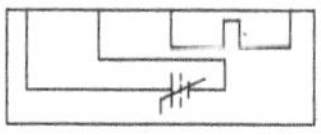	喇叭	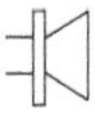	焊接点	
电磁阀	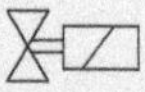	蓄电池	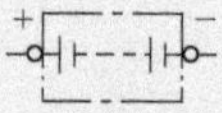	插接板	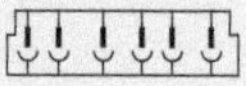
电磁线圈	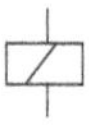	发电机	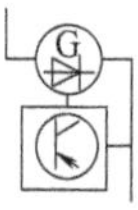	—	—
点火线圈		火花塞		—	—

2. 奔驰车系电路图各信号说明

奔驰车系电路图各信号说明见表 3-8。

表 3-8　奔驰车系电路图各信号说明

信　号	说　明	信　号	说　明
15R	转换正极,位于点火位置 1、2 和 3	55R	右侧雾灯
30	蓄电池正极电压	56a	远光灯
30g	转换正极,受熔丝保护	56b	近光灯
30z	电路 30 的 1 级输入	58	示廓灯、尾灯、牌照灯和仪表照明灯
31	蓄电池负极或接地的直接回馈电路	58d	可变仪表和开关照明
5V	5V 供电电源	58L	左侧侧灯
49L	左侧转向信号灯	87	电路 87 输入
49R	右侧转向信号灯	87M	87 发动机电控系统
50	起动机控制(直接)	(+)	蓄电池正极
54	制动灯	ND 或(−)	接地
55L	左侧雾灯	D	变速杆 D 位的功能

3. 奔驰车系电路图导线颜色的标识

为便于识别和检修汽车电气设备,奔驰车系电路中的低压导线通常由不同的颜色组成,并在电路图上用相应导线颜色的字母代号标注。在奔驰车系汽电路图中,导线颜色符号大多采用 2 位大写的英文简写。奔驰车系电路图导线颜色及英文简写见表 3-9。

表 3-9　奔驰车系电路图导线颜色及英文简写

英文简写	颜色	色　标	英文简写	颜色	色　标	英文简写	颜色	色　标
BK	黑色		GN	绿色		WS	白色	
BN	棕色		BU	蓝色		PK	粉红色	
RD	红色		VT	紫色		TR	透明色	
YL	黄色		GY	灰色				

除单色线外,奔驰车系还采用了双色线,在电路图中,用 VT YL、RD WS、BK YL、BN GN 等形式表示。

在电路图中,导线的标识不仅只有线色,还有线粗(即导线的截面面积)。奔驰车系电路图中,导线的截面面积写在线色符号之前,例如,0.75BN 表示截面面积为 0.75mm^2 的棕色导线,0.35GY BU 表示截面面积为 0.35mm^2 的灰底蓝色导线。

三、奔驰车系电路图的识读方法

(1)熟悉电路电气符号,弄清电气组件的结构　在熟悉奔驰车系电路电气符号、电气代码及电路信号说明的基础上,进一步了解电气组件的结构原理。

(2)查找电器位置分布,了解电器的用途　对照图注和电气符号,查看电器在车上的大概位置、数量和接线情况,了解电器的用途。

(3)注意电路中开关或继电器的状态　大多数电器或电子设备都是通过开关(包括电

子开关）或继电器的不同状态而形成回路或改变回路以实现不同的功能的。开关是控制电路通断的关键，开关的功能反映了局部电路的主要功能。从"开关"入手，找到开关控制的对象，弄清开关的作用。特别注意，继电器不但是控制开关也是被控制对象，在分析带继电器的电路时，要分清主回路和控制回路。

（4）运用回路的原则　任何一个电路都应是一个完整的电气回路，其中包括电源、开关（或熔丝）、用电器（或电子线路）、导线和插接器等，对于直流电路而言，电流总是要从电源的正极出发，通过导线，经熔丝、开关到达用电器，再经过导线（或搭铁）回到同一电源的负极。在这一过程中，只要有一个环节开路，该电路就不会通电工作。因此电路读图时，有以下 3 种思路：

思路一：沿着电路电流的流向，由电源正极出发，查找用电设备、开关、控制装置等，回到同一电源负极。

思路二：逆着电路电流的方向，由电源负极（搭铁）开始，经过用电设备、开关、控制装置等回到同一电源正极。

思路三：从用电设备开始，依次查找其控制开关、连线、控制单元，到达电源正极和搭铁（或同一电源负极）。

在识读电源电路时，要弄清楚蓄电池的电源都供给了哪些元器件，与电源正极连接的导线在到达用电器之前是电源电路；与接地点连接的导线在到达用电器之前为接地电路。

（5）由"集中"到"分散"　整车电路一般都是由各个局部电路构成的，它表达了各个局部电路之间的连接和控制关系。在对整车电路进行分析时，可分系统，把局部电路从全车总图中分割出来，采用各个击破的办法进行识读。奔驰车系电路图识读示例如图 3-9 所示。

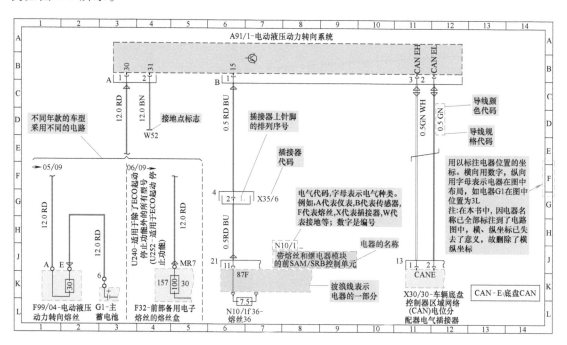

图 3-9　奔驰车系电路图识读示例

四、奔驰车系电路图的识读示例

1. 奔驰车系氧传感器电路识读

奔驰车系氧传感器的作用是监测尾气中氧的浓度，并将信息反馈给控制单元以修正喷油量，实现发动机的闭环控制，减少有害气体的排放。氧传感器有催化器上游的氧传感器和催化器下游的氧传感器两种，安装位置如图3-10所示。

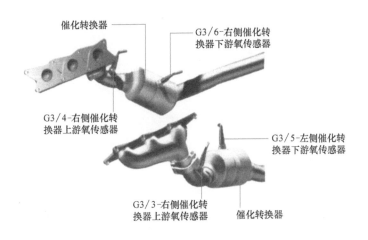

图 3-10 氧传感器安装位置

（1）催化器上游的氧传感器 催化器上游的氧传感器用于废气控制、混合比自适应调整、功能链测试。催化器上游的氧传感器为宽频带氧传感器，结构如图3-11所示。

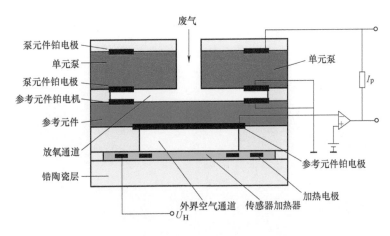

图 3-11 宽频带氧传感器结构图

工作原理：通过单元泵工作，可将废气中的氧吸入测量室，单元泵工作所用电流，即为传递给发动机电子设备控制单元的电信号。

当混合气过浓时（见图3-12a），单元泵以原来的工作电流工作，测试室的氧量减少，氧传感器电压值超过450mV。传感器控制器增大单元泵的工作电流，使单元泵旋转速度增加，增加泵氧速度。单元泵泵入测试室中的氧量增加，使氧传感器电压值恢复到450mV，发动机电子设备控制单元根据增加的泵电流值（折算成电压值），减少喷油量。当混合气过稀时（见图 3-12b），泵在原来的转速下会泵入较多的氧，测试室中氧的含量较多，氧传感器电压值下降。为使氧传感器电压值尽快恢复到 450mV，传感器控制器减少单元泵的工作电流，使泵入测试室的氧量减少，单元泵的工作电流传递给发动机电子设备控制单元，根据减少的泵电流了 I_p（折算成电压值），发动机电子设备控制单元加大喷油量。

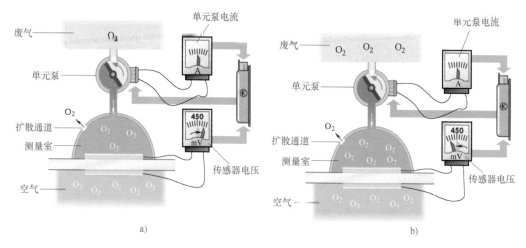

图 3-12　宽频带氧传感器的工作原理
a）混合气过浓　b）混合气过稀

　　传感器加热器集成在宽频带氧传感器内，为使传感器在发动机运转时正常工作，需对宽频带氧传感器进行加热，传感器加热器由发动机电子控制单元 N3/10 通过接地信号控制。

　　电路分析：氧传感器电路如图 3-13 所示。其中，左侧催化转换器上游的氧传感器 G3/3 的 X1-1 脚为氧传感器泵电流，接发动机电子设备控制单元 N3/10 的 M-36 脚；G3/3 的 X1-2 脚为氧传感器接地，接 N3/10 的 M-38 脚；G3/3 的 X1-3 脚为氧传感器加热器控制，接 N3/10 的 M-73 脚；G3/3 的 X1-4 脚为氧传感器加热器供电，接 M2e 端子 87 结点 Z7/36z1；G3/3 的 X1-5 脚接氧传感器微调电阻器，接 N3/10 的 M-12 脚；G3/3 的 X1-6 脚为氧传感

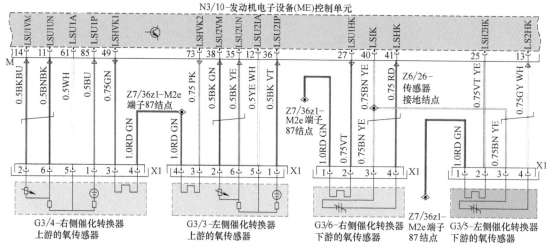

图 3-13　氧传感器电路

参考电压，接 N3/10 的 M-35 脚。右侧催化转换器上游的氧传感器 G3/4 的 X1-1 脚为氧传感器泵电流，接发动机电子控制单元 N3/10 的 M-85 脚；G3/4 的 X1-2 脚为氧传感器接地，接 N3/10 的 M-14 脚；G3/4 的 X1-3 脚为氧传感器加热器控制，接 N3/10 的 M-49 脚；G3/4 的 X1-4 为氧传感器加热器供电，接 M2e 端子 87 结点 Z7/36z1；G3/4 的 X1-5 脚接氧传感器微调电阻器，接 N3/10 的 M-61 脚；G3/4 的 X1-6 脚为氧传感器参考电压，接 N3/10 的 M-11 脚。

（2）催化器下游的氧传感器　催化器下游的氧传感器用于双传感器控制、监视催化转化器的工作效率，催化器下游的氧传感器活性陶瓷包含一个由二氧化锆制成的透气陶瓷体，功能示意图如图 3-14 所示。

工作原理：通过比较废气和外界空气中氧的浓度差，来获取混合气的浓度信息。当混合气过稀时，废气中氧的含量较高，传感器元件内外侧氧浓度差很小，内外侧两电极之间产生的电压值就很小（接近于 0V）；当混合气过浓时，废气中氧的含量较低，传感器元件内外侧氧浓度差很大，内外侧两电极之间产生的电压值就很大（接近于 1V）；当浓度差变化了，电压值会在 0~1V 之间变化。

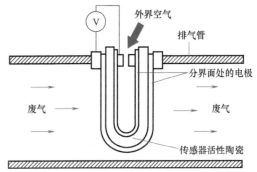

图 3-14　催化器下游的氧传感器功能示意图

这个电压信号被送到发动机电子控制单元中放大处理，发动机电子控制单元把高电压信号看作浓混合气，而把低电压信号看作稀混合气。为使陶瓷探针体迅速达到工作温度，需对氧传感器进行加热，传感器加热器由发动机电子控制单元通过接地信号来控制。

电路分析：催化器下游的氧传感器针脚如图 3-15 所示。下游氧传感器的 1 脚为传感器加热器供电；2 脚为传感器加热器接地；3 脚为氧传感器接地；4 脚为氧传感器信号输出。其中，右侧催化转换器下游的氧传感器 G3/6 的 X1-1 脚接 M2e 端子 87 结点 Z7/36z1；G3/6 的 X1-2 脚接发动机电子控制单元 N3/10 的 M-27 脚；G3/6 的 X1-3 脚通过传感器接地结点 Z6/26 后接 N3/10 的 M-40 脚；G3/6 的 X1-4 脚接 N3/10 的 M-41

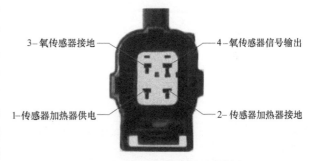

图 3-15　催化器下游的氧传感器针脚图

脚。左侧催化转换器下游的氧传感器 G3/5 的 X1-1 脚接 M2e 端子 87 结点 Z7/36z1；G3/5 的 X1-2 脚接 N3/10 的 M-25 脚；G3/5 的 X1-3 脚通过传感器接地结点 Z6/26 后接 N3/10 的 M-40 脚；G3/5 的 X1-4 脚接 N3/10 的 M-13 脚。

2. 奔驰 C 级轿车充电起动系统电路识读

奔驰 C 级轿车（W204/S204/C204）起动机/发电机/蓄电池的电路图（适用于 M272 发动机）如图 3-16 所示。

（1）充电电路识读　发电机给用电设备供电和给主蓄电池充电，发电机的 2 号端子为 B+电压输出端，充电电路：发电机 G2 输出的 B+电压→起动机 M1 端→主蓄电池 G1 的正极。

发电机的 1-1 脚接发动机电子设备控制单元 N3/10 的 M-45 脚。发动机电子设备控制单元和发电机通过传动系统局域互联网（LIN）交换信息。发动机起动后，发动机电子设备控制单元根据其内部储存的性能图开启并且控制发电机。此时发电机调节器电压由发动机电子设备控制单元指定。发电机负载频繁变化时，将延迟发电机调整调节器的电压，起到稳定运转的作用。发动机电子设备控制单元通过 LIN 总线接收发电机的信息，该信息通过 CAN-C 发送至带熔丝和继电器模块的前 SAM/SRB 控制单元 N10/1，N10/1 通过 CAN-B 将其发送至仪表板，控制仪表板上充电指示灯的亮灭。

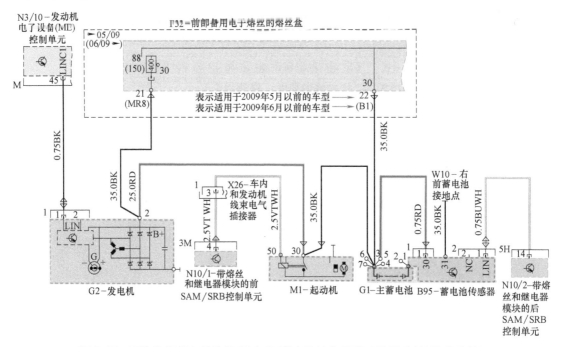

图 3-16 奔驰 C 级轿车起动机/发电机/蓄电池的电路图（适用于 M272 发动机）

（2）起动电路识读 起动机的工作受控制电路和主电路的控制。控制电路：当点火开关位于起动位置、自动变速器的档位开关处于 P 或 N 位且防盗系统允许发动机起动时，发动机电子设备（ME）控制单元 N3/10 输出控制信号，控制带熔丝和继电器模块的前 SAM/SRB 控制单元 N10/1 内部的起动继电器工作。起动继电器工作后，N10/1 从其 3M-4 脚输出控制电压，该电压经插接器 X26 的 1-3 脚至起动机 M1 的 50 端后分两路：一路经起动机内部的吸拉线圈→起动机内部的电机→搭铁；另一路经起动机内部的保持线圈→搭铁。此时两个线圈均得电，起动机内的电磁开关触点闭合。

主电路：主蓄电池正极→起动机 30 端→起动机内部的电磁开关触点→起动机内部的电机→搭铁→主蓄电池负极。此时，起动机进入工作状态带动发动机飞轮转动。

第四节　标致、雪铁龙车系电路图的识读

一、电路图的特点及识读

标致车系和雪铁龙车系同属于法国标致雪铁龙集团，两车系电路图的绘制与识读大同小

异，现以雪铁龙车系为例进行介绍。如图 3-17 所示，雪铁龙车系电路图在表现形式上与其他欧洲车系的电路图有较大差别，主要有以下几点。

1. 电路原理图和电路布置图

电路原理图和电路布置图对应，电路原理图和电路布置图用相同的标识画出。

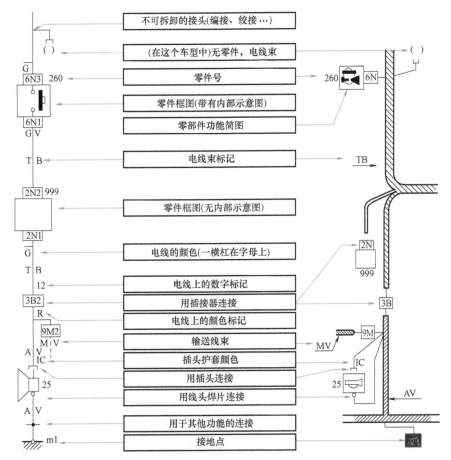

图 3-17　雪铁龙车系电路图标示方法

2. 导线颜色

电路原理图中的导线还标注了导线颜色和所在线束。导线代码标注在该电路的左边，双色线则将表示两种颜色的代码分别标注在该电路的两侧，左侧代码表示导线底色，右侧代码表示条纹颜色。导线颜色及代码含义见表 3-10。

表 3-10　导线颜色及代码含义

英文简写	颜　色	色　标	英文简写	颜　色	色　标	英文简写	颜　色	色　标
N	黑色		J	柠檬黄		G	灰色	
M	栗色		V	翠绿		B	白色	
R	大红		Bl	湖蓝		Lc	透明	
Ro	粉红		Mv	深紫		—	—	—
Or	橙色		Vi	紫罗兰		—	—	—

3. 电源与搭铁部分

电源部分画在电路图的顶部，而搭铁部分则画在电路图的底部。电路布置图中搭铁点位置标示直观明了。

4. 插接器及其护套

插接器和插接器护套的颜色在电路原理图和电路布置图中也给予标示。

5. 线束的代号

在电路图中，各导线都标明其所在线束的代号，为寻找线路的方位和走向提供方便。线束代号及含义见表3-11。有的导线颜色代码字母上方加了一横杠，用于区别线束代码。

表 3-11　线束代号及含义

线束代号	含　义	线束代号	含　义
AV	前部线束	EF	行李舱照明灯线束
CN	蓄电池负极电缆线束	ER	尾灯线束
CP	蓄电池正极电缆线束	GC	空调线束
HB	驾驶室线束	PL	顶灯线束
MT	发动机(和电控喷射系统)线束	PP	乘客侧门线束
MV	电动风扇线束	RD	右后部线束
PB	仪表板线束	RG	左后部线束
TB	转向盘线束	RL	侧转向灯线束
PC	驾驶人侧门线束	UD	右制动蹄片磨损指示器线束
PD	右后门线束	UG	左制动蹄片磨损指示器线束
PG	左后门线束	—	—

6. 插接器的表示方法

电气电路中的插接器有4种类型，在电路图中均用标有字母和数字的矩形线框表示插接器的类型、颜色、插脚数及该插脚的位置等（见图3-18）。

图 3-18　电路图中插接器的表示

a）单列插接器　b）双列插接器　c）前围板插接器　d）14脚圆插接器

（1）单列插接器（见图3-18a）　单列插接器的结构特点为插接器的接线板仅有1层，识读方法如下：

8——通道数，表示该插接器共有8个通道。

B——插接器的颜色，表示该插接器为黑色。

2——线号，表示该插接器的第2号线。

（2）双列插接器（见图3-18b）　双列插接器的结构特点为插接器的接线板有2层，识读方法如下：

15——通道数，表示该插接器共有15个通道。

M——插接器的颜色，表示该插接器为栗色。

A——列数，表示该插接器中的 A 列。

6——线号，表示该插接器的第 6 号线。

（3）前围板插接器（见图 3-18c） 前围板插接器位于前风窗玻璃左下侧的车身内，用于前部线束和仪表板线束的连接，其结构如图 3-19 所示。它共有 62 个通道，其颜色为黑色（标识符号为 C），由 8 组 7 通道的接线板和 3 组 2 通道的接线板组成，识读方法如下：

7——通道数，表示 7 个通道的接线板。

C——表示前围板插接器，其颜色为黑色。

6——组数，表示第 6 组。

4——线号，表示第 6 组的第 4 号线。

（4）14 脚圆插接器（见图 3-18d） 该插接器位于发动机罩下左侧的熔丝盒内，用于前部 AV 线束与发动机 MT 线束的连接，呈黑色，识读方法如下：

14——表示是 14 脚插接器。

N——表示插接器为黑色。

2——表示插接器中第 2 号线。

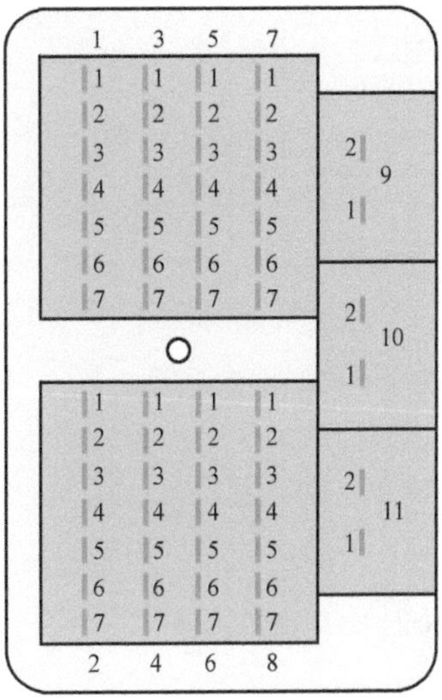

图 3-19 62 孔插接器排列

7. 点火开关

雪铁龙车系点火开关的表示方法如图 3-20 所示，它属于 3 档 4 位开关，各档的工作状态见表 3-12。

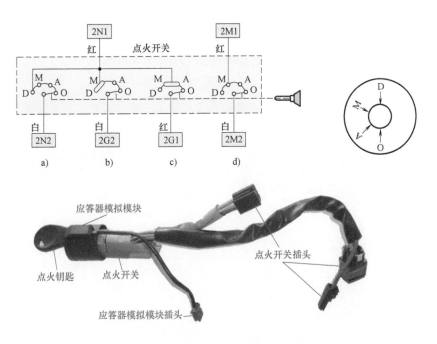

图 3-20 点火开关电路及实物图

a）起动（电路）状态（D 档） b）点火状态（M 档） c）附件工作状态（A 档）

d）锁止状态（O 档，但起动机后此电路会断开）

表 3-12　点火开关各档位工作状态

档位	2N1(供电端)	2N1	2G2	2G1	2M1(供电端)	2M2
O 档(锁止)						
A 档(附件)	○——————————————○					
M 档(点火)	○———————————————————○		○————————○		○————————○	
D 档(起动)	○———————○		○—○			

O——点火钥匙插入或拔出的位置。当点火钥匙拔出时，转向盘自动锁住。

A——电气附件工作位置。点火钥匙置于该位置时，可使用电气附件（如收放机），此时蓄电池充电信号灯亮。

M——点火位置。此时蓄电池充电指示灯、驻车和制动液面指示灯、机油压力警告灯、冷却液温度警告灯亮。

D——起动机工作档位。发动机起动达到一定转速后，蓄电池充电指示灯、驻车和制动液面指示灯、机油压力警告灯、冷却液温度警告灯熄灭，发动机起动后应立即松开点火钥匙。

二、电路图符号的含义

雪铁龙车系电路图的电气符号见表 3-13。

表 3-13　雪铁龙车系电路图的电气符号

名　称	电气符号	名　称	电气符号	名　称	电气符号
单格蓄电池		双速电动机		电极	
熔丝		电子控制组件		电热器	
热断路器		继电器组件		氧传感器	
屏蔽装置		带原理零件框图		接线柱	

（续）

名　称	电气符号	名　称	电气符号	名　称	电气符号
电容器		无原理零件框图		NPN 型晶体管	
电喇叭		零件部分框图		PNP 型晶体管	
交流发电机		发光二极管		联动线	
电动机		零件部分框图		线头焊接点	
插接器接点		指示器		插头接点	
带有分辨记号的插接器接点		常闭触点（自动回位）		机械可变电阻	
光敏二极管		压力开关		热敏电阻	
不可拆接点		温度开关		压力可变电阻	
经线头焊接搭铁		延时断开触点		可变电阻	

（续）

名　称	电气符号	名　称	电气符号	名　称	电气符号
经插接器搭铁	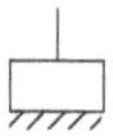	延时闭合触点	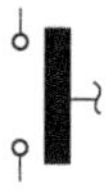	分流器	
无自动回位开关		手动开关		线圈	
手动开关		摩擦式触点		指示灯	
机械开关	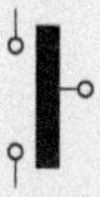	带电阻手动开关		照明灯	
转换开关		电阻		二极管	
常开触点（自动回位）		可变电阻		接点（不可拆）	
经零件外壳搭铁		手动可变电阻		—	—

三、雪铁龙车系电路图的识读示例

雪铁龙车系电路图各部分的含义如图 3-21 所示。

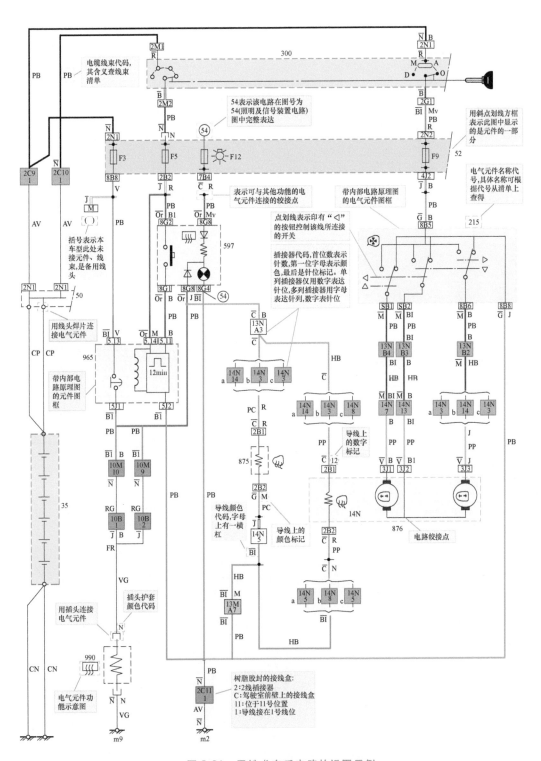

图 3-21 雪铁龙车系电路的识图示例

第四章

美国车系电路图的识读

第一节 通用车系电路图的识读

一、通用车系电路图符号的含义

通用车系电路图中各种符号的含义见表 4-1。

表 4-1 通用车系电路图中各种符号的含义

符 号	说 明	符 号	说 明
1. 电压指示灯			
B+	蓄电池电压	IGN 0	点火开关（OFF 位置）
IGN I	点火开关（附件位置）	IGN II	点火开关（运行位置）
IGN III	点火开关（起动位置）	—	—
2. 一般图标			
L O C	主要部件列表图标 示意图上的图标用于链接"主要电气部件列表"	D E S C	说明与操作图标 示意图上的图标用于链接"特定系统的说明与操作"
	计算机编程图标 示意图上的图标用于链接"控制模块参考"，确定更换时需要编程的部件		下页示意图图标 示意图上的图标用于进入子系统的下一个示意图
	前一页示意图图标 示意图上的图标用于进入子系统的前一页示意图		信息图标 该图标用于提醒维修人员查阅相关的附加信息，以帮助维修某个系统
	危险（高压图标） 该图标用于提醒维修人员该部件/系统包含 300V 电压电路		高压图标 该图标用于提醒维修人员该部件/系统包含高于 42V 但低于 300V 的电压

（续）

符　号	说　明	符　号	说　明
2. 一般图标			
 ↑↓	串行数据通信功能 　该图标用于向维修人员表明该串行数据电路详细信息未完全显示；也能提供一个有效链接至该电路的数据通信图表完全显示	—	—
3. 开关位置图标			
↑　∧　△	常规向上箭头	↓　∨　▽	常规向下箭头
←　<　◁	常规向左箭头	→　>　▷	常规向右箭头
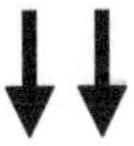 ↓↓	常规快速向下箭头	 ⏻	接通/关闭图标
 🔒	常规锁止图标	 🔓	常规解锁图标
⊞　⊞　⊞　⊞	常规车窗开关位置（-4门）	◧　◨	常规车窗开关位置（-2门）
4. 模块电路功能图标			
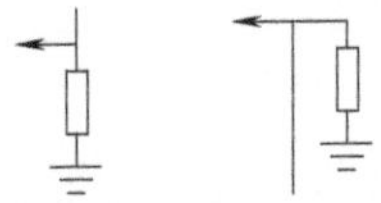	输入/输出下拉电阻器（-）	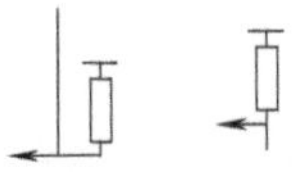	输入/输出上拉电阻器（+）
	输入/输出高压侧驱动开关（+）		输入/输出低压侧驱动开关（+）
	输入/输出双向开关（+/-）	 ⊓⊔⊓	脉宽调制符号
B+	蓄电池电压	IGN	点火电压
5V	参考电压	5V AC	空调电压
	低电压参考电压		搭铁

（续）

符　号	说　明	符　号	说　明
4. 模块电路功能图标			
	串行数据		车内天线信号
	车外天线信号		踩下制动踏板
5. 线束部件			
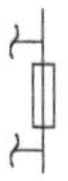	熔丝	 PWR/TRN Relay	继电器供电的熔丝
	断路器		易熔线
	搭铁		壳体搭铁
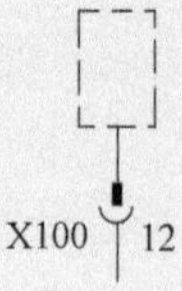 X100　12	引线连接	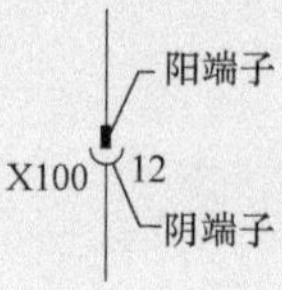 阳端子 X100　12 阴端子	直列式线束插接器
	临时或诊断插接器		钝切线
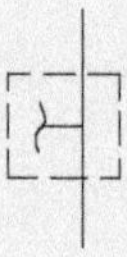	不完整物理插头		完整物理插头（−2 条电路）
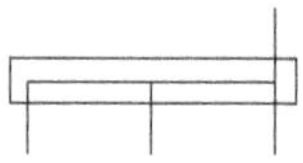	完整物理插头（−3 条或更多电路）	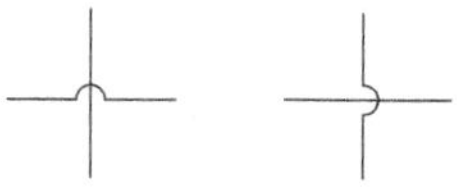	导线交叉
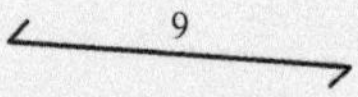 9	绞合线	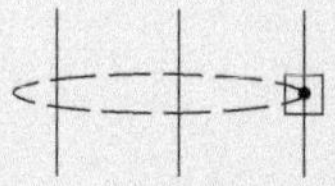	屏蔽

（续）

符　号	说　明	符　号	说　明
5. 线束部件			
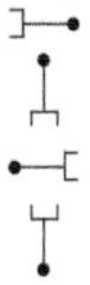	电路参考		电路延长箭头
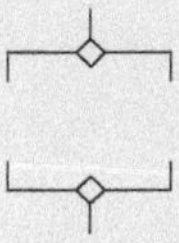	选装件断裂点	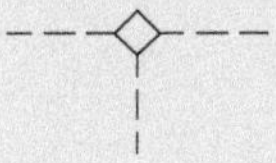	搭铁电路连接
	插接器短路夹	—	—
6. 开关和继电器			
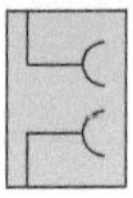	附件电源插座	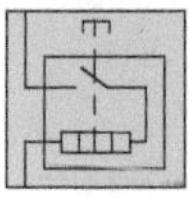	点烟器
	位置 2 常开开关	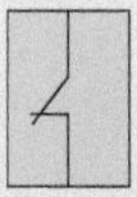	位置 2 常闭开关
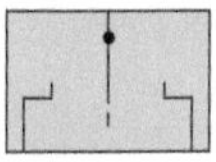	摇压式开关	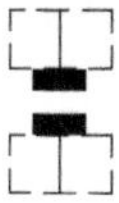	接触片开关(1 根导线)
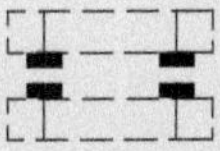	接触片开关(2 根导线)	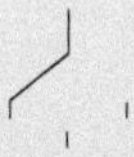	位置 3 开关
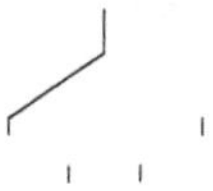	位置 4 开关	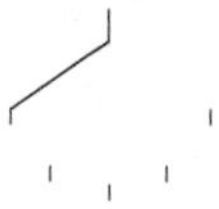	位置 5 开关
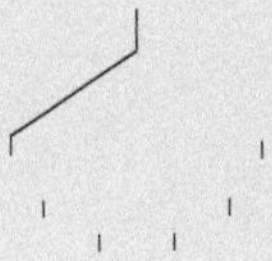	位置 6 开关	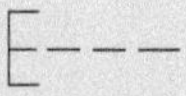	推入式(瞬时)开关执行器
	推入式（锁闭）开关执行器		拉出式(瞬时)开关执行器
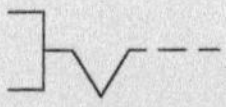	拉出式（锁闭）开关执行器	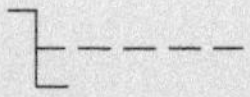	旋转式(瞬时)开关执行器

（续）

符　号	说　明	符　号	说　明
6. 开关和继电器			
	旋转式（锁闩）开关执行器		滑动式（瞬时）开关执行器
	滑动式（锁闩）开关执行器	P	压力（瞬时）开关执行器
T	温度（瞬时）开关执行器	L	音量（锁闩）开关执行器
	4针单刀单掷继电器（常开）		5针继电器（常闭）
7. 装置和继电器			
	蓄电池		蓄电池总成-HYBIRD
	单丝灯泡		双丝灯泡
	发光二极管（LED）		光敏传感器
	计量仪表		二极管
	电容器		电阻器
	可变电阻器		可变电阻器（NTC）

（续）

符　号	说　明	符　号	说　明
7. 装置和继电器			
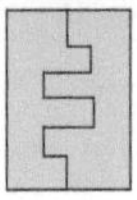	易断裂导线	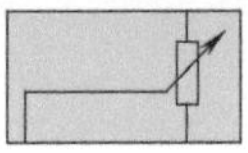	可变电阻器
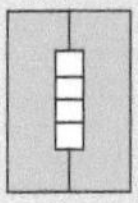	加热元件	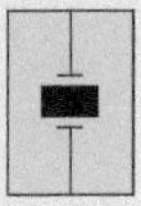	爆燃传感器
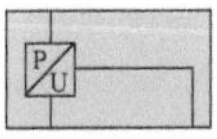	压力传感器	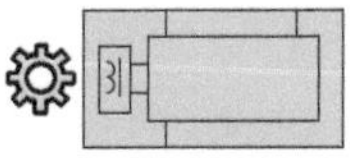	3 线式感应传感器
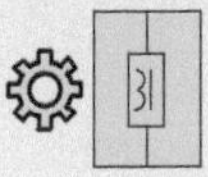	2 线式感应型传感器	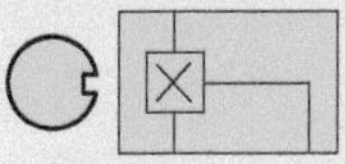	3 线式霍尔效应传感器
	2 线式霍尔效应传感器	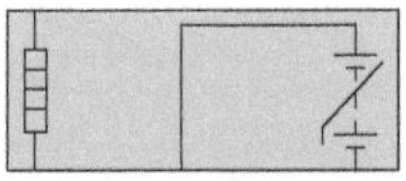	4 线式加热型氧传感器
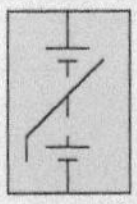	2 线式氧传感器	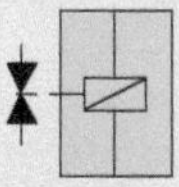	电磁阀
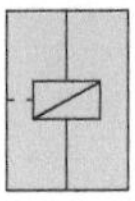	执行器电磁阀	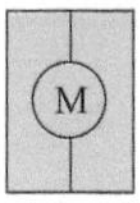	电机
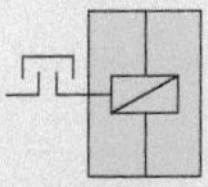	离合器	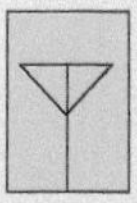	天线
	正温度系数电机	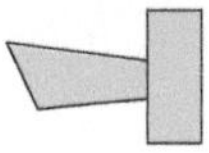	喇叭
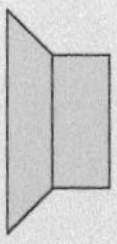	扬声器	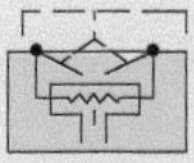	气囊
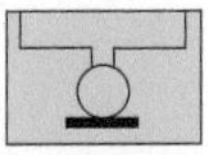	麦克风	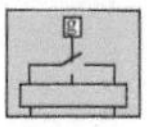	安全气囊系统碰撞传感器
	安全气囊系统线圈	—	—

二、车辆位置分区代码

如图 4-1 所示，通用车系电路图上所有的搭铁、插接器、贯穿式密封圈和插头都给定了识别代码，并与其在车辆上的位置相对应，其车辆位置分区情况见表 4-2。

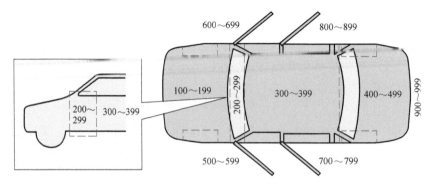

图 4-1　车辆位置分区代码示意图

表 4-2　车辆位置分区表

车辆位置分区代码	区位说明
100~199	发动机舱(全部在仪表板前部) 001~099 代表发动机舱内附加号(仅在使用完所有 100~199 后使用)
200~299	位于仪表板区域内
300~399	乘员室(从仪表板到后车轮罩)
400~499	行李舱(从后轮罩到车辆后部)
500~599	位于左前车门内
600~699	位于右前车门内
700~799	位于左后车门内
800~899	位于右后车门内
900~999	位于行李舱盖

三、导线颜色符号

通用车系电路中的导线颜色符号见表 4-3 和表 4-4。

表 4-3　单色导线示例表

颜色	车型	通用	荣誉	陆尊	新赛欧	君越	景程
黑	Black	BLK	BK	BLK	SW	BK	BK
棕	Brown	BRN	BN		BR		
棕黄			TN			TN	TN
蓝	Blue	BLU	BU	BLU	BL	BU	BU
深蓝	Dark Blue	DK BLU	D-BU	BLN DK		D-BU	D-BU
浅蓝	Light Blue	LT BLU	L-BU	BLNLT		L-BU	L-BU

（续）

车型 颜色		通用	荣誉	陆尊	新赛欧	君越	景程
绿	Green	GRN	GN	GRN	GN	GN	GN
灰	Grey	GRY	GY	GRA	GR	GY	GY
白	White	WHT	WH	WHT	WS	WS	WS
橙	Orange	ORG	OG			OG	OG
红	Red	RED	RD	RED	RT	RD	RD
紫	Violet	VIO	PU	PPL		PU	PU
粉紫							
黄	Yellow	YEL	YE	YEL	GE		
褐	Brown	TAN		TAN		BN	BN
深绿	Dark Green	DK GRN	D-GN	GRN DK		D-GN	D-GN
橘黄							
粉红	Pink	PNK					PK
透明	Clear	GLR					
浅绿	Light Green	LT GRN	L-GN	GRNLT		L-GN	L-GN
紫红	Purpie	PPL					

表 4-4　双色导线示例表

导线颜色	英文缩写	导线颜色	英文缩写
带白色标的红色导线	RD/WH	带白色标的深绿色导线	D-GN/WH
带黑色标的红色导线	RD/BK	带黑色标的浅绿色导线	L-GN/BK
带白色标的棕色导线	BN/WH	带黄色标的红色导线	RD/YE
带白色标的黑色导线	BK/WH	带蓝色标的红色导线	RD/BL
带黄色标的黑色导线	BK/YE	带蓝色和黄色标的红色导线	RD/BL/YE
带黑色标的深绿色导线	D-GN/BK	—	—

四、通用车系电路图的组成及特点

1. 通用车系电路图的组成

通用车系电路图通常由 4 类电路图组成：电源分配简图（见图 4-2）、熔丝盒详图（见图 4-3）、系统电路图（见图 4-4）和搭铁路图（见图 4-5）。

2. 通用车系电路图的特点

（1）电路图中标有电源接通说明　系统电路图中电源线从上方进入，通常从熔丝处开始，并于熔丝上方用黑线框标注此处与电源之间的通断关系；用电器在中部，接地点在最下方。如果是有电子控制的系统，电路图中除该系统的工作电路外，还会包括与该系统工作有关的信号电路（如传感器电路等）。

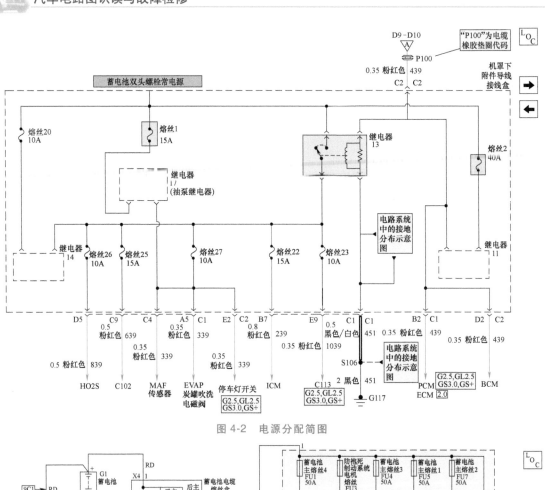

图 4-2　电源分配简图

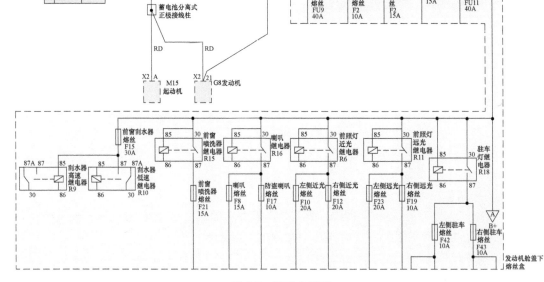

图 4-3　熔丝盒详图

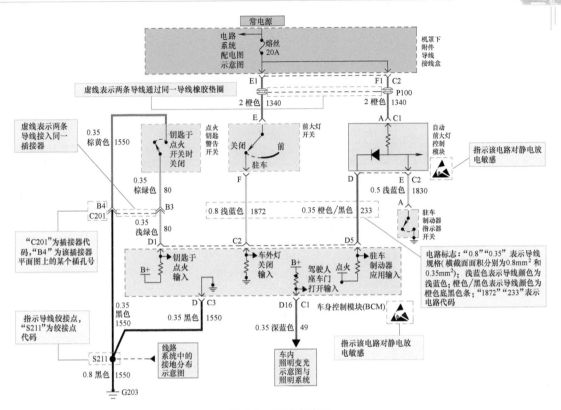

图 4-4　系统电路图

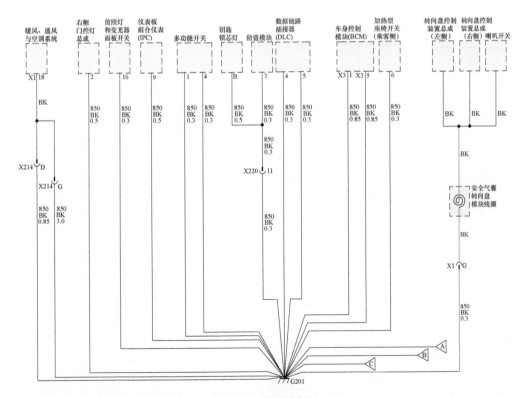

图 4-5　搭铁电路图

（2）电路图中标有电路编号　电路图中各导线除了标明颜色和横截面面积外，通常还标有该电路的编码，通过电路编码可以知道该电路在汽车上的位置，以方便识图和故障查询。

（3）电路中标有特殊提示符号　通用车系电路图中用黑三角内的图案表示电路中需要注意的地方，见表4-5。

表 4-5　通用车系电路图特殊提示符号

符　　号	说　　明
	本图标用于提醒维修人员，该系统含有对静电放电敏感的部件，在维修前需要特别注意。 防静电放电损坏措施如下： ① 在维修任何电气零件之前触摸金属搭铁点，去除身体上的静电 ② 勿触摸裸露的端子 ③ 维修插接器时，勿使用工具接触裸露的端子 ④ 如无要求，勿将零件从其保护盒中取出 ⑤ 避免采取以下行动（除非诊断步骤中有要求）： a. 将零部件或插接器跨接或搭铁 b. 将测试设备探针与零部件或插接器相连接 ⑥ 打开零部件保护性包装之前将其搭铁
	本图标为辅助充气式保护装置（SIR）或安全气囊系统（SRS）图标 本图标用于提醒维修人员，该系统含有辅助充气式保护装置（SIR）/辅助充安全气囊系统（SRS）部件，在维修时需要特别注意以下几点： ① 在进行检查之前要执行 SIR 的诊断系统的检查 ② 在进行维修工作前要使安全气囊失效 ③ 在完成维修工作后应使安全气囊系统生效 ④ 在把车辆交给用户前要执行 SIR 的诊断系统检查
	本图标为车载诊断（OBD Ⅱ）图标 本图标用于提醒维修人员，该电路对 OBD Ⅱ 排放控制电路的操作十分重要。任一电路如果出现故障将导致故障指示灯（MIL）亮，该电路就属于 OBD Ⅱ 电路
	本图标为重要注意事项图标 本图标用于提醒维修人员还有其他附加系统维修的信息

五、识读通用车系电路图的一般步骤、方法和技巧

拿到通用车系的维修资料后，先要浏览目录、粗阅全图，了解它的电源分布、主熔丝和继电器等主要部件电路。再找到需要看的系统电路图，了解各个部件和主要联系电路。具体应遵循以下原则：

1）以用电器为核心，梳理电路。找出用电器电气符号，查找它的前后电路的来龙去脉。

2）遵循回路原则，沿着用电器工作时的电流走向或逆着电流走向，梳理它的电源电路

以及搭铁电路，看经过哪些部件（保护和控制装置）。特别要注意控制电路的控制方式：

① 直接控制和间接控制。只通过开关控制的是直接控制；用继电器或电子控制器控制的是间接控制。

② 非电子控制和电子控制。只通过开关或继电器控制的是非电子控制，也就是传统的控制方式；用电子控制器控制的就是电子控制。

③ 控制相线式和控制地线式。控制装置在用电器的相线上的就是控制相线式；控制用电器搭铁回路的就是控制地线式。

④ 单一控制和综合（或多项）控制。如果控制装置不仅仅是控制一个用电器或用电器不仅仅受一个控制部件控制，则这种控制就是综合（或多项）控制。这种控制分析起来较为复杂，特别是又用电子控制器控制的，电路分析更是不直接、直观和真切了。

3）要注意到开关和继电器的初始状态，即用电器不工作时它们的状态。

4）识图时要化整为零、先易后难、循序渐进、个个击破。

六、通用车系电路图的识读示例

1. 上海通用别克桥车自动变速器控制电路图的识图方法

上海通用别克轿车自动变速器控制电路如图4-6所示。

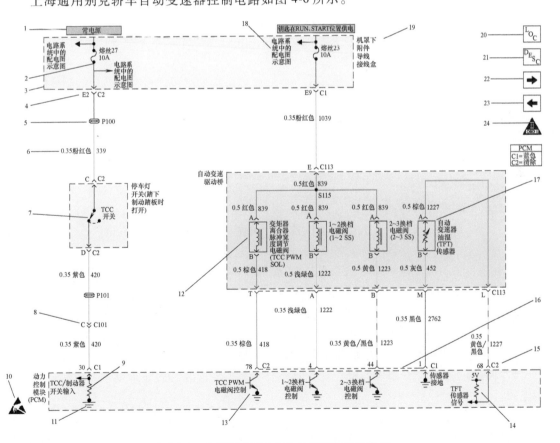

图4-6　上海通用别克轿车冷却风扇控制电路

图中说明如下：

1——电源接通说明。在电路图上方用黑框表示，框内文字说明框下熔丝在什么情况下发热（电源接通）。"常电源"则表示该电路在任何时间都有电，电压为蓄电池工作电压；如果框内是"钥匙在运行或起动位置或检测时供电"，则表示电路在点火开关处于点火或起动位置时有电，电压为蓄电池的工作电压；如果是"钥匙在起动位置时供电"，则表示该电源只在点火开关处于起动位置时供电。

2——表示 27 号 10A 的熔丝。

3——电路配电盒（接线盒）。虚线框表示没有完全表示出配电盒全部，只是配电盒中的一部分。

4——接线盒插接器连接标注。表示导线由发动机机罩下熔丝接线盒的 C2 连接插头的 E2 插脚引出（连接插头编号 C2 写在右侧，插脚编号 E2 写在左侧）。该标注表示 339 号电路从 C2 插头的 E2 号端子引出。

5——表示密封圈代号。P100 表示贯穿式密封圈，其中，P 表示密封圈，100 为其代号。

6——电路标注。表达该电路导线的横截面面积、颜色和电路编号。其中，左边数字表示导线横截面面积，右边数字为电路编号，中间标注导线的颜色。图中的"0.35 粉红色"表示导线横截面面积为 0.35mm^2，颜色为粉红色。数字"339"是车辆位置分区代码，表示该线束位置在乘客室。

7——元件标注。表示 TCC（液力变矩器中的锁止离合器控制）开关，图中表示 TCC 开关处于接通状态，其开关信号经过 P101 和 C101，由动力控制模块（PCM）中的 C1 插头 30 号插脚进入 PCM 中。

8——线间插接器标注。右侧"C101"表示连接插头编号（其中 C 表示连接插头），左侧"C"表示直列型插接器的 C 插脚。

9——表示输出电阻器。这里用来把 TCC 和制动灯开关的信号以一定电压信号的形式输出给动力控制模块（PCM）的内部控制电路。

10——表示动力控制模块（PCM）是对静电敏感的部件。

11——表示搭铁。

12——自动变速器内部的 TCC 锁止电磁阀。此电磁阀控制液力变矩器内部锁止离合器的结合。它在点火开关处于点火或起动位置时，通过 23 号 10A 的熔丝供电。

13——带晶体管半导体器件控制的集成电路。这里为动力控制单元（PCM）内部集成的控制电路，控制电磁阀驱动电路，通过 PCM 搭铁。

14——输出电阻。PCM 提供 5V 稳压通过内部串接电阻与自动变速器油温传感器（TFT）连接，同时将自动变速器油温传感器（NTC 型电阻）信号传给 PCM。

15——表示动力控制模块（PCM）的 C2 连接插头的 68 插脚。

16——虚线表示 4、44、1 插脚均属于 C1 连接插头。

17——自动变速器内部的自动变速器油温传感器。它是一个随温度增加阻值减小的 NTC 型电阻。

18——电路省略标注。用文字注明了连接的电路，那些电路与本电路不一致，故而省略。图中表示导线通往机罩下附件熔丝接线盒的其他电路，对目前所显示的电气系统没有作用，是一种省略的画法。

19——元件标注。用文字注明部件的名称及所处的位置。该机罩下附件熔丝接线盒位于发动机的左侧（从车的前面看）。

20——主要部件列表图标。图中的图标用于链接"主要电气部件列表"。

21——说明与操作图标。图中的图标用于链接"特定系统的说明与操作"。

22——下页示意图图标。图中的图标用于进入子系统的下一个示意图。

23——前一页示意图图标。图中的图标用于进入子系统的前一页示意图。

24——车载诊断（OBDⅡ）图标。

2. 别克君越轿车冷却风扇控制电路的电路分析

2008款别克君越轿车冷却风扇控制电路如图4-7所示。冷却风扇控制电路由2个电动冷却风扇和4个风扇继电器组成。这些继电器以串联或并联的形式布置，使发动机控制模块（ECM）能够控制2个风扇同时以低速或高速运转。冷却风扇和风扇继电器从发动机舱熔丝盒获得蓄电池正极电压。搭铁通路由G100提供，冷却风扇安装在散热器后端，左、右侧各1个，冷却风扇的运转由ECM控制。

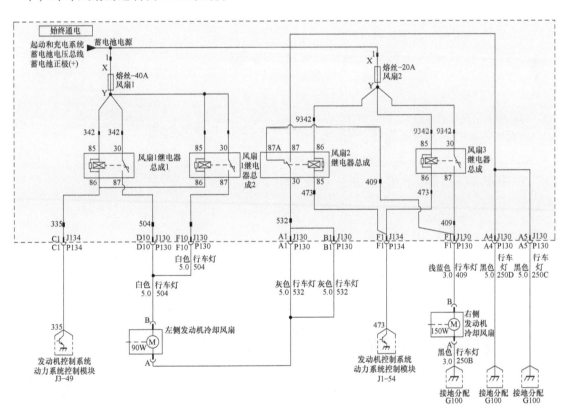

图4-7 上海通用别克2008款君越轿车冷却风扇控制电路

（1）风扇低速运行 ECM在下列条件下指令冷却风扇低速运行：发动机冷却液温度高于100℃；收到空调请求且环境温度高于4℃；空调制冷剂压力高于1241kPa；车辆熄火后，如果发动机冷却液温度高于117℃，而系统电压高于12V，则风扇将持续运行约3min。低速运行时，J3-49端子为低电平，通过左侧冷却风扇继电器控制电路，为风扇1继电器提供搭铁回路，这使风扇1继电器线圈通电，继电器触点闭合，并通过冷却风扇电动机供电电路向左冷却风扇提供蓄电池正极电压。左冷却风扇的搭铁通路经过风扇2继电器和右冷却风扇。

此时，左冷却风扇和右冷却风扇串联，每个风扇的工作电压为供电电压的1/2，左、右侧两个冷却风扇同时低速运转。

相应的电流路径：蓄电池电源（+）→（左侧）风扇1熔丝（40A）→风扇1继电器触点30、87→左侧冷却风扇电动机→风扇2继电器触点30、87A→右侧冷却风扇电动机→搭铁分配250总线（G100）。

（2）风扇高速运行 ECM在下列条件下指令冷却风扇高速运行：发动机冷却液温度高于105℃；空调制冷剂压力高于1655kPa；设置了某些故障诊断代码；只要发动机冷却液温度高于123℃，ECM将指令冷却风扇接通，而无论车速如何。高速运行时，J3-49通过左冷却风扇继电器控制电路，为风扇1继电器提供搭铁通路。经3s延时后，J1-54通过右冷却风扇继电器控制电路，为风扇2继电器和风扇3继电器提供搭铁通路。这使风扇2继电器线圈通电，继电器触点闭合，并为冷却风扇提供搭铁通路；同时，也使风扇3继电器线圈通电，继电器触点闭合，并将冷却风扇电动机供电电路中来自风扇2熔丝的蓄电池正极电压提供给右冷却风扇。风扇高速运行时，两个发动机冷却风扇都有各自的搭铁通路。结果形成一个并联电路，使两个风扇都以高速运转。

左侧发动机冷却风扇的电流路径：蓄电池电源（+）→（左侧）风扇1熔丝（40A）→风扇1继电器触点30、87→左侧冷却风扇电动机→风扇2继电器触点30、87→搭铁分配250总线（G100）。

右侧发动机风扇的电流路径：蓄电池电源（+）→（右侧）风扇2熔丝（20A）→风扇3继电器触点30、87→右侧冷却风扇电动机→搭铁分配250总线（G100）。

3. 喇叭电路工作过程及电路识读

（1）工作过程 电路如图4-8所示，喇叭系统包括以下部件：喇叭熔丝F51UA、喇叭继电器KR3、喇叭开关S33、喇叭总成P12、车身控制模块（BCM）K9等。车身控制模块（BCM）在下述任何情况下会指令喇叭接通：当按下遥控门锁发射器上的防盗按钮时；当防盗系统检测到有车辆侵入行为时；当用遥控门锁系统来锁定车辆，喇叭发出"嗰啾"声来提醒驾驶人车辆已经锁定时。提醒功能可根据个人爱好来启动或者关闭。

（2）电路识读 当按下喇叭开关S33时，开关闭合，以便接地将喇叭信号电路拉低。当车身控制模块（BCM）K9检测到喇叭开关信号电路中电压降低时，它启动低压端驱动喇叭继电器KR3输出，该输出给喇叭继电器的线圈提供接地。继电器通电，向喇叭总成P12提供B+电压。当车辆处于断电模式时，BCM试图检测喇叭开关是否卡滞或连续启用。当启用时，喇叭启用将限制在10s，以便保护喇叭不过度使用。

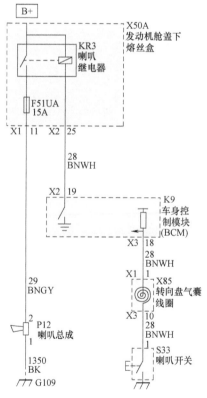

图4-8 喇叭电路

第二节 福特车系电路图的识读

一、福特车系电路图符号的含义

1. 导线颜色符号

福特车系电路图中导线颜色符号的含义见表4-6。

表4-6 福特车系电路图中导线颜色符号的含义

英文简写	颜 色	色 标	英文简写	颜 色	色 标	英文简写	颜 色	色 标
BK	黑色		GN	绿色		WH	白色	
BN	棕色		BU	蓝色		OG	粉红	
RD	红色		VT	紫色		LG	淡绿	
YE	黄色		GY	灰色		SR	银	

2. 电路及元件符号

福特车系电路图中符号的含义见表4-7。符号识读示例如图4-9所示。

表4-7 福特车系电路图中符号的含义

符 号	含 义	符 号	含 义	符 号	含 义
	电路交叉不连接	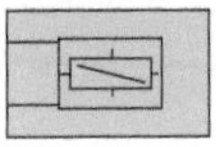	霍尔式传感器	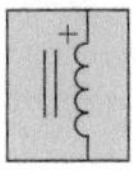	电磁阀或离合器电磁线圈
	分接头		气囊滑动触点		发光二极管（LED）
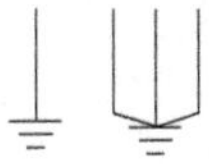	接地	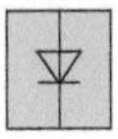	二极管，电流如箭头方向		电容
	插接器	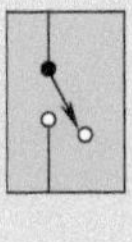	开关	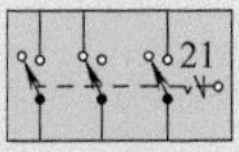	多刀开关
	母插头	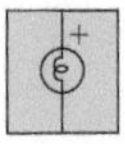	灯	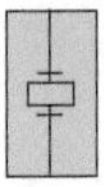	压电传感器
	公插头		双丝灯	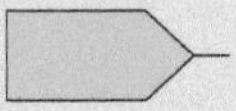	自另页参照

（续）

符　号	含　义	符　号	含　义	符　号	含　义
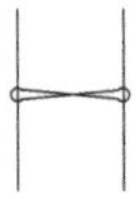	双绞线	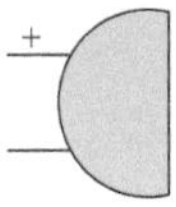	蜂鸣器		至另页参照
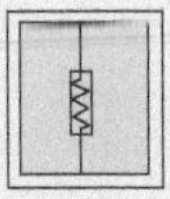	电阻		部件整体		天线
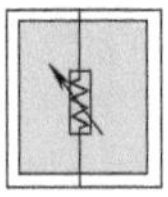	电位计（压力或温度）		部件的部分		永磁单速电机
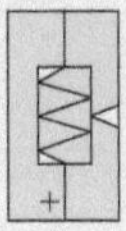	电位计（外界影响）	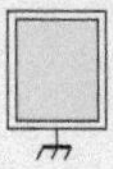	部件外壳直接搭铁（接地）	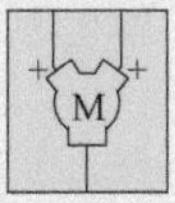	永磁双速电机
	蓄电池		接部件的插接器		转动传感器
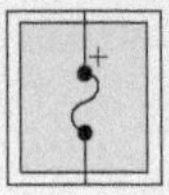	熔丝	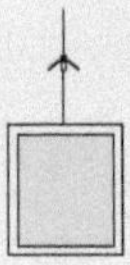	接部件引线（甩头）的插接器		屏蔽
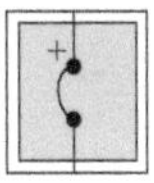	断路器	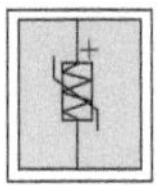	正温度系数（PTC）热敏电阻		喇叭或扬声器
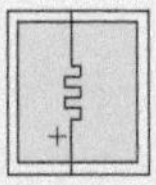	加热元件导电环	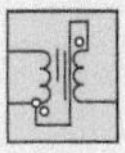	点火线圈总成	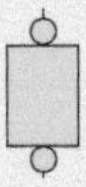	易熔线

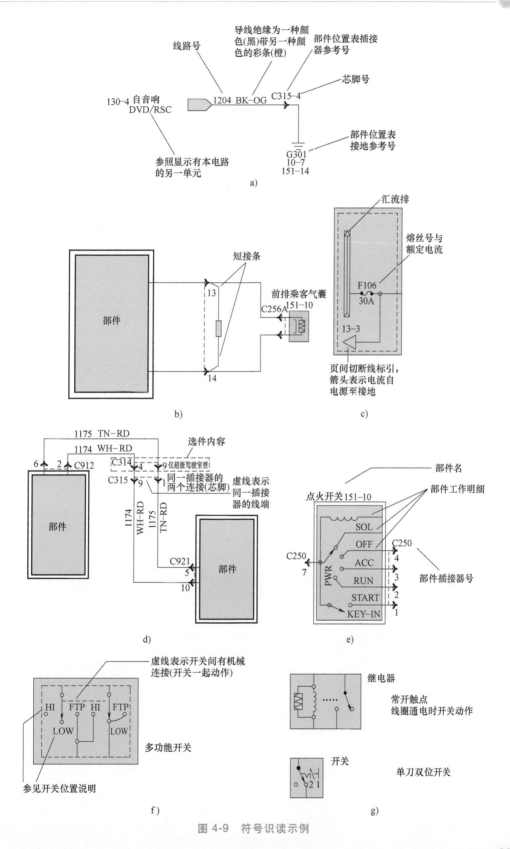

图 4-9　符号识读示例

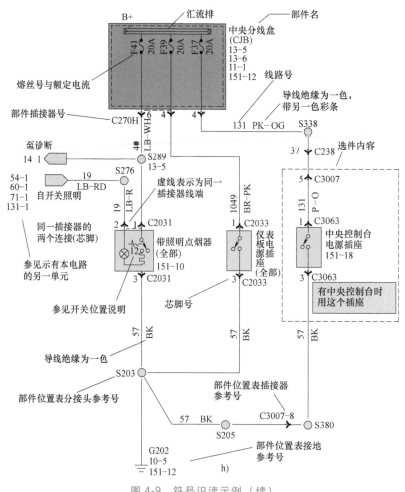

图 4-9 符号识读示例（续）

二、车辆位置分区代码

如图 4-10 所示，福特车系电路图上所用的插接器、接地与分接头号的第一位数字表示其在车上的位置。表 4-8 为车辆位置分区表。

表 4-8 车辆位置分区表

分区代码	位　　置
100	前脸、发动机盖、前翼子板、前桥、发动机舱、动力系统(包括车桥/差速器/变速器/排气系统)
200	仪表板与中央组合台、转向盘总成、前踢脚板、前围板(车身侧)
300	自仪表板至后座椅,A、B、C 柱车门下装饰板,中央控制台
400	后座椅后至后保险杠、货台、尾门、举升门、后翼子板
500	驾驶人车门
600	前排乘客车门
700	左后乘客车门
800	右后乘客车门
900	A、B、C 柱车门上装饰板与顶衬

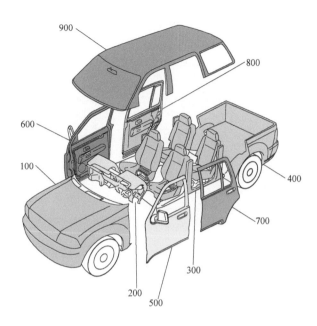

图 4-10　车辆位置分区代码示意图

三、福特领航员线束总览

福特领航员线束总览如图 4-11 所示，各线束的零件号及名称见表 4-9。

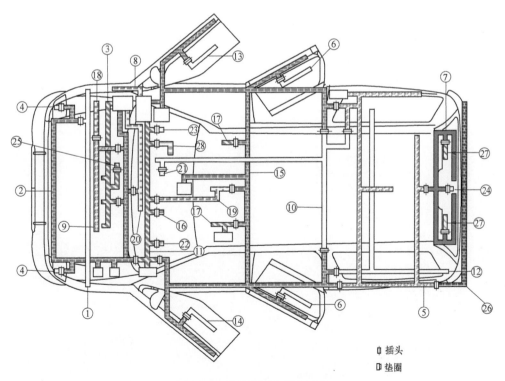

∏ 插头

∏ 垫圈

图 4-11　福特领航员线束总览

表 4-9　各线束的零件号及名称

项 号	零件号	名　称	项 号	零件号	名　称
1	12614	线束-空气弹簧压力指示器开关	15	14A005	线束-车身,主
2	12A581	线束-发动机控制传感器	16	15080	线束和插座总成-点烟器灯
3	12B637	线束-发动机控制传感器和燃油控制	17	14A699	线束-电动座椅
4	13A006	线束-前照灯	18	14B060	线束-起动继电器和蓄电池接地
5	13A409	线束-尾灯插接器	19	14B079	线束-中控台
6	14014	线束-门锁	20	15525	线束-倒车灯开关到尾灯电源
7	14086	开关和线束总成-右后窗摇窗机控制	21	15A657	线束-天窗控制开关
8	14300	线束-蓄电池	22	15K857	线束-驻车制动开关
9	14305	线束-发电机调节器	23	18B518	线束-前鼓风机电动机
10	14335	线束-车内照明	24	13412	线束-后牌照灯
11	14401	线束-主	25	14B102	线束-温度传感器
12	14405	线束-尾灯	26	14N139	线束-倒车警报跳线
13	14630	线束-右前车门摇窗机	27	15A414	线束-轮廓灯
14	14631	线束-左前车门摇窗机	28	17C712	线束-后视镜转向灯

四、福特车系电路图的特点

福特车系电路图的特点如下：

1）每一电路都独立而完整地在一个单元中绘出，其他连接在该电路上的电气组件，如果对该电路无影响，都可能未绘出。

2）熔丝及继电器分布图（见图 4-12）说明了全部熔丝及继电器的信息，而且还以表格的形式列出了每个熔丝所保护的电路与系统。

3）动力分配系统单元显示了电流回路。该电路显示了从蓄电池到点火开关及所有熔丝的电路，动力分配系统部分电路如图 4-13 所示。

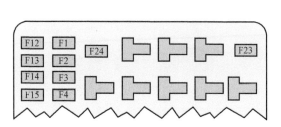

图 4-12　熔丝及继电器分布图

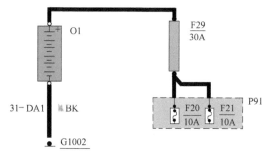

图 4-13　动力分配系统部分电路

4）熔丝明细图指出了每个熔丝所保护的电路，该电路依次从熔丝到各电气组件。熔丝及第一个组件间的所有细节（包括导线、连接处、插接器等）都标注在电路图上了，如图 4-14 所示。

5）接地点部分说明了每一接地点或搭铁线的全部细节。这对于一个故障同时影响几个组件的诊断是很有用的（接

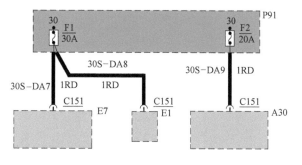

图 4-14　熔丝明细图

地不良）。接地点（部分）电路如图 4-15 所示，在接地点及组件间的所有细节都已标注（导线、接点、插接器等）。

为改善可读性，对于电路图中有多个分支电路的接点，采用了分别表示的方式，同时以一条细线代表接点的一致性。

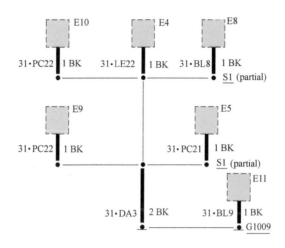

图 4-15　接地点（部分）电路

五、福特车系电路图的识读示例

1. 福特车系电路图识读示例

福特车系电路图识读示例如图 4-16 所示。图中说明如下：

1——电流流向。每个单元一般由提供回路电源的部件开始，例如熔丝或是点火开关等。在电路图中，电流是从电路图顶端的电源侧流向电路图下端的接地侧。熔丝供电或向多个部件配电的完整图示在单元 13 "配电" 中给出，接地的完整图示在单元 10 "接地" 中给出。

2——开关位置。在电路图中，所有开关、传感器与继电器等，都处于 "休止" 状态（如同点火开关关闭时的情况）。

3——分接头。与配电直接相连的分接头在单元 13 "配电" 的配电图中表示得最清楚。与接地相连的分接头在单元 10 "接地" 中表示得最完整。其他分接头均给出了参见页码，指引了表示最清楚的图页。

4——部件标引。电路图中的配电部件与接地部件带有部件位置图标引或全图页码标引。其他部件只有部件位置图标引。位于

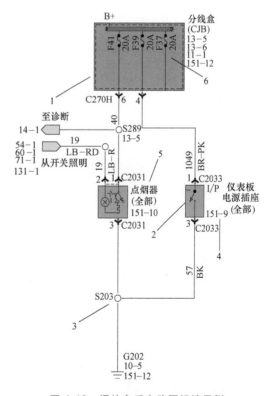

图 4-16　福特车系电路图识读示例

每个部件的右侧。

5——部件名称。部件名称尽可能标在部件的右侧，在适用的情况下，还包括了有关部件（例如速度传感器）内部的说明。索引中所列的是出现部件全图的页码，部件的基本零件号在单元150"插接器视图"中给出。

6——内部名称与功能标号。各页中的有些部件带有内部符号，符号内有标号，通过查找部件名下面的相应的号就可识别内部符号或功能。

2. 熔丝/继电器信息

熔丝/继电器信息中包含了熔丝/继电器盒的总图，标示出所有的熔丝与继电器。熔丝/继电器的编号与命名依循熔丝板盖上的说明，如图 4-17 所示。

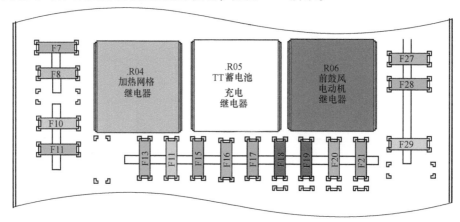

图 4-17　熔丝/继电器信息

3. 配电图

配电图中显示出各供电回路，电流从蓄电池开始通往点火开关与各个熔丝。此外，还示出了各熔丝保护的电路。可由熔丝向部件查找电路，熔丝与第 1 组部件之间的所有细节部分（如电路、接点、插接器等），都详细标注在图中，如图 4-18 所示。

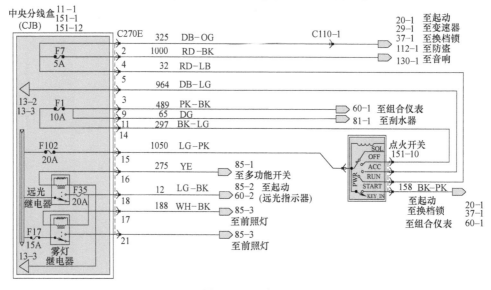

图 4-18　配电图

4. 接地位置图

接地位置图中，利用图形标示了各接地点的完整细节。还有汽车接地位置与所在线束的说明。进行故障诊断时，若发现故障现象会同时影响多个部件的工作（接地不良），便可利用接地位置图查找故障点。图 4-19 中标出了各部件与接地点（搭铁）之间的所有相关细节（电路、接点、插接器），图中包括了所有接地点的相关细节，以便使各单元电路图尽可能地保持条理性。

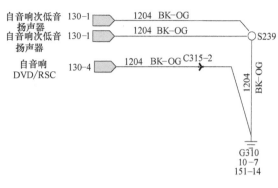

图 4-19 接地位置图

5. 部件与插接器信息

部件位置表有助于快速找到电路图中所标的部件及其在车上的位置。表中除给出部件位置图索引外，还给出了有关位置的简要文字说明，如图 4-20 所示。单元 151 部件位置图按部件在车上的实际位置，标示出各个部件及所接的电路。单元 150 部件芯脚视图中标示了各插接器接线芯脚的配置，所示的芯脚视图为插接器拔开时的状态，适用时在插接器号旁标示插接器外壳颜色，所接线束号位于插接器视图上方插接器号以下，电路功能表位于各插接器下面，线束标号列于单元 152 部件位置表中。

芯脚	电路	量表	电路功能
1	53(BK-LB)	20	门控灯开关至门控灯
2	57(BK)	20	接地
3	705(LG-OG)	20	蓄电池用电器电源

图 4-20 部件与插接器信息

第三节 克莱斯勒车系电路图的识读

一、导线

1. 导线的标注方式

导线部分在电路图中以粗实线画出，用导线代码形式表示导线各种信息。如图 4-21 所示，导线代码主要由导线标识代号、导线的规格和导线的颜色组成。

图 4-21　导线代码

1—导线颜色（深蓝带黄条）　2—导线的规格（导线标号 18 表示截面面积为 0.8mm²）
3—主电路的零件（随位置而变化）　4—主电路标识

2. 导线标识代号

导线标识代号由英文字母和阿拉伯数字组成，克莱斯勒车系导线标识代号及其含义见表 4-10。

表 4-10　克莱斯勒车系导线标识代号和含义

标识代号	代表的汽车电路系统	标识代号	代表的汽车电路系统	标识代号	代表的汽车电路系统
A	蓄电池供电	I	不用	R	被动安全
B	制动控制	J	待定	S	悬架和转向
C	气候控制（空调、暖风、鼓风电动机和加热后视镜等）	K	动力系统控制模块	T	变速器/变速驱动桥/分动箱
D	诊断电路	L	外部照明	U	待定
E	变光照明电路	M	内部照明	V	车速控制、刮水器、喷洗器
F	熔丝电路	N	不用	W	待定
G	监测电路（仪表）	O	不用	X	音响系统
H	待定	P	备选电源（蓄电池供电）	Y	待定
		Q	备选电源（点火开关供电）	Z	搭铁

3. 导线的规格

导线的规格用阿拉伯数字表示，导线标号与截面面积的对应关系见表 4-11。

表 4-11　导线规格

导线标号	2	4	6	8	10	12	14	16	18	20
导线公称截面面积/mm²	32	19	13	8	5	3	2	1	0.8	0.5
允许的电流值/A	100	60	50	40	30	20	15	8	6	4

4. 导线颜色符号

电路中每条导线都有的颜色和规格，导线中间的连接以及与电气元器件的连接都有插接器表示其连接关系。颜色标记有的以字母表示，有的以汉字表示，对应关系见表 4-12。

表 4-12　导线颜色标记的对应关系

英文简写	颜色	英文简写	颜色	英文简写	颜色	英文简写	颜色
BLK	黑色	YEL	黄色	PPL	紫色	LT CRN	浅绿
WHT	白色	BRN	棕色	ORN	橙色	DK BLU	深蓝
RED	红色	BLU	蓝色	PNK	粉红	DK GRN	深绿
GRN	绿色	GRY	灰色	LT BLU	浅蓝	TAN	深褐

　　若导线是双色的，则以两种颜色的字母共同标记，前面为导线的主色，后面为导线的辅助色。克莱斯勒车系导线为主色带辅助色条纹，例如，"BLK-WHT"或者"黑/白"，表示黑色带白条纹的导线。

二、克莱斯勒车系电路图符号的含义

　　克莱斯勒车系电路图中符号均采用国际符号，这些符号与全球通用的符号相同，电路图中符号的含义见表4-13。

表 4-13　克莱斯勒车系电路图中符号的含义

符　　号	含　　义	符　　号	含　　义	符　　号	含　　义
	蓄电池	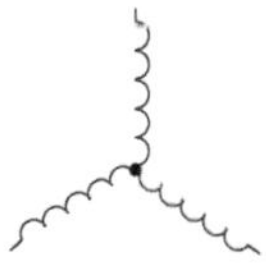	发电机定子绕组	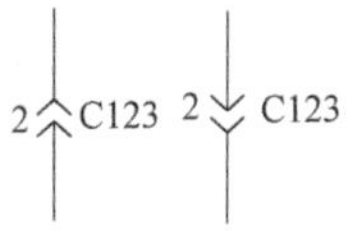 2 ⋏ C123　2 ⋎ C123	串联式插接器
	易熔线	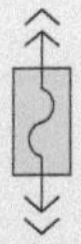	熔丝	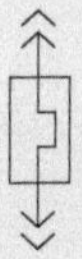	电路断路器或PTC保护装置
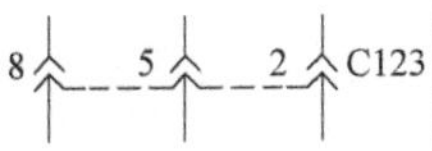 8 ⋏ — 5 ⋏ — 2 ⋏ C123	多路插接器	 4 ⋏ C1	插头	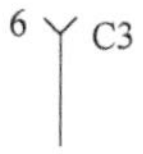 6 ⋎ C3	插座
BATT A0	带电棒	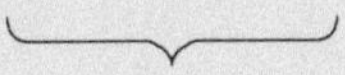	选择括号	(8W-30-10)	参考页

（续）

符　号	含　义	符　号	含　义	符　号	含　义
 ⊗	单丝灯泡	 ⊗⊗	双丝灯泡	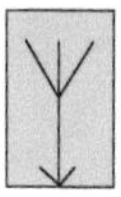	天线
	时钟弹簧	 G101	接地	 ○	螺纹端子
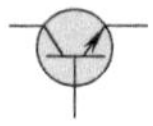	NPN 晶体管	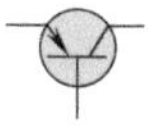	PNP 晶体管		音频发生器
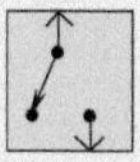	打开开关	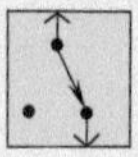	闭合开关	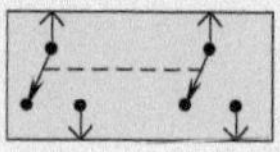	联动开关
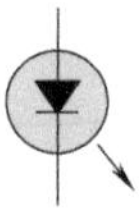	发光二极管	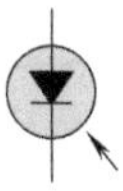	光电二极管		二极管
	稳压二极管	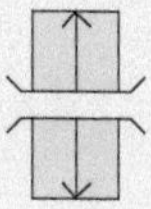	滑动门触点		氧传感器
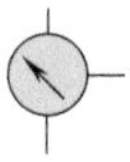	量表		压电元件	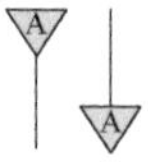	电线起点与终点在单元中示出

（续）

符　号	含　义	符　号	含　义	符　号	含　义
	导线终点示于另一个单元中		电阻器	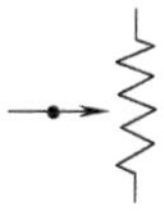	电位计
	可变电阻器或热敏电阻		发热元件	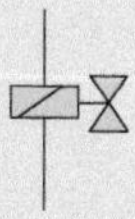	电磁阀
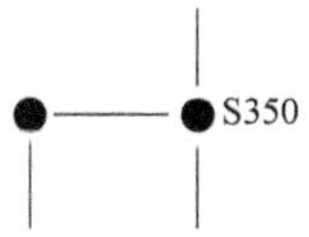 ●━━━●S350	外部插头	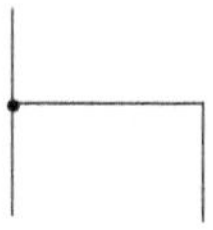	内部插头		不完整插头（内部）
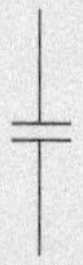	无极化电容器		极化电容器		可变电容器
 Ⓜ	单速电机	 Ⓜ	双速电机	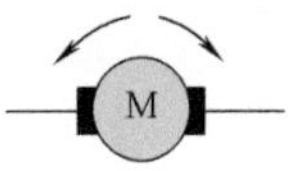 Ⓜ	双向电机
	线圈	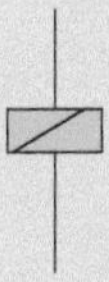	电磁线圈	—	—

三、克莱斯勒车系电路图的识读示例

克莱斯勒车系电路图布置中，电路的电源（B+）侧靠近图页的上端，接地（B-）侧靠近图页的底端（见图4-22）。所有开关、部件和模块的位置都是在车门关闭且钥匙从点火开关拔下的情况下所处的静止位置，如图4-23所示。

部件用2种方式表示。实线框内的部件表示的是完整部件，虚线框内的部件表示的是不完整部件。不完整的部件有1个参照号，指出其完整表示部件所在页码。

> ⓘ 注意：电路图所示并不与实际车辆中的部件和线路完全相符。例如，短导线与长导线表示方式一致。此外，在将功能表示清楚的前提下，开关和其他部件尽量简化。

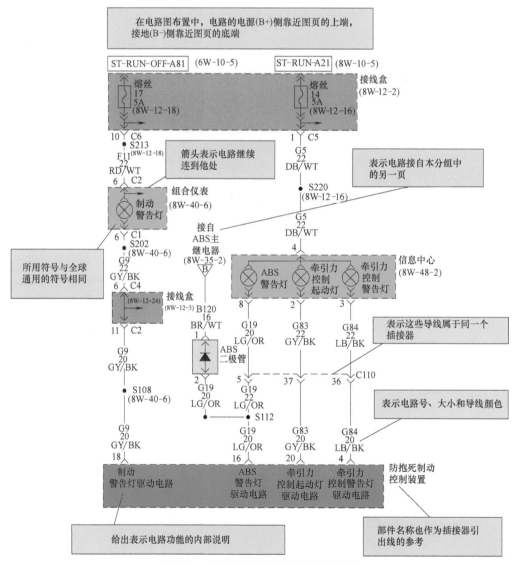

图4-22　克莱斯勒车系电路识读示例1

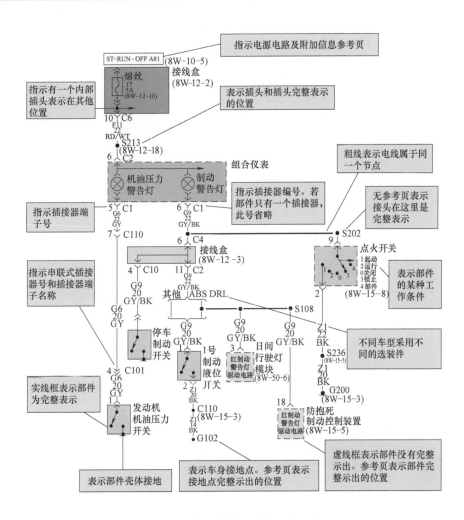

指示电源电路及附加信息参考页

ST-RUN-OFF A81 (8W-10-5)

接线盒
(8W-12-2)

指示有一个内部
插头表示在其他
位置

熔丝
17
5A
(8W-12-10)

表示插头和插头完整表示
的位置

10 C6
F11
22
RD/WT

S213
(8W-12-18)

6 C2

组合仪表

机油压力
警告灯

制动
警告灯

指示插接器编号。若
部件只有一个插接器,
此号省略

粗线表示电线属于同
一个节点

指示插接器端
子号

5 C1
G9
22
GY

6 C1
G9
22
GY/BK

无参考页表示
接头在这里是
完整表示

7 C110

6 C4

S202

接线盒
(8W-12-3)

9

点火开关
1起动
2运行
0关闭
3锁止
4部件

表示部件
的某种工
作条件

指示串联式插接
器号和插接器端
子名称

4 C10

11 C2
G9
22
GY/BK

G9
20
GY/BK

其他 ABS DRL

2

(8W-15-8)

S108

Z1
22
BK

不同车型采用不
同的选装件

G6
20
GY

停车
制动
开关

G9
20
GY/BK
1号
制动
液位
开关

G9
20
GY/BK
3
日间
行驶灯
模块

G9
20
GY/BK

S236
(8W-15-5)
Z1
20
BK

4 C101
G6
20
GY

红制动
警告灯
驱动电路

(8W-50-6)

G200
(8W-15-3)

实线框表示部件
为完整表示

1
发动机
机油压力
开关

2 Z1
20
BK
C110
Z1
(8W-15-3)
14
BK

18

防抱死
制动控制装置

红制动
警告灯
驱动电路
(8W-15-5)

虚线框表示部件没有完整
示出。参考页表示部件完
整示出的位置

表示部件壳体接地

G102

表示车身接地点。参考页表示
接地点完整示出的位置

图 4-23 克莱斯勒车系电路识读示例 2

Chapter 5

第五章

日韩及国产车系电路图的识读

第一节 丰田车系电路图的识读

一、丰田车系电路图的特点

丰田车系电路图的特点如下：

1）电路图中的电气元器件通常由文字直接标注。

2）电路总图中，各系统电路按长度方向逐个布置，并在电路图上方标出各系统电路的区域和代表该电路系统的符号及文字说明。

3）电路图中绘出了搭铁点，并标注代号与文字说明，可以从电路图了解电路搭铁点，直观明了。

4）有的电路图中还直接标出电路插接器的端子排列和各端子的使用情况，给识图和电路故障查寻提供方便。

二、丰田车系的电路保护装置

丰田车系电路保护装置的类型和符号见表 5-1。

表 5-1 丰田车系电路保护装置的类型和符号

附 图	符 号	名 称	缩略语
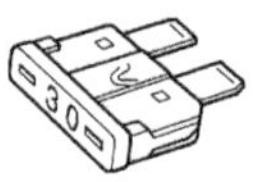		熔丝	FUSE
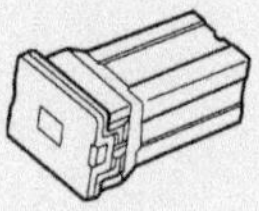		中等电流熔丝	M-FUSE
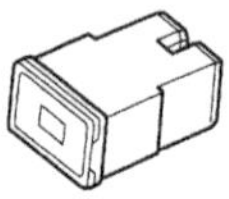		大电流熔丝	H-FUSE

（续）

附　图	符　号	名　称	缩略语
		易熔线 （装在强电流电路中的粗直径导线。由于超载而熔断，从而保护电路，其数字表示导线横截面面积）	FL
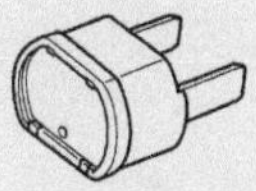		电路断路器	CB

三、电路图符号的含义

1. 电路图中的符号含义

丰田车系电路图中的符号及含义见表5-2。

表5-2　丰田车系电路图中的符号含义

符　号	含　义	符　号	含　义
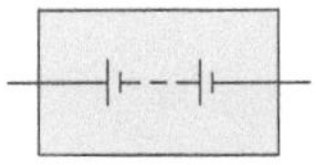	蓄电池 储存化学能并将其转化为电能。给汽车的各个电路提供直流电	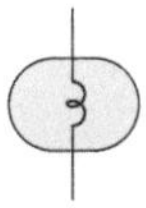	前照灯（单丝）
	电容器 小型临时电压保持装置	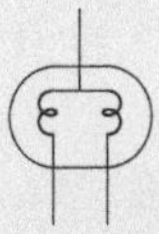	前照灯（双丝）
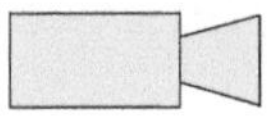	点烟器 电阻加热元件	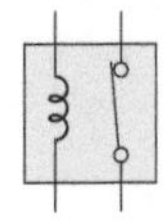	常闭继电器
	电路断路器 相当于一个重复使用的熔丝。如果通过电流过大，会变热并断开，某些断电器在冷却后自动接通，其余要手工接通	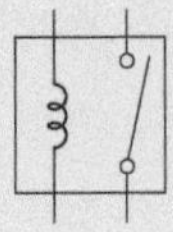	常开继电器
	二极管 仅允许电流单向流通的半导体	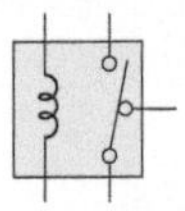	切换式继电器 使电流从两个触点中的任意一个通过

（续）

符 号	含 义	符 号	含 义
	稳压二极管 允许单向电流通过,但在反向电压达到一个特定值时,它允许反向电流通过,它相当于一个简单的稳压器	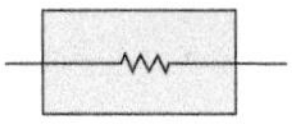	电阻
	光敏二极管 根据光线的强弱控制电流的半导体	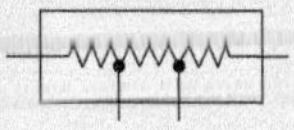	电阻(多抽头) 提供2个或2个以上的、不同的不可调电压值的电阻
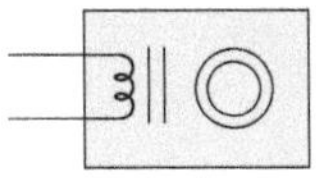	分电器、集成点火装置 它能将点火线圈的高压电流引到各个火花塞上	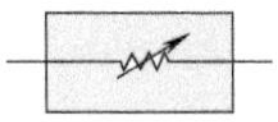	可变电阻器 带可变电阻的可控电阻器,也叫作分压器或变阻器
	搭铁 电路到机体的接点,从而为电器线路提供回路	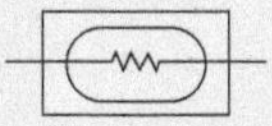	热敏电阻器 随温度的变化而改变电阻值
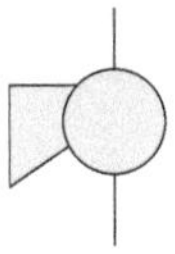	喇叭 发出高频音频信号的电子设备	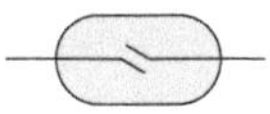	模拟速度传感器 用磁场脉冲打开并关闭某个开关,从而产生信号使其他零部件激活
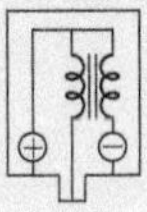	点火线圈 将低压直流电转化为点燃火花塞的高压电流	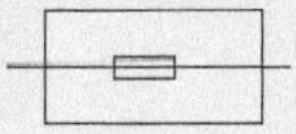	短路插销 用以提供带有接线盒的电路连接
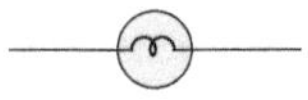	小灯 流经灯丝的电流加热灯丝并使之发光		模拟式仪表
	发光二极管	 燃料	数字式仪表 电流激励了一个或多个发光二极管、电感、电容、二极管或荧光显示,以提供相关图案或数字显示
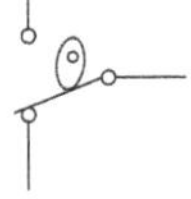	刮水器停放位置开关 当刮水器开关关闭时,自动使刮水器返回停止位置	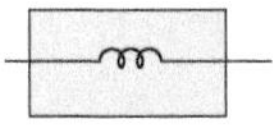	电磁阀和电磁线圈 电流通过能形成磁场的线圈,它可使活动铁心等移动
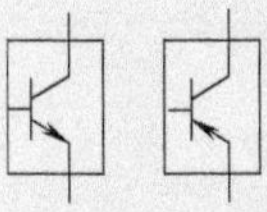	晶体管		扬声器 根据电流产生声波的机电设备

（续）

符　号	含　义	符　号	含　义
	不连接配线	导线总是画成直线，两线相交处无黑点即为两线不连接		双投掷开关
	铰接配线	相交处有黑点或〇记号是交接点		点火开关
	常闭手动开关		M	电机
	常开手动开关	—	—	—

2. 导线的颜色

在电路图中，导线颜色用字母代号表示，标注在该电路的旁边，字母代号的含义见表5-3。导线颜色的表示方法如图5-1所示。例如，电路图中导线颜色代号为R，则说明在实际电路中，导线颜色为红色。如果导线为双色，则用第一个字母表示导线的基本颜色，第二个字母表示导线的条纹颜色，例如，导线颜色编号为L-Y，则在实际电路中，导线的基本颜色为蓝色，条纹颜色为黄色。

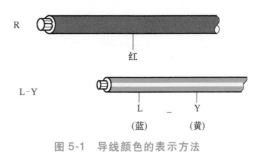

图 5-1　导线颜色的表示方法

表5-3　丰田车系电路图导线颜色代号

代　号	线　色	色　标	代　号	线　色	色　标
B	黑色		BR	棕色	
G	绿色		GR	灰色	
L	蓝色		LG	淡绿色	
O	橙色		P	粉红	
R	红色		V	蓝紫色	
W	白色		Y	黄色	
SB	天蓝色		—	—	—

四、插接器

1. 插接器的编号及拆卸

插接器由插头和插座两部分组成。插头和插座均与各个线束端相连接，将插头插入相应的插座，即完成了线束之间的连接。插头的脚数与线束中导线条数相同，不同的线束应选不同的插头。

（1）插接器接线端子的编号　如图5-2所示，插接器的插座接线端子的编号为从上排左至下排右的顺序进行编号，插接器的插头接线端子的编号为从上排右至下排左的顺序进行编号。

> ⓘ 注意：具有相同端子数目的不同插接器用于同一个零件时，各插接器的名称（英文字母）和接线端子编号都有规定（见图5-3）。

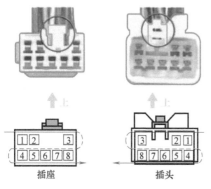

图5-2　插接器接线端子的编号

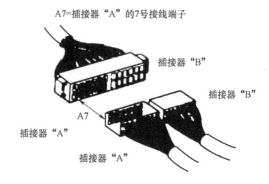

图5-3　同一零件的不同插接器

用测试器确定端子号时，用图5-4所示探头进行测试。不过，这时端子号由插接器的背面读出。因此，从插接面上读出的号码是倒着的，读号码时需要注意。

（2）插接器的插头和插座的区别　如图5-5所示，根据接线端子的形状识别插接器的插头和插座。

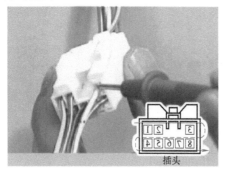

图5-4　插接器端子号的确定

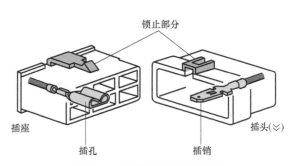

图5-5　插接器的插头和插座

（3）插接器的拆卸　插接器的拆卸方法如图5-6所示。注意：拆卸插接器时应拉插接器本体，切勿拉配线。

（4）接线器　接线器是把多股线束连接成为配线（见图5-7）。"J2"标识表示接线器的

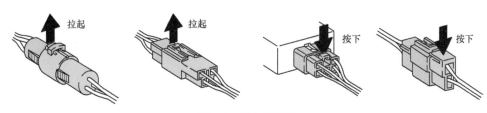

图 5-6 拆卸插接器

代码，"JUNCTION CONNECTOR"是表示该零件名称为接线器。如图 5-8 所示，接线器由相同颜色的多股配线和与之连接的短接端子构成。

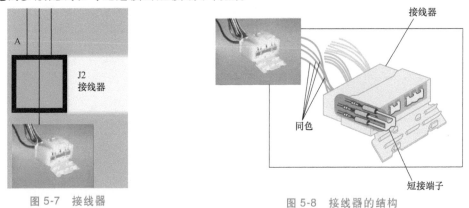

图 5-7 接线器

图 5-8 接线器的结构

2. 插接器表

插接器表如图 5-9 所示。

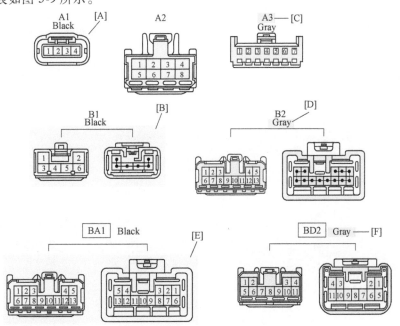

图 5-9 插接器表

图中说明如下：

A——连接到零件的插接器（数字表示引脚号）。

B——接线插接器，表示连接到短路端子的插接器，如图 5-10 所示。接线插接器包括连接到许多线束的短路端子。

> ⊙ **注意**：安装短路端子时必须进行检查。

C——零件代码，代码的第一个字母是零件的第一个字母，数字表示此零件在以相同开始的零件序列中的位置。

D——插接器颜色，未标明颜色的插接器均为乳白色。

E——用于连接线束的插接器的外形。左为插座外形，右为插头外形，数字表示引脚号。

F——插接器颜色，未标明颜色的插接器均为乳白色。

3. 插接器端子的更换

（1）准备专用工具　从插接器上拆下端子时，应制作如图 5-11 所示的专用工具。

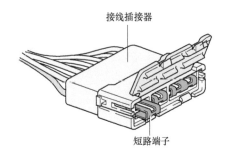

图 5-10　接线插接器

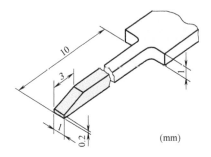

图 5-11　插接器端子拆卸专用工具

（2）断开插接器

（3）脱开辅助锁止装置或端子挡块　操作时应注意：

1）松开端子锁止夹或从插接器上拆下端子前，必须先脱开锁止装置，如图 5-12 所示。

2）使用专用工具或端子起子解锁辅助锁止装置或端子挡块。

> ⊙ **注意**：不要从插接器体上拆下端子挡块。

① 对于非防水型插接器，探针的插入位置根据插接器形状（端子数等）而改变，因此插入前应先检查插入位置。将端子挡块拉到暂时锁止位置（见图 5-13）或打开辅助锁止装置（见图 5-14）。

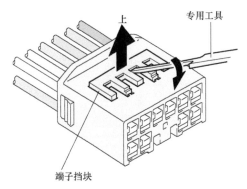

图 5-12　松开插接器锁止装置

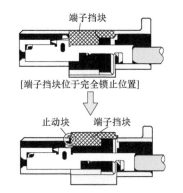

图 5-13　端子挡块拉到暂时锁止位置

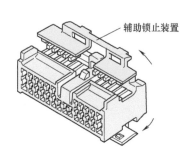
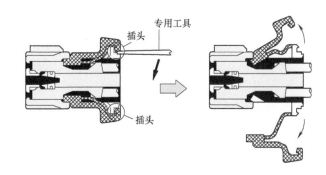

图 5-14　打开辅助锁止装置

② 如图 5-15 所示，对于防水型插接器，端子挡块颜色根据插接器体颜色不同而不同。如端子挡块的颜色为黑色或白色，则插接器体可以选择灰色或深灰色；如端子挡块的颜色为灰色或白色，则插接器体可以选择黑色。

　　a. 将端子挡块拉到暂时锁止位置的类型（拉起型）：将专用工具插入端子挡块检修孔（▲标记）并将端子挡块拉到暂时锁止位置（见图 5-16）。

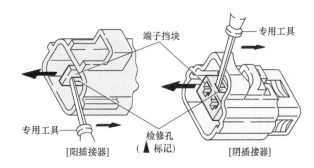

图 5-15　端子挡块和插接器体的颜色搭配

> ⓘ **注意**：探针插入位置根据插接器形状（端子数量等）而改变，因此插入前应先检查插入位置。

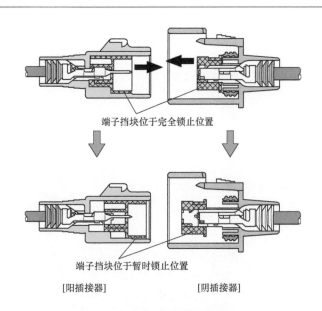

图 5-16　端子挡块的位置

b. 将检修工具直接插入端子挡块的检修孔内的类型（见图 5-17）：如图 5-18 所示，将端子挡块向下推到暂时锁止位置。从端子松开锁止凸耳，并从后部拉出端子并将端子安装到插接器上（见图 5-19），插入端子。

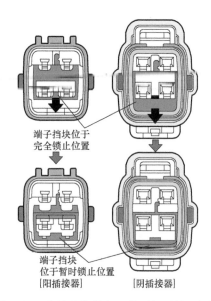

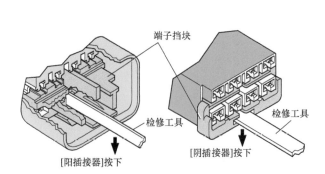

图 5-17　检修工具直接插入端子挡块的检修孔内　　图 5-18　将端子挡块向下推到暂时锁止位置

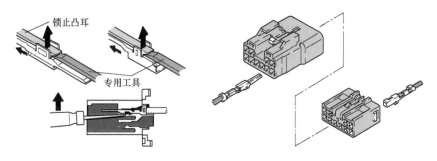

图 5-19　松开锁上凸耳并将端子安装到插接器上

> （！）注意：
> ① 确保端子被正确定位。
> ② 插入端子直到锁止凸耳紧固锁止。
> ③ 将带端子挡块的端子插到暂时锁止位置。

五、接线盒和继电器盒

如图 5-20 所示，被突出的区域是表示接线盒和继电器盒。接线盒有电气电路分组和连接的作用，并且把继电器、熔丝、断路器等组合在电路板上。接线盒上的某些零件不能容纳继电器、熔丝等，只能起插接器作用。继电器盒的构成几乎与接线盒相同，只是不能在盒内进行电气电路的分组和连接。该电路图分成两部分，做下列标识：接线器盒为灰色背景、继电器盒为无色背景。

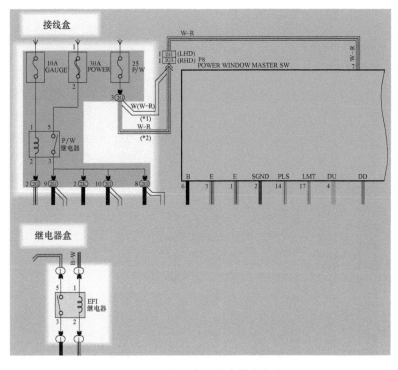

图 5-20　接线盒和继电器盒电路

（1）接线盒号码和插接器代码　如图 5-21 所示，椭圆中标识 2 表示接线盒号码，标识 G 表示插接器代码。

（2）插接器插销号　如图 5-22 所示，标识 2、9 表示插接器插销号。

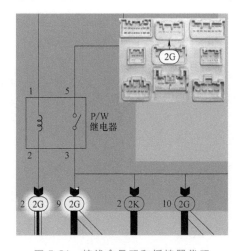

图 5-21　接线盒号码和插接器代码

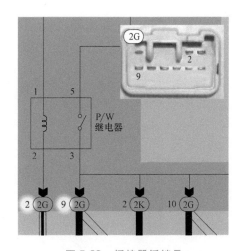

图 5-22　插接器插销号

（3）继电器插销号　如图 5-23 所示，标识 1、2、3、5 表示 P/W 继电器的插销号。

（4）接线盒内部电路　如图 5-24 所示，被突出的电路是表示接线盒的内部电路。

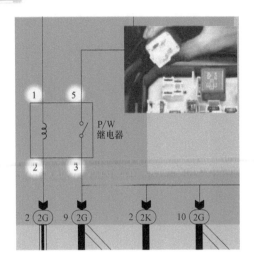

图 5-23　继电器插销号

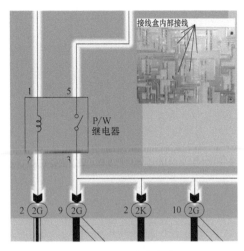

图 5-24　接线盒内部电路

六、电路检查步骤

（1）测量电子部件的电阻　除非另有说明，否则所有电阻测量的环境温度均为20℃。如果在高温条件下测量（例如车辆驾驶后立即测量），则测出的电阻会不准确。必须在发动机冷却后进行测量。

（2）插接器的操作　插接器的操作方法如下：

1）断开插接器时，先将啮合的两半紧捏在一起解开锁扣，然后按下锁爪分离插接器，如图 5-25 所示。

2）断开插接器时，不要拉拽线束，直接捏住插接器使其断开。

3）插接前，检查插接器有无变形、损坏、松动或端子丢失。

4）插接时，持续按住直至听到"咔嗒"一声。

5）如果用丰田万用表测试，则用迷你型测试导线从后面（线束侧）检查插接器。

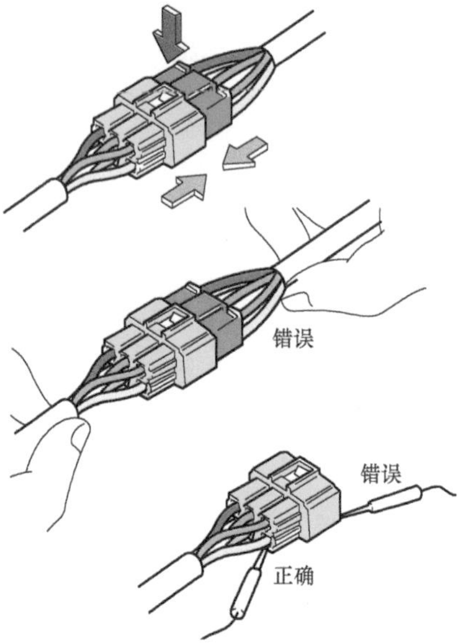

> **注意：**
>
> ① 由于无法从后侧检查防水插接器，须通过连接一个辅助线束来检查。
> ② 不得移动插入的测试仪探头，以免损坏端子。

图 5-25　插接器的操作方法

（3）检查插接器

1）插接器断开时检查：如图 5-26 所示，挤捏插接器以确认其完全连接和锁住。轻轻从插接器后侧拽拉线束来检查。查找未锁定的端子、丢失的端子、松动的卷边或断掉的导线。目视检查是否有腐蚀、金属物质、杂质或水，以及弯曲、生锈、过热、污染或变形的端子。

2）检查端子的接触压力：如图 5-27 所示，将备用的插头式端子插入插座式端子，检查插入时以及完全进入后，是否有足够的压力。

> ⓘ **注意：** 必须使用镀金插头式端子来测试镀金插座式端子。

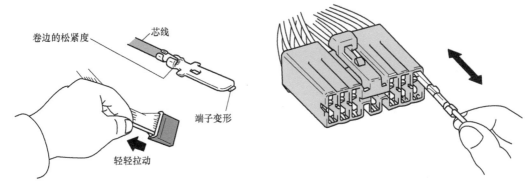

图 5-26　插接器的检查　　　　　　　图 5-27　端子接触压力的检查

（4）插接器端子的修理方法

1）如果端子上沾有异物，用空气枪或布清洁端子。切勿用磨砂纸摩擦端子，这样会刮掉电镀层，如图 5-28 所示。

2）如果有异常接触压力，则需更换插座式端子。如果插头式端子有镀金层（金色），则使用镀金插座式端子；如果为镀银层（银色），则使用镀银插座式端子。

3）必须更换已损坏、变形或腐蚀的端子。如果端子没有同壳体锁定，则需要更换壳体。

（5）线束的操作

1）拆除线束前，必须留意接线和接合方法，以便按原样安装回去。

2）不得过度扭曲、拽拉或松动线束。

3）切勿使线束接触到高温零部件，或正在转动、移动、振动的零部件，或尖锐零部件，如图 5-29 所示。同时，也要避免接触到面板边缘、螺钉头以及其他尖锐物品。

4）安装零件时，不要挤捏线束。

5）切勿弄断线束盖。如果线束盖被切断或折断，必须更换或用聚氯乙烯带修复。

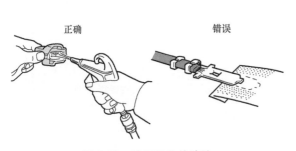

图 5-28　端子异物的清洁　　　　　　图 5-29　线束的操作

七、丰田车系电路图的识读示例

丰田车系电路图的识读示例如图 5-30 所示。

电路图中各部分的含义如下：

1——系统名称。在电路图上方用刻线划分区域内，用文字和系统符号表示下方电路系统的名称。

2——继电器盒。无阴影表示且仅显示继电器盒号以区别接线盒，例如，◐表示 1 号继电器盒。

3——当车辆型号、发动机类型或规格不同时，用"（）"来表示不同的配线和插接器。

4——相关系统。

5——用以连接两根线束的（阳或阴）插接器（见图 5-31）的代码。该插接器代码由 2 字母和 1 个数字组成。插接器代码的第一个字符表示带阴插接器的线束的字母代码，第二个字符表示带阳插接器的线束的字母代码，第三个字符表示在出现多种相同的线束组合时，用于区分线束组合的系列号（如 CH1 和 CH2）。

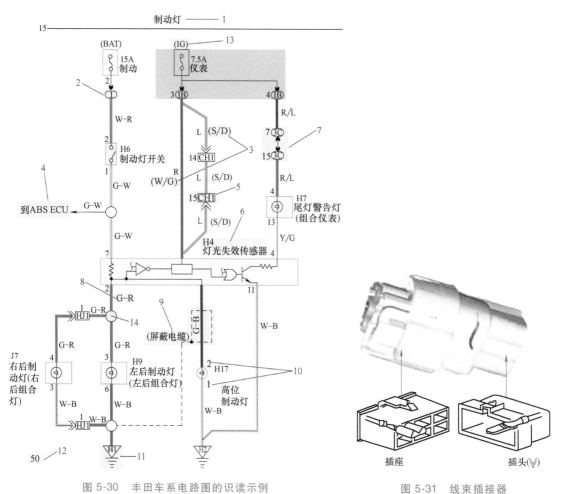

图 5-30　丰田车系电路图的识读示例　　　　图 5-31　线束插接器

符号▽表示阳插接器（插头）。插接器代码外侧的数字表示阳插接器（插头）或阴插接器（插座）的引脚编号。

6——零件（所有零件用天蓝色表示）。此代码与零件位置图中所用的代码相同。

7——接线盒（圈内的数字是接线盒号，旁边为插接器代码）。接线盒用阴影标出，以便将它与其他零件清楚地区别开来。例如，图 5-32 中，3C 表示它在 3 号接线盒内，数字 7 和 15 表示两条配线分别在插接器 7 号和 15 号接线端子上。

8——导线颜色。导线的颜色用字母符号表示，当用双色线时，第一个字母表示主色，第二个字母表示辅色。例如，图 5-33 中，L 表示蓝色，Y 表示黄色，丰田汽车上各种颜色的导线如图 5-34 所示。

9——屏蔽电缆，如图 5-35 所示。

10——插接器引脚编号。插座和插头编号是不同的，编号顺序如图 5-2 所示。

11——搭铁点。搭铁点把线路连接到车体或发动机上，如图 5-36 所示。表示搭铁点的字符由字母和数字两部分组成，字母表示线束；数字表示当有多个接地点同时存在一个线束中时，用数字以示区别。

图 5-32　接线盒的表示

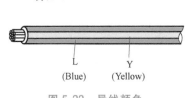

图 5-33　导线颜色

图 5-34　丰田汽车上各种颜色的导线

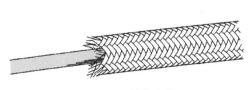

图 5-35　屏蔽电缆

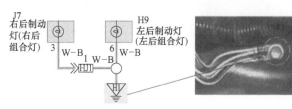

图 5-36　搭铁点

12——在原厂电路图中的页码。

13——熔丝通电时的点火开关位置。

14——配线接点，配线接点不通过插接器直接与线路相连，如图 5-37 所示。

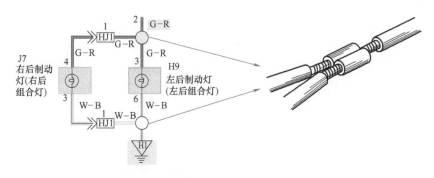

图 5-37　配线接点

第二节 日产车系电路图的识读

一、日产车系电路图符号的含义

1. 插接器符号

日产车系的插接器符号主要采用端子侧视图，如图 5-38 所示。

（1）插接器视图 单线框表示从端子侧看到的接线端子的位置图；双线框表示从线束侧看到的接线端子的位置图。

某些系统和元件，特别是那些与 OBD 有关的元件可能会使用一种新型的滑片锁止式线束插头。滑锁式插头有助于避免锁止不完全、意外松动或断开等情况。滑锁式插头通过压下或拉出滑动锁片来断开连接，如图 5-39 所示。

> （!）注意：断开插头时，不要拉扯线束或导线，注意不要损坏插头支架。

（2）插头和插座 插接器的插头和插座的符号如图 5-40 所示。插接器由插头（阳端子）和插座（阴端子）组成，导向头被涂黑的为插头，导向头未涂黑的为插座。

（3）插接器布置图 图 5-41 所示为插接

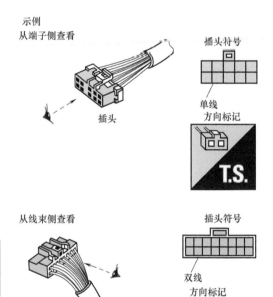

图 5-38 插接器的表示方法

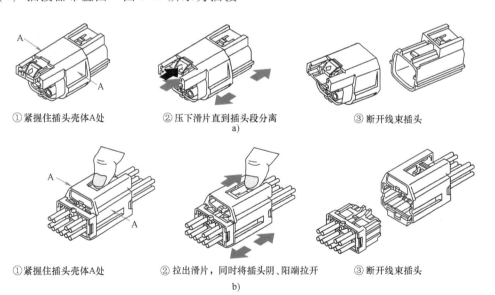

① 紧握住插头壳体A处 ② 压下滑片直到插头段分离 ③ 断开线束插头

a)

① 紧握住插头壳体A处 ② 拉出滑片，同时将插头阴、阳端拉开 ③ 断开线束插头

b)

图 5-39 新型的滑片锁止式线束插头

器布置图实例，表示电路图中接线端子的编码与具体插接器的关系，根据插接器布置图可弄清电路走向，从而方便电路图的识读。

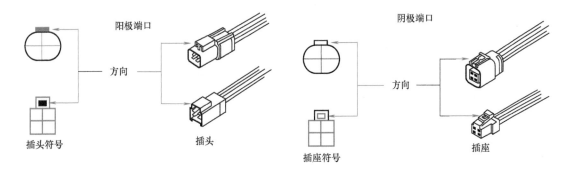

图 5-40　插接器的插头和插座符号

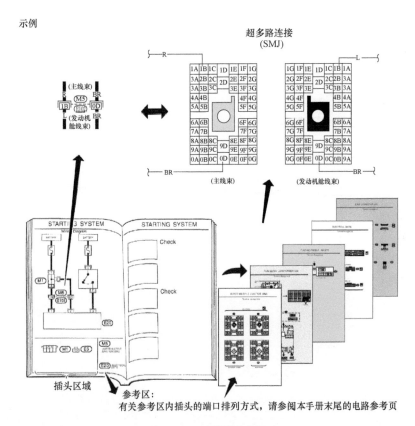

图 5-41　插接器布置图

2. 线束与部件指示

线束与部件指示如图 5-42 所示。

（1）线束指示

1）测试表探针旁边的字母表示线束（接头）中的电线颜色。

2）单线圆圈中的插头代码 M33 表示线束插头。

（2）部件指示 双线长圆圈中的插头编号 F211 表示部件插头。

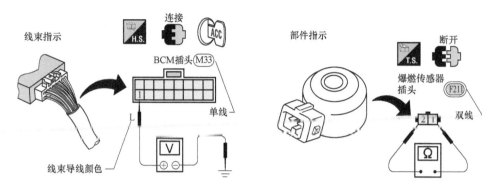

图 5-42 线束与部件指示

3. 开关状态的表示方法

（1）一般开关 一般开关分为常开型和常闭型两种类型，其表示形式如图 5-43 所示。电路图中所示的开关位置是车辆处于"正常"状态下的情况。所谓的车辆"正常"状态，是指点火开关在"OFF"位置，车门、发动机罩和行李舱盖/尾门都处于关闭状态，踏板均未被踩下且驻车制动器处于松开状态。

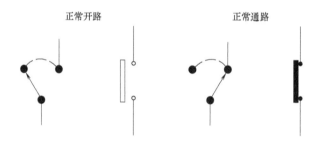

图 5-43 开关的表示形式

（2）多路开关 多路开关的状态一般采用开关表和开关图两种方式来表示。开关表用于原理图中，开关图用于电路图中。图 5-44 所示为刮水器开关的工作情况，刮水器开关导通情况见表 5-4。

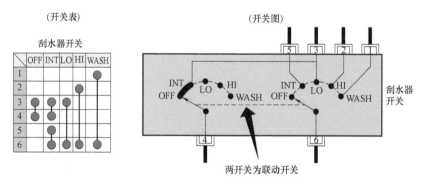

图 5-44 刮水器开关（多路开关）状态的工作情况

表 5-4　刮水器开关导通情况

开关位置	导通电路	开关位置	导通电路
OFF	3-4	HI	2-6
INT	3-4,5-6	WASH	1-6
LO	3-6	—	—

4. 可检测电路和不可检测电路

在某些电路图中，有两种电路，用粗细不同的两种线条来表示：

1）线条较宽的线路是能诊断故障码（DTC）的电路，即 DTC 可检测电路，电子控制系统能应用自诊断系统诊断出电路的故障码。

2）电路图中线条较窄的线路是不能诊断故障码（DTC）的电路，即 DTC 不可检测电路，如图 5-45 所示。

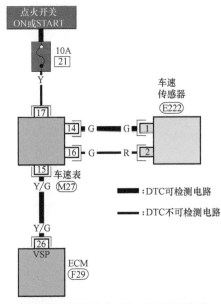

图 5-45　可检测电路和不可检测电路

二、日产车系电路图的识读示例

日产车系电路图的识读示例如图 5-46 所示，识图说明见表 5-5。

表 5-5　日产车系电路图识读说明

编号	项　目	说　明
1	电源	表示易熔线或熔丝的电源
2	易熔线	"×"表示易熔线
3	易熔线/熔丝的数量	表示易熔线或熔丝位置的数量
4	熔丝	"/"指熔丝
5	易熔线/熔丝的额定电流	表示易熔线或熔丝的额定电流
6	选择性节点	空心圆圈表示此节点是可选的,可根据车辆用途决定是否选用
7	插头编号	字母表示插头所在的线束,如 M 表示主线束

（续）

编号	项 目	说 明
8	节点	实心圆圈表示节点
9	跨页	箭头表示电路连接到相邻页的电路图上，A 标记应与前页或后页的 A 标记对应
10	选装缩写标记	表示车辆电路在选择性节点间的布线规格
11	继电器	表示继电器的内部电路
12	插头-请参阅 PC 部分	表示在 PC 部分里有更多的关于超级多路插接器(SMJ)的信息
13	选装说明	表示本页中出现的选装项目的说明
14	开关	表示开关在 A 位置时，端子 1 和 2 之间导通；当开关在 B 位置时，端子 1 和 3 之间导通
15	电路（布线）	表示电路
16	系统分支	表示此系统与另外一个由单元代码标识(部分和系统名称)的系统相连
17	屏蔽电缆	虚线包围的电路表示屏蔽电路
18	部件名称	表示部件名称
19	接地（GND）	表示接地
20	插头	表示插头信息。使用插头符号说明控制单元侧
21	插头（复数）	用虚线圈起来的插头属于同一部件
22	端子号	一个插头的端子号
23	单元代码	根据部分、系统以及电路图页码的组合，来识别各页电路图
24	插头	表示传输线分出两个以上的插头

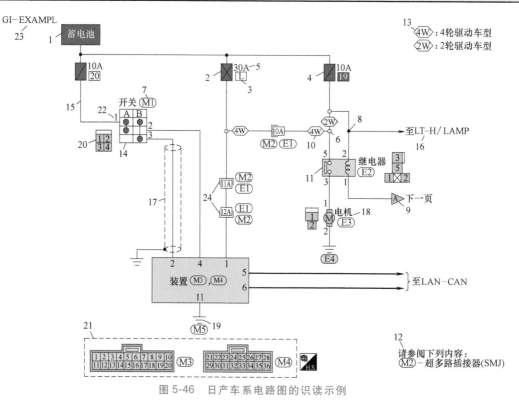

图 5-46　日产车系电路图的识读示例

第三节 本田车系电路图的识读

一、本田车系电路图的特点

在本田车系电路图（见图 5-47）中，电路部分都是以粗实线画出，集中在图的中间部分。每条电路（导线）上都标有颜色，分单色线和双色线，以英文缩写来表示。电路图导线并没有标出导线的横截面面积，只是根据和导线相连的熔丝额定电流的大小来判断导线的横截面面积。

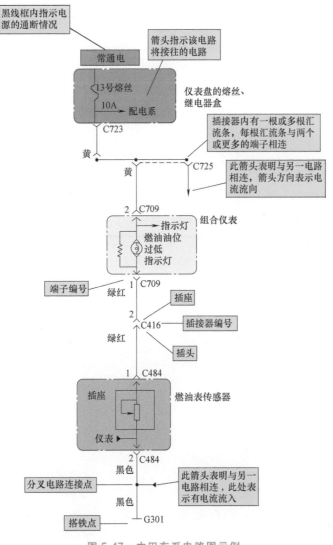

图 5-47 本田车系电路图示例

广汽本田雅阁轿车的电路图在保留本田车系电路图特点的基础上有所改动，如电子元器件及部件在图中是用虚线框图或实线框图来表示的，在框图中用汉字标定元器件的名称，用英文字母、数字标定插点或触点。本田车系电路图中的各种类型符号一般都进行文字说明，在理解文字的含义后，读图就比较容易了。

1. 电气符号的特点

本田车系电路图中电气符号的特点如图 5-48 所示。

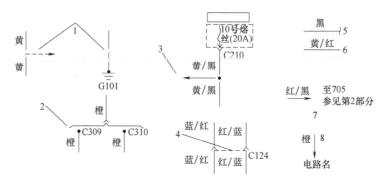

图 5-48　本田车系电气符号的特点

图注说明如下：

1——虚线表示电路图中只显示了部分电路（完整的电路参见箭头所指的系统或元件的电路）。

2——根据不同的车型或选装件来选择不同的电路（左边或右边）。

3——在导线的连接处只标出了线接头，接线的详情参见箭头所指的系统或元件的电路。

4——虚线表示蓝/红和红/蓝导线端子均在 C124 插接器的接线端子上。

5——线端的波浪表示该导线在下页继续。

6——导线的绝缘皮可为单色或一种颜色配上不同颜色的条纹。

7——表示导线接至另一侧（箭头表示电流方向）。

8——表示导线与另一电路相连。

2. 接线端子、搭铁线连接符号的特点

本田车系电路图中，接线端子和搭铁线连接符号如图 5-49 所示。

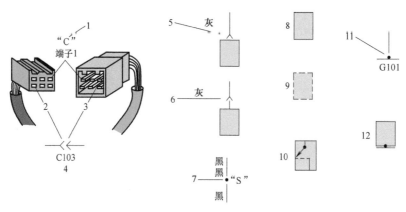

图 5-49　接线端子和搭铁线连接符号

图注说明如下：

1——插接器"C"。

2——插座。

3——插头。

4——每个插接器都有标号（以字母"C"开头），以备在元件位置索引中查找。其插头接线端子的编号从左上开始，对每个接线端子的插座和插头进行编号，使对应的插座和插头号相同。

5——接线端子直接与元件连接。

6——接线端子与元件的引线连接。

7——导线连接，"S"电路图上的圆点表示线接头。

8——实线表示显示了整个元件。

9——虚线表示只显示了元件的一部分。

10——元件名称出现在符号的右上角，下面是有关元件功能的说明。

11——该符号表示接线端子与汽车的车身相连（每根导线的搭铁都标有以字母"G"开头的搭铁符号，以备在元件位置索引中查找）。

12——元件外壳直接与汽车的车身连接搭铁。

3. 本田车系电路图中开关和熔丝符号的特点

本田车系电路图中开关和熔丝的符号如图5-50所示。

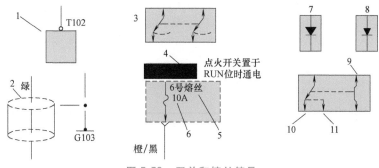

图 5-50　开关和熔丝符号

图注说明如下：

1——螺纹联接（每个端子都标有以字母"T"开头的端子号，以备在元件位置索引中查找，端子"T"是一种采用螺钉进行连接的插头而不是采用一种推拉型的插接插头）。

2——屏蔽（代表导线周围的无线电频率干涉屏蔽，该屏蔽总是搭铁）。

3——联动开关（虚线表示开关之间的机械连接）。

4——点火开关处在接通位置。

5——熔丝编号。

6——熔丝的额定电流。

7、8——二极管。

9——线圈（这是一个继电器，其线圈内无电流通过）。

10——常闭触点。

11——常开触点。

二、本田车系电路图符号的含义

本田车系电路图中的常见符号见表5-6。

表 5-6　本田车系电路图中的常见符号

名　　称	符　　号	名　　称	符　　号
电瓶	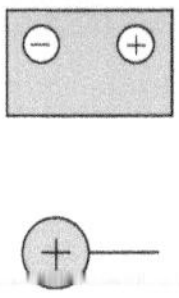	灯泡	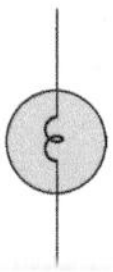
地线	地线端子　　部件地线	加热器	
熔丝		电机	 M
线圈、电磁阀	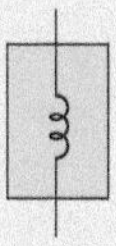	泵	 P
点烟器	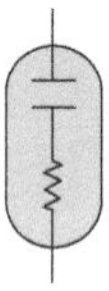	断路器	
电阻器		喇叭	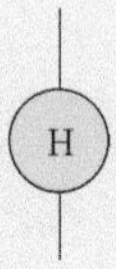 H
可变电阻器	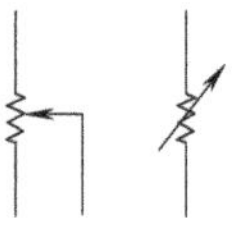	二极管	
热敏电阻器	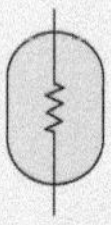	扬声器、蜂鸣器	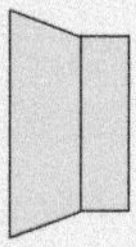
点火开关	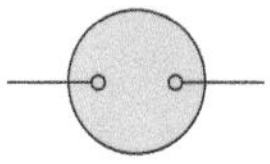	天线	杆状天线 　　窗式天线 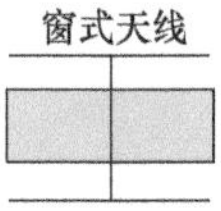

（续）

名　　称	符　　号	名　　称	符　　号
晶体管（Tr）	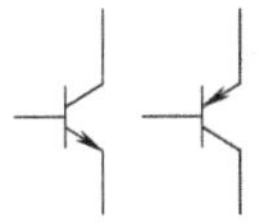	电容器	
开关（正常位置）	常开式开关　　常闭式开关 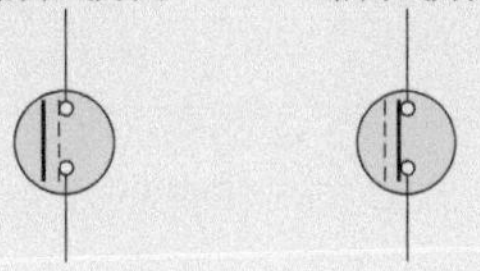	连接	输入　　输出 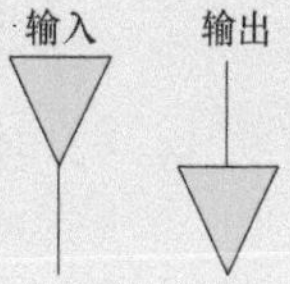
发光二极管（LED）	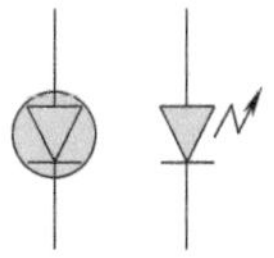	插头	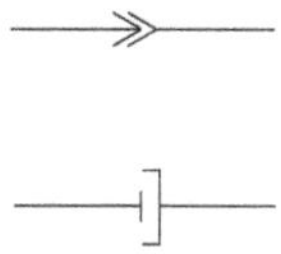
继电器（正常位置）	常开式继电器　　常闭式继电器 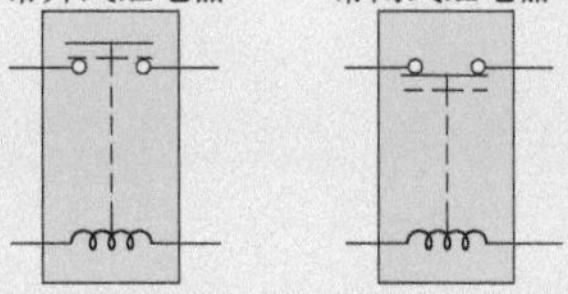	舌簧开关	

三、导线

在电路图中，导路部分都以粗实线画出，集中在图的中间部分。每条导线上都有颜色，其颜色是指导线绝缘层的颜色，有单色线和双色线之分，以英文缩写来表示，其对应关系见表 5-7。

表 5-7　导线颜色代号

英文缩写	颜　　色	色　　标	英文缩写	颜　　色	色　　标
WHT	白色		BRN	棕色	
YEL	黄色		GRY	灰色	
BLK	黑色		PUR	紫色	
BLU	蓝色		LT BLU	浅蓝色	
GRN	绿色		LT GRN	浅绿色	
RED	红色		PNK	粉红色	
ORN	橙色		—	—	—

如果导线是双色的，则由两种颜色的英文缩写共同组成，例如"WHT/BLK"，斜杠"/"前面的"WHT"指导线的本色或底色为白色，而斜杠"/"后面的"BLK"指条纹部分为黑色，为了方便起见，把它叫作白黑线。同一电气系统中，多根颜色相同的导线加以上

角标以示区别，如 BLU^2 与 BLU^3 是不同的导线。导线绝缘层带有一种颜色或一种颜色夹有另一种颜色的条纹，第二种颜色为条纹状，如图 5-51 所示。

本田车系电路图的导线并没有标出导线的截面面积，只是根据和导线相连接的熔丝额定电流的大小来判断导线的截面面积。

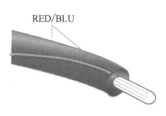

图 5-51　导线颜色的识别

四、本田车系电路图的识读示例

图 5-52 所示为本田雅阁轿车电动后视镜的控制电路，下面以左侧后视镜为例简单分析其工作过程。此电动后视镜开关中上面的 4 个开关为共用的后视镜方向调节开关，下面 2 个开关为控制左侧或右侧电动后视镜的联动分开关。

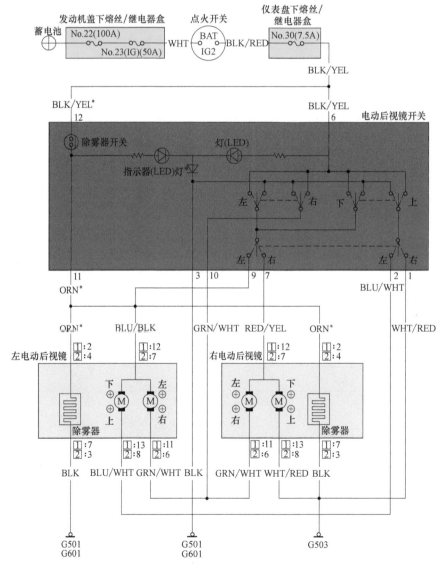

图 5-52　本田雅阁轿车电动后视镜的控制电路

（1）左侧后视镜向下倾斜　如图 5-52 所示，首先将电动后视镜开关中下面的联动分开关按至"左"位置，然后按下"下"，此时电路的电流方向：蓄电池→熔丝 22 和 23→点火开关→熔丝 30→电动后视镜开关端子 6→联动开关"下"的左端→左侧后视镜开关→电动后视镜开关端子 9→左电动后视镜"上下"调节电动机→电动后视镜开关端子 2→左侧后视镜开关→联动开关"下"的右端→搭铁，左侧后视镜实现向下倾斜。

（2）左侧电动后视镜向上倾斜　此时，电动后视镜开关中下面的联动开关依然在"左"的位置，按下"上"，电流的流向：蓄电池→熔丝 22 和 23→点火开关→熔丝 30→电动后视镜开关端子 6→联动开关"上"的右端→左侧后视镜开关→电动后视镜开关端子 2→左电动后视镜"上下"调节电动机→电动后视镜开关端子 9→左侧后视镜开关→联动开关"上"的右端→搭铁，左侧后视镜实现向上倾斜。

第四节　马自达车系电路图的识读

一、马自达车系电路图符号的含义

马自达车系电路图表明的是每个系统从电源到接地的电路，电源在页面的上部，接地在下部。电路图中表示的状态都是点火开关在关闭时的情况。

1. 电路图符号及含义

马自达车系中电路图符号及含义见表 5-8。

表 5-8　马自达车系中电路图符号及含义

符　　号	含　　义	符　　号	含　　义
蓄电池 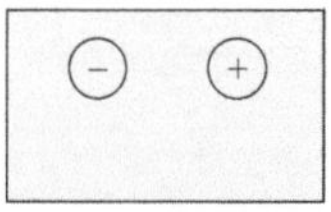	1. 通过化学反应产生电 2. 向电路提供直流电	晶体管① 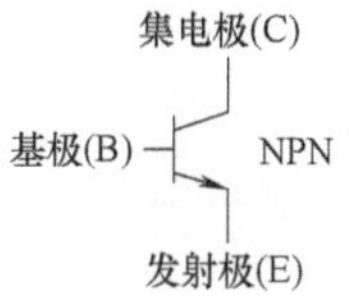 集电极(C) 基极(B)　NPN 发射极(E)	• 电气开关的组成部件 • 当有电压加载在基极(B)上时，开关打开 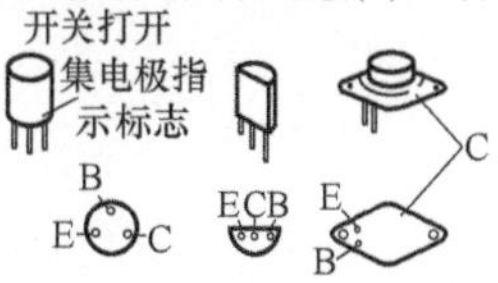 　集电极指示标志 B　E-C　ECB　E E-C　　　B • 查阅代码 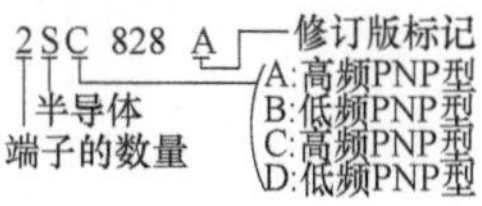 2SC 828 A　修订版标记 A:高频PNP型 半导体　B:低频PNP型 端子的数量　C:高频PNP型 D:低频PNP型
接地① 1 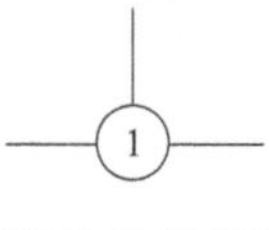	如果有电流从电池的正极向负极流动，连接点到车体或其他接地线 接地①表明一个接地点通过线束与接地体之间的连接 接地②表明接地点，即部件直接与接地体接地的位置。 备注:如果接地有故障，那么电流将不会流过一个电路		
接地② 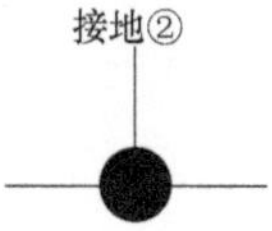		晶体管② 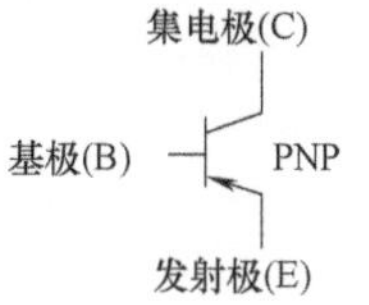 集电极(C) 基极(B)　PNP 发射极(E)	
接地③ 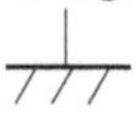			

（续）

符　号	含　义	符　号	含　义
熔断器 	当电流超过电路规定的电流值时，熔断，并且中断电流 警示：不要使用超过规定容量的熔丝进行更换	点烟器 	产生热的电线圈
熔断器(适用于弧电流的熔断器)/熔性连接  <刃型熔断器>　<筒型熔断器>  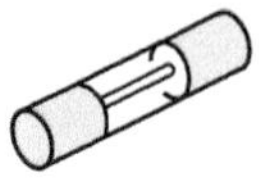 <盒型熔断器>　<熔性连接> 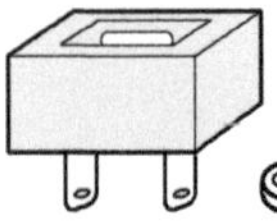 		附件插座 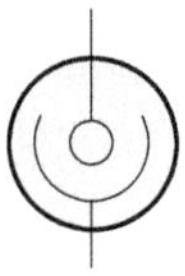	内部电源
照明灯 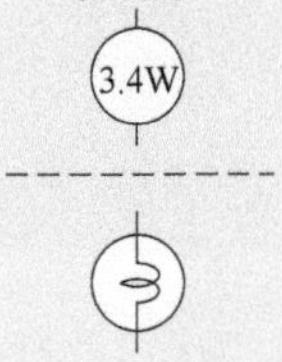 3.4W	当电流流经灯丝时发光、发热	喇叭 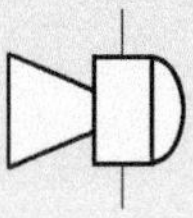	当有电流通过时发出声音
电阻器 	1. 一个电阻值恒定的电阻器 2. 主要用于通过保持额定电压来保护电路中的电气部件	扬声器 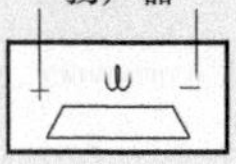	
电动机 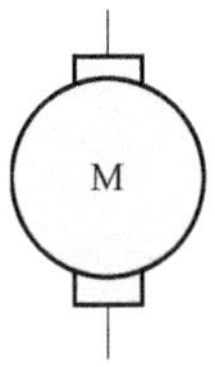 M	把电能转变为机械能	发热器 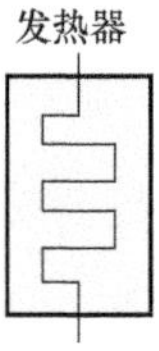	当有电流通过时产生热

（续）

符　号	含　义	符　号	含　义
泵 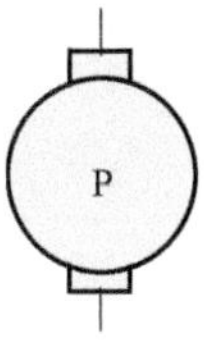 P	吸入、排放气与液体	点火开关 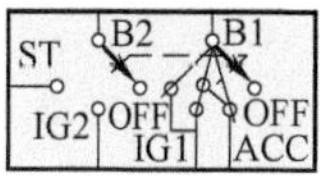 ST　B2　B1 IG2　OFF　OFF IG1　ACC	转动点火钥匙能够使电路操作各个组成部件 注意:在柴油车辆上,点火开关被称为发动机开关
接线位置的变化范围① 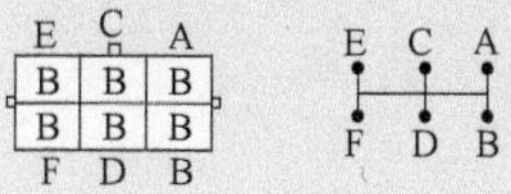 	接线位置可以在插接器内自由互换	接线位置的变化范围② 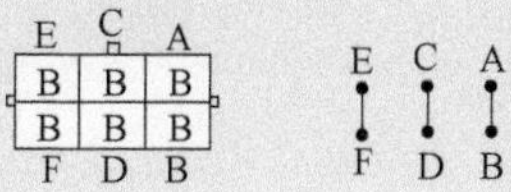 	接线位置只能按照下列组合进行互换:在 A 和 B 之间,在 C 和 D 之间,在 E 和 F 之间
接线位置的变化范围③ 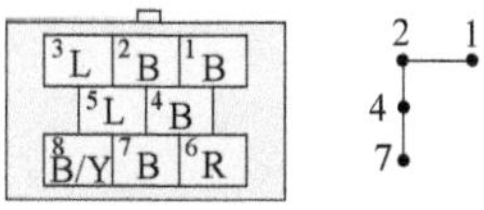 	接线位置只能按照下列组合进行互换:在 1、2、4 与 7 之间 可以用某些插接器的编号来表示接线位置	—	—
 开关① 常开(NO)	通过断开或闭合电路允许或中断电流通过	电气配线 连接 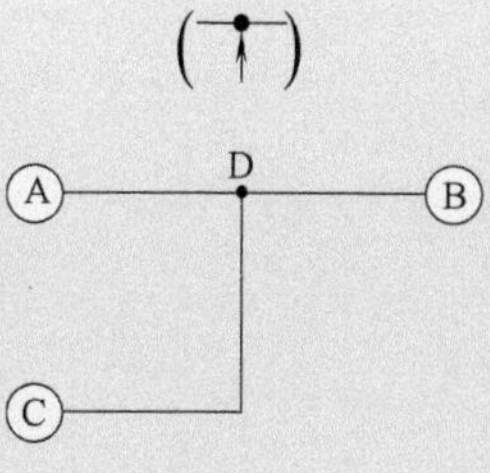 	如果电路 C-D 与电路 A-B 相连,那么就用一个黑色的小圆点表示连接点 D
开关② 常关(NC)		选择 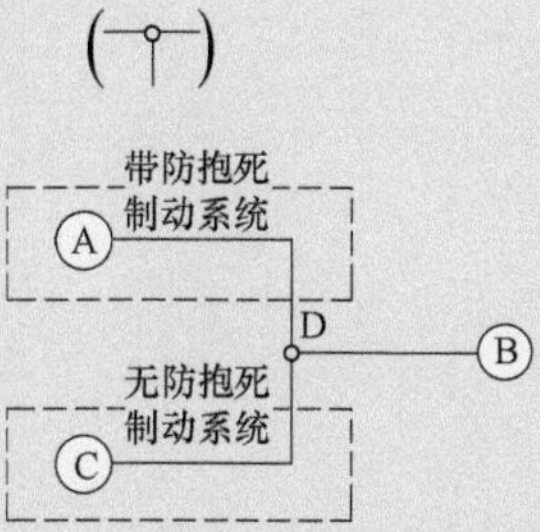 	根据汽车的规格,用一个白色的小圆点表示不同电路的改向点 D 对于未配备防抱死制动系统的汽车来说,使用 A-B 电路 对于未配备防抱死制动系统的汽车来说,使用 C-B 电路
自动停车开关 	当满足某些条件时,自动切断电路		

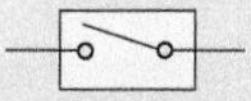

（续）

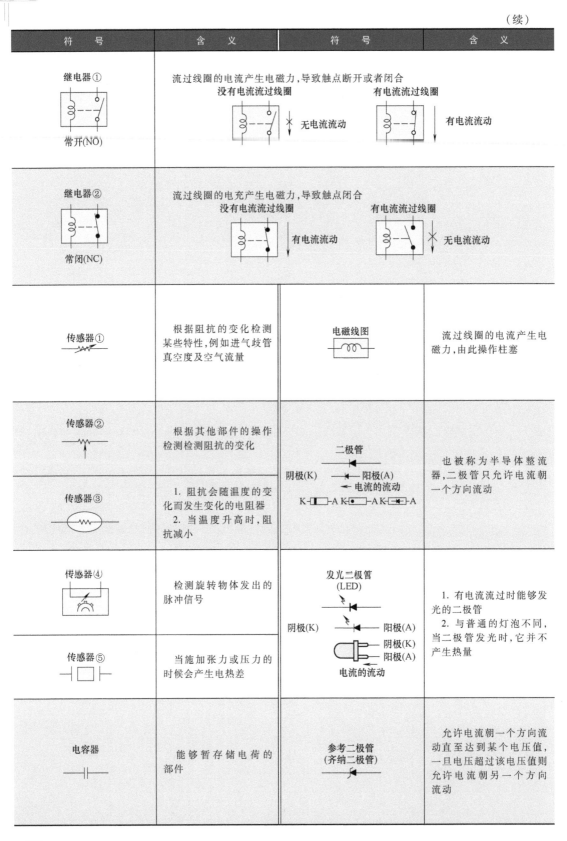

符　号	含　义	符　号	含　义
继电器① 常开(NO)	流过线圈的电流产生电磁力,导致触点断开或者闭合　没有电流流过线圈　无电流流动　有电流流过线圈　有电流流动		
继电器② 常闭(NC)	流过线圈的电充产生电磁力,导致触点闭合　没有电流流过线圈　有电流流动　有电流流过线圈　无电流流动		
传感器①	根据阻抗的变化检测某些特性,例如进气歧管真空度及空气流量	电磁线圈	流过线圈的电流产生电磁力,由此操作柱塞
传感器②	根据其他部件的操作检测检测阻抗的变化	二极管　阴极(K)——阳极(A)　电流的流动　K—■—A K—●—A K—■—A	也被称为半导体整流器,二极管只允许电流朝一个方向流动
传感器③	1. 阻抗会随温度的变化而发生变化的电阻器 2. 当温度升高时,阻抗减小		
传感器④	检测旋转物体发出的脉冲信号	发光二极管(LED)　阴极(K)——阳极(A)　阴极(K)　阳极(A)　电流的流动	1. 有电流流过时能够发光的二极管 2. 与普通的灯泡不同,当二极管发光时,它并不产生热量
传感器⑤	当施加张力或压力的时候会产生电热差		
电容器	能够暂存储电荷的部件	参考二极管(齐纳二极管)	允许电流朝一个方向流动直至达到某个电压值,一旦电压超过该电压值则允许电流朝另一个方向流动

2. 线束符号

马自达车系线束符号见表5-9。

表5-9 马自达车系线束符号说明

电气配线名称	符号		电气配线名称	符号	
前端电气配线	(F)	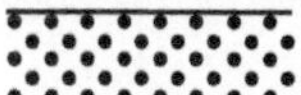	车门1号电气配线	(DR1)	
前端2号电气配线	(F2)		车门2号电气配线	(DR2)	
仪表板	(D)		车门3号电气配线	(DR3)	—
			车门4号电气配线	(DR4)	
后部电气配线	(R)		车厢地板电气配线	(FR)	—
后方2号电气配线	(R2)		车内照明灯电气配线	(IN)	—
后方3号电气配线	(R3)		A/C电气配线	(AC)	—
仪表板电气配线	(I)	—	喷射电气配线	(INJ)	—
排放电气配线	(EM)	—	驻车制动器电气配线	(HB)	—
排放2号电气配线	(EM2)	—	发动机电气配线	(E)	—
排放3号电气配线	(EM3)	—			

3. 导线颜色代码

马自达车系导线颜色代码见表5-10。

表5-10 马自达车系导线颜色代码

英文简写	颜色	色标	英文简写	颜色	色标	英文简写	颜色	色标
B	黑色		G	绿色		SB	天蓝色	
L	蓝色		LB	线蓝色		T	黄褐色	
BR	棕色		LG	线绿色		V	紫色	
DL	深蓝色		O	橙色		W	白色	
DG	深绿色		P	粉红色		Y	黄色	
GY	灰色		R	红色		—	—	—

二、马自达车系电路图的识读示例

图5-53所示为马自达车系电气配线的接地点电路识读,此电路将表明电气配线的接地点。图5-54为系统电路图/连接线示意图,这些示意图表明每个系统从电源到接地的电路,电源侧在页面的上部,接地侧在下部,对于在示意图中所描述的电路,点火开关是关闭的。图5-55所示为路线示意图,路线示意图通过查寻一路及插接器的符号表明电气部件在系统电路图的哪个位置。

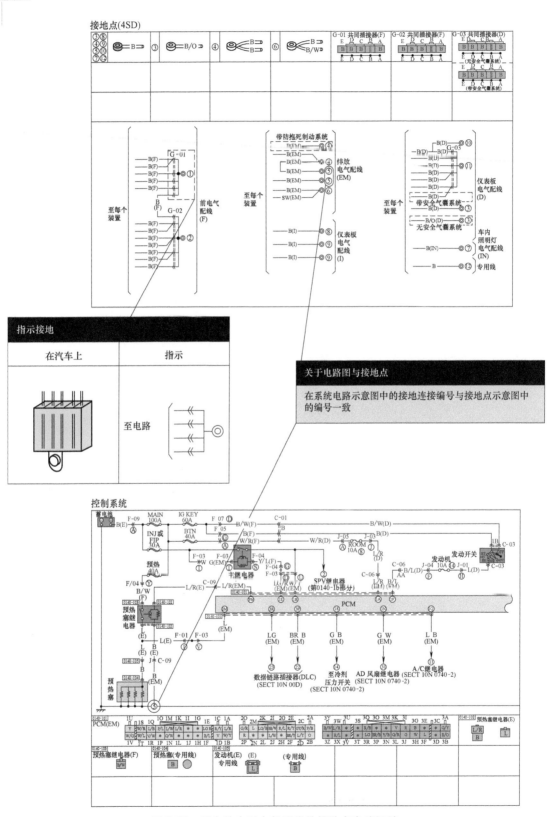

图 5-53　马自达车系电气配线的接地点电路识读

系统名称

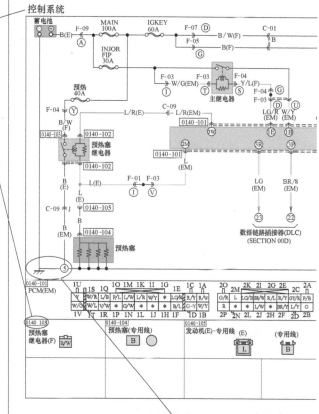

控制系统

蓄电池

连接器代码

前缀字母表示应用插接器的系统

F：熔断器盒插接器
J：接线盒/分线盒插接器
C：常用插接器
G：接地点插接器
D：数据链路插接器
0112：冷却系统插接器
0114：燃油系统插接器
0117：充电系统插接器
0118：点火系统插接器
0119：起动系统插接器
0120：巡行车速控制系统插接器
0140：发动机控制系统插接器
0212：车轮与轮胎插接器
0318：四轮驱动插接器
0413：防抱死制动系统插接器
0414：牵引力控制系统插接器
0415：动态稳定性控制插接器
0513：自动变速插接器
0514：自动变速连换档机械装置插接器
0517：自动驱动桥插接器
0518：自动驱动桥换档机械装置插接器
0613：电动转向(EPS)插接器
0614：动力转向装置插接器
0740：供暖、通风与空调(HVAC)控制系统插接器
0810：安全气囊系统插接器
0811：座椅安全带插接器
0912：窗玻璃/车窗/后视镜插接器
0913：座椅插接器
0914：安全防护装置与锁定装置插接器
0915：车顶天窗插接器
0918：照明系统插接器
0919：刮水器/喷洗器系统插接器
0920：娱乐装置插接器
0921：动力系统
0922：仪表/驾驶人信息插接器
0940：控制系统

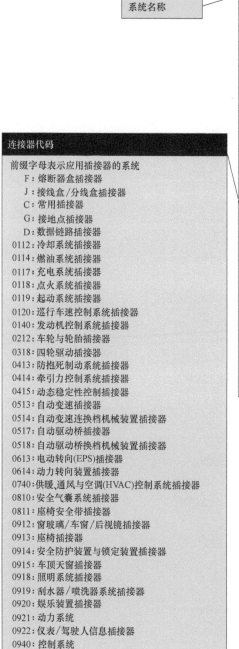

接地编号

电气配线接地与装置接地的表示方法不同

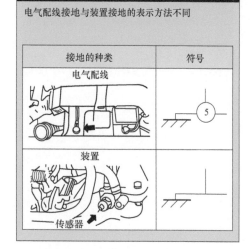

接地的种类	符号
电气配线	
装置	

a)

图 5-54　系统电路图/连接线示意图

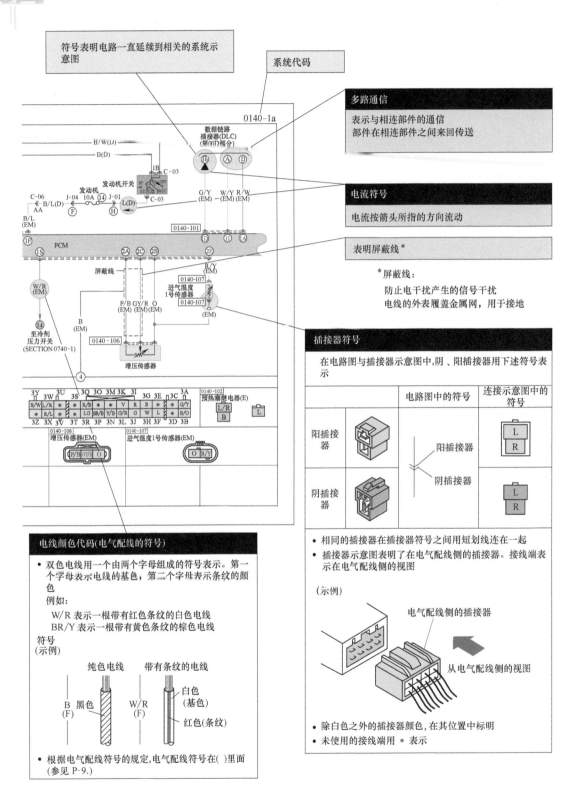

b)

图 5-54　系统电路图/连接线示意图（续）

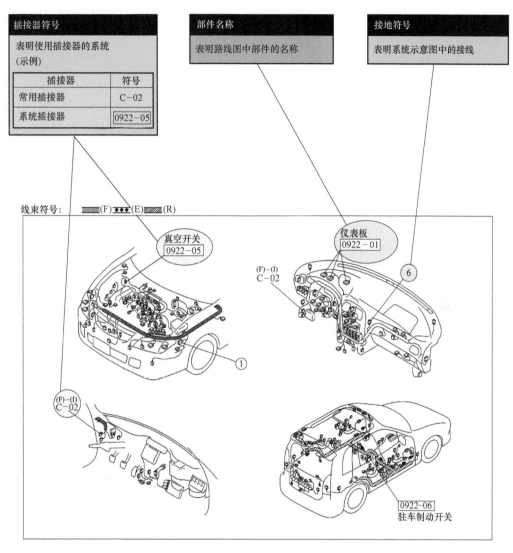

图 5-55　路线示意图

第五节　现代车系电路图的识读

一、现代车系电路图的特点

现代车系电路图的特点如下：

1) 现代车系的电源在图上方，搭铁点在图下方，电流方向自上而下。电路较少迂回曲折，电路图中电器串联、并联关系十分清楚，电路图易于识读。

2) 电路图中的各电器不再按在车上的实际位置布局，而是依据工作原理，在图中合理布局，使各系统处于相对独立的位置，从而易于对各用电设备进行单独的电路分析。

3) 电路原理图中所有开关及用电器均处于不工作的状态，例如点火开关是断开的，发动机不工作，车灯关闭等。

4）导线标注有颜色和规格代码（与原车一一对应），根据以上标注，易于对照定位图找到该电器和导线在车上的位置。只要找到系统有关的一个部件或者一条导线就可以顺藤摸瓜，找到系统剩下的所有导线和部件。

5）用电气符号来表示各种电气部件，各电器旁边通常标注有电器的名称及代码（如控制器件、电器、过载保护器件、用电器、铰接带点及搭铁点等）。

二、现代车系电路图符号的含义

1. 图形符号

现代车系电路图中的图形符号及含义见表 5-11。

表 5-11　现代车系电路图中的图形符号及含义

符　号	含　义	符　号	含　义
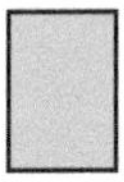	表示部件全部	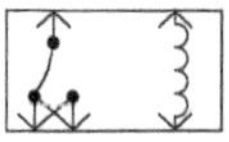	继电器
	表示部件一部分	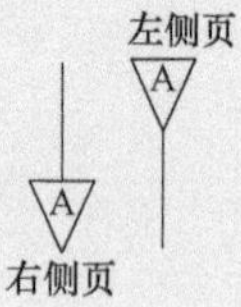 左侧页 A / 右侧页 A	表示这根导线连接在所显示页。箭头表示电流方向
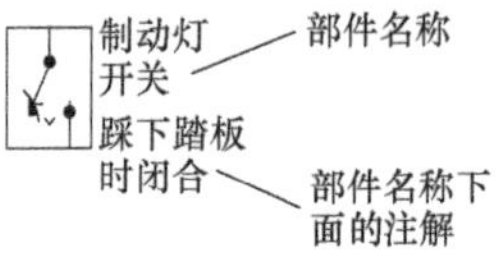 制动灯开关——部件名称 踩下踏板时闭合——部件名称下面的注解	制动灯开关	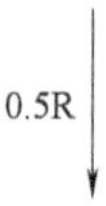 0.5R	箭头表示导线连接到其他电路
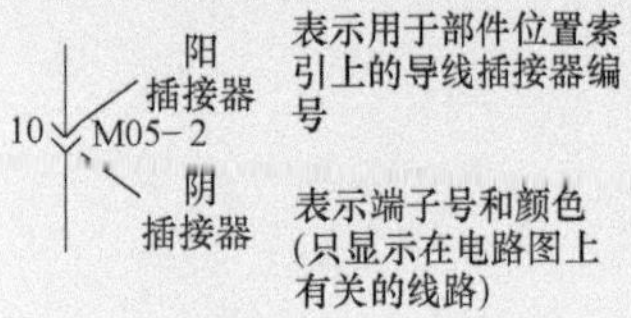 阳插接器 10 M05-2 阴插接器 表示用于部件位置索引上的导线插接器编号 表示端子号和颜色（只显示在电路图上有关的线路）	插头号码	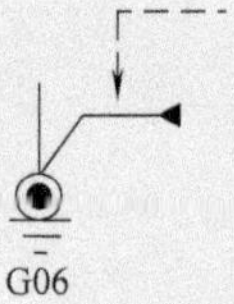 G06	虚线：不完整回路 实线：完整回路
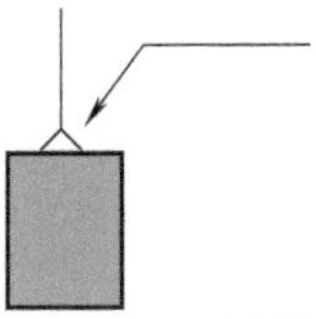	插头在部件上	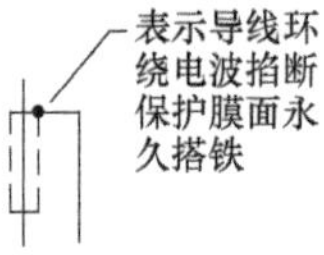 表示导线环绕电波挡断保护膜面永久搭铁	屏蔽线
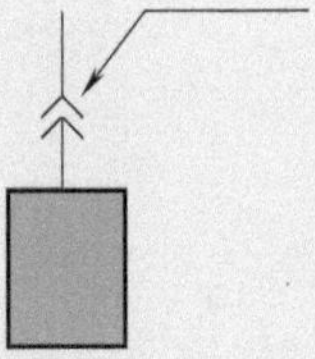	插头通过导线与部件连接	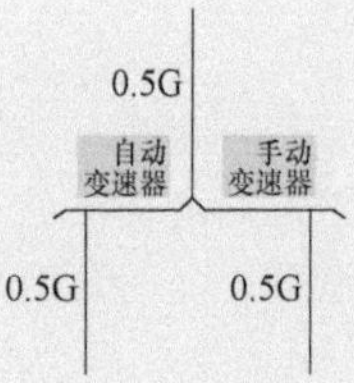 0.5G 自动变速器　手动变速器 0.5G　　0.5G	根据不同配置选择电路

（续）

符　　号	含　　义	符　　号	含　　义
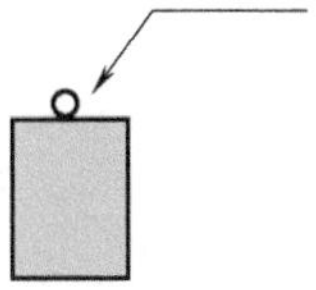	插头用螺钉固定在部件上	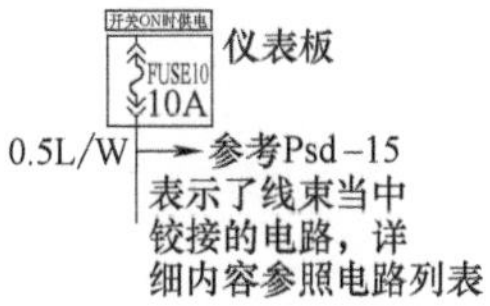 开关"ON"时机瓶　仪表板 FUSE10 10A 0.5L/W →参考Psd-15 表示了线束当中铰接的电路，详细内容参照电路列表	表示线束中的铰接的电路
 L 二极管	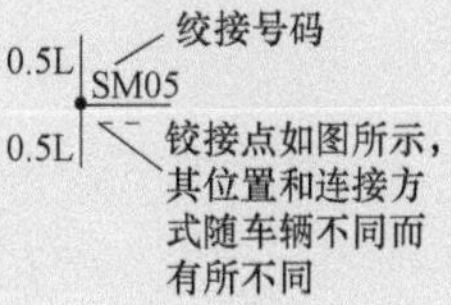 二极管	绞接号码 0.5L SM05 0.5L 铰接点如图所示，其位置和连接方式随车辆不同而有所不同	绞接点
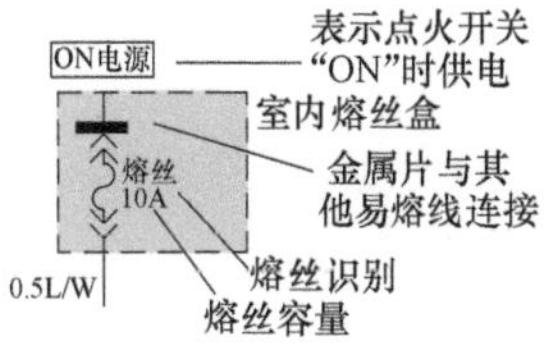 ON电源 表示点火开关"ON"时供电 室内熔丝盒 金属片与其他易熔线连接 熔丝 10A 0.5L/W 熔丝识别 熔丝容量	熔丝		搭铁点
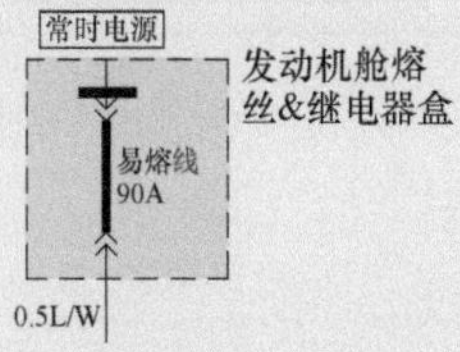 常时电源 发动机舱熔丝&继电器盒 易熔线 90A 0.5L/W	易熔线		部件外壳搭铁
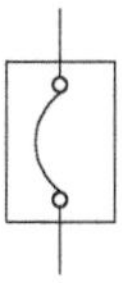 可复位熔丝	可复位熔丝	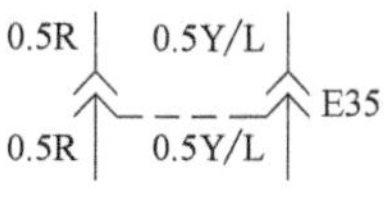 0.5R　0.5Y/L E35 0.5R　0.5Y/L	虚线表示两条线在同一接口
 0.85B 下页继续	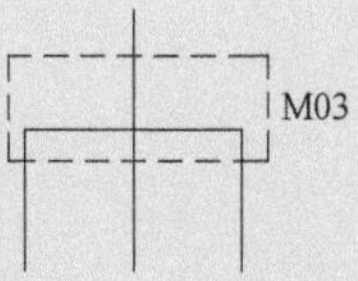 下页继续	M03 连接接头	连接接头

（续）

符　号	含　义	符　号	含　义
0.5Y/R	导线色标	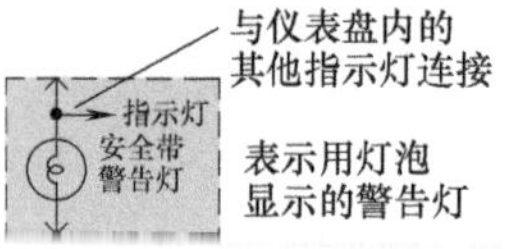 与仪表盘内的其他指示灯连接　指示灯　安全带警告灯　表示用灯泡显示的警告灯	警告灯
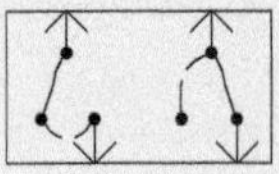 开关	开关	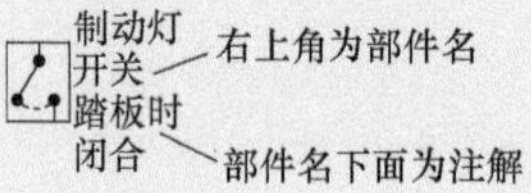 制动灯开关　踏板时闭合　右上角为部件名　部件名下面为注解	制动灯开关

2. 导线颜色代号

在电路原理图中，一般要对导线的线径、颜色其至所属的电气系统做出标注。线径一般用数字表示，数字大小代表导线的横截面面积。汽车电气整车线束由白、黑、红、黄、绿、棕、蓝、浅绿、粉红以及它们两种颜色结合而成的色条相间的颜色（如黑白结合而成的黑/白线、蓝/绿线、黑/橙线等）组成，按一定规律连接起来构成完整的全车电气系统。电路图中导线颜色代号见表5-12。

如一根导线左边中间标有"0.5L"字样，其中，数字0.5表示该导线的横截面面积是 $0.5mm^2$，L表示该导线的颜色是蓝色。再如，一根导线左边中间标有"0.3R/B"的字样，则表示该电线的横截面面积为 $0.3mm^2$，颜色为红/黑色。其中，斜杠前面的颜色为导线的底色（基色），色条比较宽；斜杠后面的颜色为导线的彩色，色条比较窄。

表5-12　导线颜色代号

英文缩写	颜色	色标	英文缩写	颜色	色标	英文缩写	颜色	色标
B	黑色		L	蓝色		R	红色	
Br	棕色		Lg	浅绿色		W	白色	
G	绿色		O	橙色		Y	黄色	
Gr	灰色		P	粉红色		—	—	—

三、线束识别标记及导线插接器的识别

1. 线束识别标记

根据导线的不同位置，把线束分成以下几类，见表5-13。

表 5-13　线束识别标记

线 束 名	位 置	符 号
主、车顶、底板	室内	M
发动机线束	发动机室	E
仪表板罩线束	仪表板罩防撞装饰板	I
控制线束	发动机室	C
车门线束	车门	D
后、行李舱盖、行李舱、燃油泵线束	车辆尾部/行李舱	R
安全气囊、空调线束	室内鼓风机电机位置	A

2. 导线插接器识别

导线插接器识别代号由线束位置识别代号和导线插接器识别代号组成。导线插接器位置参考线束布置图（见图 5-56～图 5-59）。

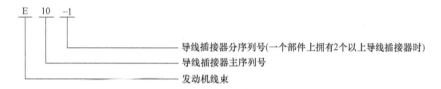

图 5-56　线束与部件间的连接

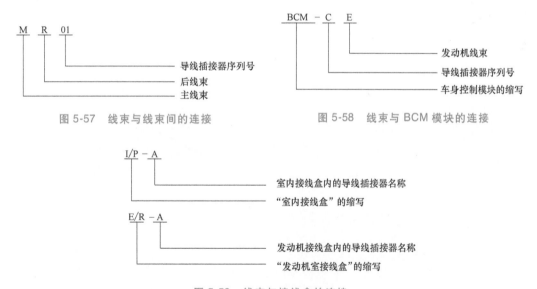

图 5-57　线束与线束间的连接　　　　图 5-58　线束与 BCM 模块的连接

图 5-59　线束与接线盒的连接

四、电路图的识读方法

以北京现代 2011 款索纳塔安全气囊部分电路为例，介绍现代车系电路图的识读方法，如图 5-60 所示。

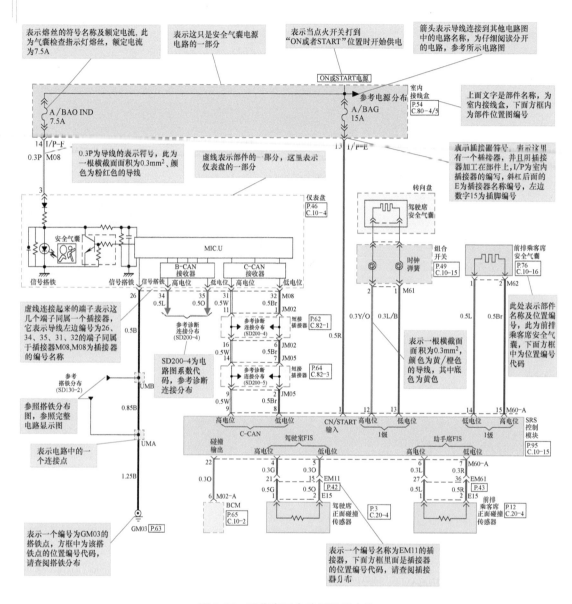

图 5-60 现代车系电路图识读方法

五、现代车系电路图的识读示例

2011 款索纳塔电动车窗电路（未配备 IMS）如图 5-61 所示。

电动车窗电路由电动车窗开关、电动车窗模块、电动车窗继电器和电动车窗电动机等组成。车窗有驾驶席主车窗、前排乘客席车窗、左后乘客车窗和右后乘客车窗 4 个，其控制方式基本相同，下面以前排乘客未配备 IMS 的车窗为例讲解电动车窗的控制电路的识读。

1）常时电源通过 60A 熔丝 B+3 向安全电动车窗模块供电，电路回路如下：

常时电源→60A 熔丝 B+3→I/P-C 的 1#→25A 熔丝 SAFETY P/WDW→I/P-A 的 13#→FD01 的 26#→安全电动车窗模块插接器 D04 的 3#，如图 5-61a 所示。

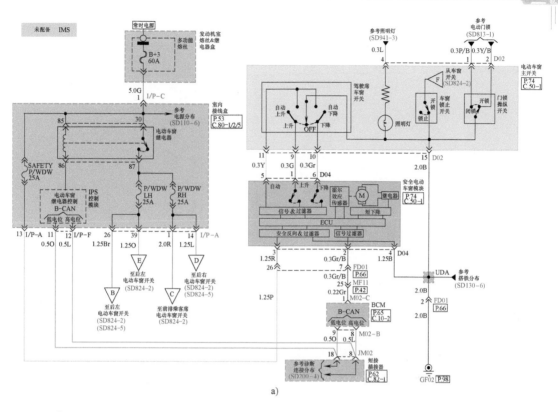

a)

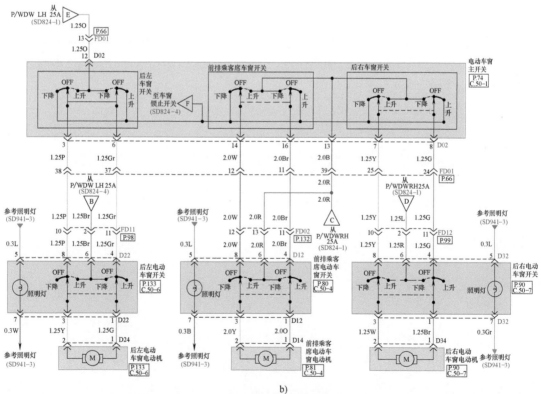

b)

图 5-61　2011 款索纳塔电动车窗电路（未配备 IMS）

2）常时电源通过 60A 熔丝 B+3 向电动车窗继电器和各控制开关供电，电路回路如下：

① 常时电源→60A 熔丝 B+3→I/P-C 的 1#→电动车窗继电器 85 脚→电动车窗继电器线圈→电动车窗继电器 86 脚→IPS 控制模块。

② 常时电源→60A 熔丝 B+3→I/P-C 的 1#→电动车窗继电器 30 脚→电动车窗继电器开关触点→电动车窗继电器 87 脚→25A 熔丝 P/WDW LH 和 25A 熔丝 P/WDW RH→各车窗控制开关。

3）D04 的 4#为安全电动车窗模块搭铁端子。

1. 驾驶席电动车窗控制开关

驾驶席电动车窗控制开关如 5-62 所示。驾驶席电动车窗控制开关有控制其他车窗的功能，也可以通过锁止开关，让其他各车窗的开关失效。

2. 后排乘员侧电动车窗控制开关

后排乘员侧电动车窗控制开关如图 5-63 所示。后排乘员侧电动车窗控制开关只能在电动车窗主开关的车窗锁止开关未锁止状态下。控制后排乘员侧电动车窗的升降。

图 5-62　驾驶席电动车窗控制开关

图 5-63　后排乘员侧电动车窗控制开关

3. 控制电路

（1）使用驾驶席电动车窗控制开关控制前排乘客席车窗　当点火开关打到 ACC 位或 ON 位时，IPS 控制模块通过 B-CAN 总线和 BCM 模块进行通信，控制电动车窗继电器线圈接地，使电动车窗继电器开关触点闭合。

电动车窗继电器开关触点闭合后，如图 5-61a 所示。当操作前排乘客席车窗上升时，常时电源通过 60A 熔丝 B+3 向各车窗控制开关供电。当车窗锁止开关处在开锁状态时，电路控制回路：常时电源→60A 熔丝 B+3→I/P-C 的 1#→电动车窗继电器 30 脚→电动车窗继电器开关触点→电动车窗继电器 87 脚→25A 熔丝 P/WDW RH→I/P-A 的 1#→FD01 的 39#（见图 5-61b 断线连接符号 C）→电动车窗主开关插接器 D02 的 13#→电动车窗主开关的前排乘客席开关上升触点→D02 的 14#→FD01 的 12#→FD02 的 12#→前排乘客席电动车窗开关插接器 D12 的 8#→D12 的 3#→前排乘客席车窗电动机插头→D14 的 2#→前排乘客席车窗电动机→D14 的 1#→D12 的 1#→D12 的 4#→FD02 的 11#→FD01 的 11#→D02 的 16#→电动车窗主开关的前排乘客席开关右边的上升触点、车窗锁止开关开锁触点（见图 5-61a 断线连接符号 F）→D02 的 15#→UDA 连接点→FD01 的 2#→GF02 搭铁点搭铁。电动机正转，车窗玻璃上升。当操作前排乘客席车窗下降时，电路回路正好相反，电动机反转，车窗玻璃下降。

（2）使用前排乘客席车窗开关控制前排乘客席车窗　如图 5-61a 所示。当操作前排乘客席车窗上升时，常时电源通过 60A 熔丝 B＋3 向各车窗控制开关供电。当车窗锁止开关处在开锁状态时，电路控制回路：常时电源→60A 熔丝 B＋3→I/P-C 的 1#→电动车窗继电器 30 脚→电动车窗继电器开关触点→电动车窗继电器 87 脚→25A 熔丝 P/WDW RH→I/P-A 的 1#→FD01 的 39#（见图 5-61b 断线连接符号 C）→前排乘客席电动车窗开关插接器 D12 的 6#→前排乘客席电动车窗开关上升触点→D12 的 3#→前排乘客席车窗电机插头 D14 的 2#→前排乘客席车窗电动机→D14 的 1#→D12 的 1#→D12 的 4#→FD02 的 11#→FD01 的 11#→D02 的 16#→电动车窗主开关的前排乘客席开关右边的上升触点→车窗锁止开关开锁触点（见图 5-61a 断线连接符号 F）→D02 的 15#→UDA 连接点→FD01 的 2#→GF02 搭铁点。电动机正转，车窗玻璃上升。当操作前排乘客席车窗下降时，电路回路正好相反，电动机反转，车窗玻璃下降。在按下车窗开关的同时，相应的车窗开关照明灯也会亮起。

第六节　国产车系电路图的识读

一、奇瑞车系电路图的识读规范

1. 奇瑞车系电路图导线颜色代码
奇瑞车系电路图导线颜色代码见表 5-14。

表 5-14　奇瑞车系电路图导线颜色代码

英文简写	颜色	色标	英文简写	颜色	色标	英文简写	颜色	色标
B	黑色		P	粉红色		Gr	灰色	
W	白色		Br	棕色		O	橙色	
R	红色		L	蓝色		Y	黄色	
G	绿色		V	紫色		Lg	线绿色	

2. 奇瑞车系电路图常见图形符号
奇瑞车系电路图中常用图形符号见表 5-15。

表 5-15　奇瑞车系电路图中常用图形符号

符　号	含　义	符　号	含　义
	电路连接	 M	直流电动机
	插接件	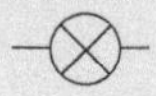 ⊗	灯泡
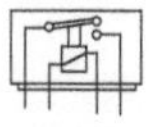	继电器	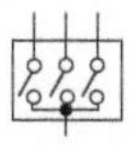	开关控制
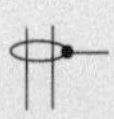	屏蔽线	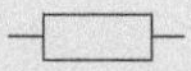	电阻元件

（续）

符　号	含　义	符　号	含　义
〰	双绞线	电磁线圈	电磁线圈
⫞	双绞线	发光二极管	发光二极管
⊥	搭铁	点触式按键	点触式按键
点触式按键	点触式按键	自锁式按键	自锁式按键

3. 奇瑞车系电路图的识读示例

奇瑞车系电路图识读示例如图 5-64 所示。

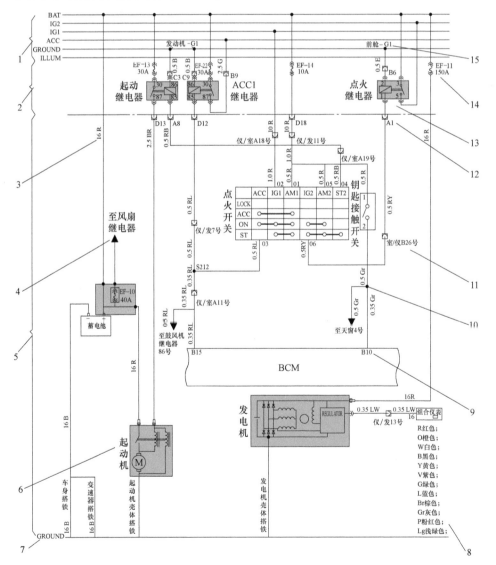

图 5-64　奇瑞车系电路图识读示例

图中说明如下：

1——电源及搭铁线说明（参照前舱电器盒与室内电器盒电路图）。

2——在电路图上，这个区域内的熔丝与继电器都在前舱电气盒上。

3——导线规格和颜色，见表5-14。

4——至某元件：表示该处与某元件的某个针脚相连，例如至鼓风机继电器86号，指的是该处与鼓风机继电器86号相连。

5——在电路图上，这个区域内的熔丝与继电器都在室内电气盒上（个别的除外，将另做说明），例如RF-03，指的是室内电气盒上的3号熔丝。

6——该处表示元器件的名称。

7——GROUND：搭铁线，包括发动机搭铁、变速器搭铁及车身搭铁，此线在实际线束中并不存在。

8——该处是导线颜色的详细说明。

9——该处表示元件的针脚号。

10——该处为一节点，表示几条线在此处汇为一条线。

11——线束与线束之间连接的插件端子，例如，室/仪B3号中，室/仪B表示室内线束和仪表线束连接的B插件，3号表示第3个端子。

12——前舱电气盒上的插件端子，例如A1表示前舱电器盒A插件1号端子。

13——该处为前舱电气盒内继电器外形图。

14——该处为前舱电气盒内熔丝号及允许通过的最大电流，例如，EF-11 150A表示前舱电气盒内11号熔丝，允许通过的最大电流为150A。

15—搭铁点的位置标示，例如，发动机-G1表示发动机线束上的第一个搭铁点。

二、长安车系电路图的识读规范

1. 长安车系电路图导线颜色代码及插头编号

长安车系电路图中的导线同样分为单色和双色导线。导线颜色代码见表5-16。双色导线的第一个字母为导线底色，第二个字母为条纹色，中间用"／"分隔。例如，标注为YE/WH的导线即为黄色色底、白色条纹。

表5-16　长安车系电路图导线颜色代码

英文简写	颜色	色标	英文简写	颜色	色标
BK	黑色		OG	橙色	
BN	棕色		PK	粉色	
BU	蓝色		PD	红色	
GN	绿色		SR	银色	
GY	灰色		VT	紫色	
LG	浅绿色		WH	白色	
LU	浅蓝色		YE	黄色	

电路图中的线束接头编号规则以线束为基础。例如，发动机线束中的ECM线束接头编号为E01，其中，E为线束代码，01为接头序列号。详细的各代码代表的线束见表5-17。

表 5-17　长安车系电路图线束及代码对照

代码	线束名称	代码	线束名称
CA	发动机舱线束	S-	地板线束插头
C-	发动机舱线束插头	DR	门线束
EN	发动机线束	D-	门线束插头
E-	发动机线束插头	RF	室内灯（顶棚）线束
IP	仪表板线束	L-	室内灯（顶棚）线束插头
P-	仪表板线束插头	X	线束与线束插头
SO	地板线束	—	—

2. 长安车系电路图图形符号

长安车系电路图中常见的图形符号见表 5-18。

表 5-18　长安车系电路图中常见的图形符号

符　号	含　义	符　号	含　义	符　号	含　义
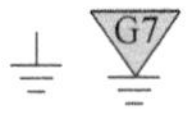	接地	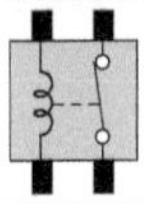	常闭继电器	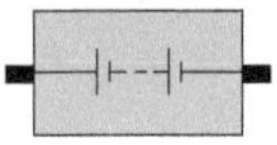	蓄电池
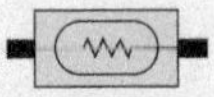	温度传感器	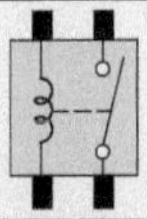	常开继电器		电容
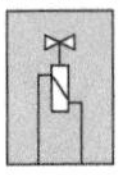	电磁阀	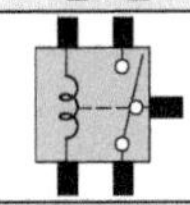	双掷继电器	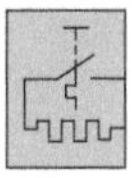	点烟器
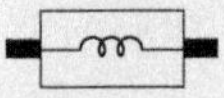	电磁阀	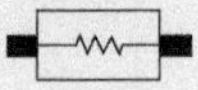	电阻		天线
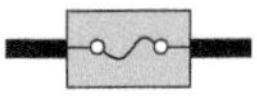	小负载熔丝	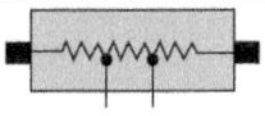	电位计	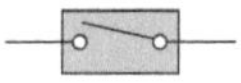	常开开关
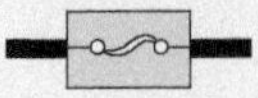	中负载熔丝	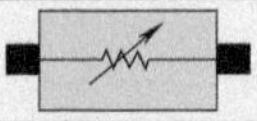	可变电阻器	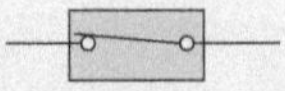	常闭开关
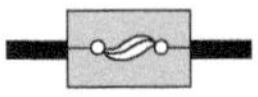	大负载熔丝	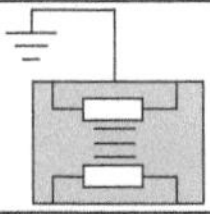	点火线圈	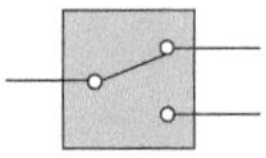	双掷开关
	加热器	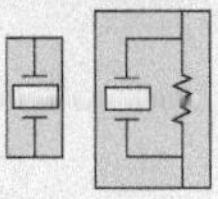	爆燃传感器		二极管
	光敏二极管		发光二极管		电机
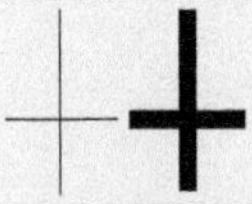	未连接交叉线路	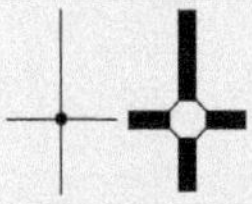	相连接交叉线路	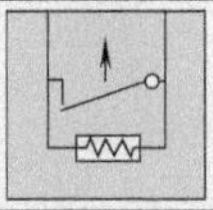	安全气囊
	时钟弹簧		灯泡		双绞线
	喇叭	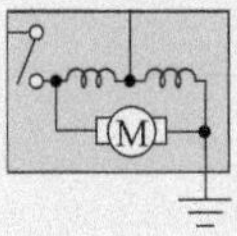	起动机	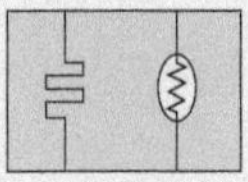	氧传感器
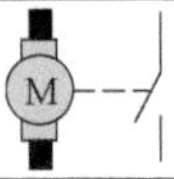	限位开关		—		—

3. 长安车系电路图识读示例

长安车系电路图识读示例如图 5-65 所示。

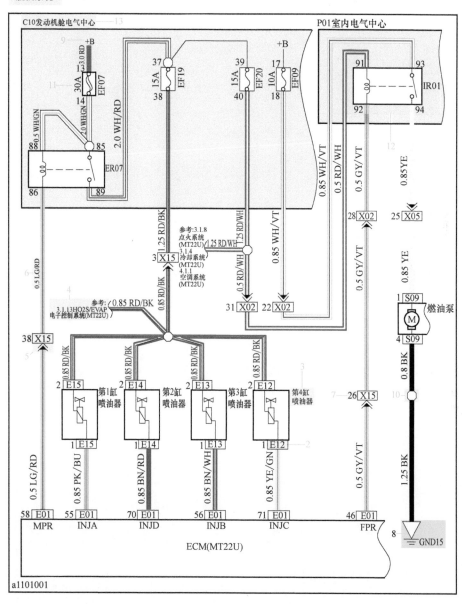

图 5-65　长安车系电路图识读示例

图中说明如下：

1——系统名称。

2——线束插头编号，详见表 5-17。

3——部件名称。

4——显示此电路连接的相关系统信息。

5——线束与线束插头，黑色箭头表示该插头的阳极，方框部分表示该插头的阴极，方框内的内容表示该插头的代码。

6——显示导线颜色及线径，颜色代码见表 5-16。

7——显示插接件的端子编号，注意相互插接的线束插头端子编号顺序互为镜像，如图 5-66a 所示。

8——接地点编号，以 G 开头的序列编号标识。

9——供给熔丝上的电源类型，+B 表示蓄电池电源，ACC 表示点火开关处于"ACC"位时的电源输出，IG1 表示点火开关处于"ON"位时的 4 号端子输出，IG2 表示点火升关处于"ON"位时的 1 号端子输出。

10——导线节点，不带黑色圆点或空心八边形的为未连接交叉线路，带黑色圆点或空心八边形的为相连接交叉线路，如图 5-66b 所示。

11——熔丝编号，由熔丝代码和序列号组成，位于发动机舱的熔丝代码为 EF，室内熔丝代码为 IF，熔丝编号详细参见熔丝列表。

12——继电器编号，用两个大写英文字母标识，位于发动机舱的继电器代码为 ER，室内继电器代码为 IR，详细参见继电器列表。

13——灰色阴影填充表示电气中心，P01 表示电气中心线束插头代码。

在电路图中，如果由于车型、发动机类型或者配置不同而造成相关电路设计不同，在电路图中用虚线标示，并在电路旁添加说明，如图 5-66c 所示。双绞线主要用于传感器的信号电路或数据通信电路，如图 5-66d 所示。

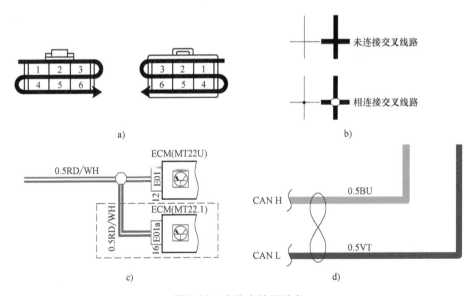

图 5-66　电路中的特殊点

a) 插接器端子编号　b) 导线节点　c) 配置不同的电路　d) 双绞线示意图

三、通用五菱、宝骏车系电路图的识读规范

1. 通用五菱、宝骏车系电路图图形符号

通用五菱、宝骏车系常见的电路图图形符号见表 5-19。

表 5-19　通用五菱、宝骏车系常见的电路图图形符号

符　号	含　义	符　号	含　义
BAT+ ACC IGN1 IGN2	电压指示,表示熔丝在不同情况下的不同供电方式	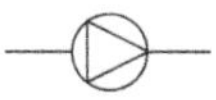	发光二极管
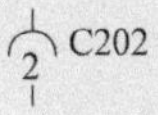 C202	直列式线束插接器	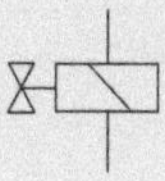	电磁阀
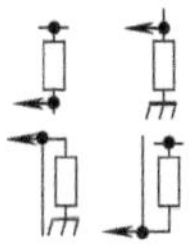	输入/输出电阻器		电阻丝
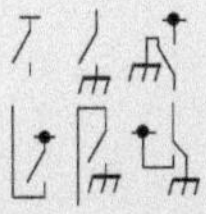	输入/输出开关		感应线圈
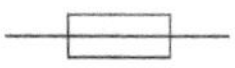	熔丝	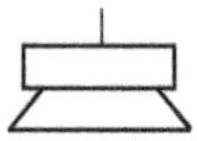	喇叭
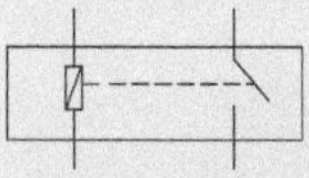	继电器		二极管
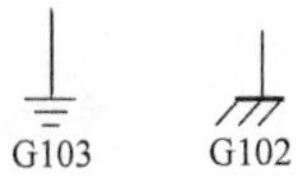 G103　G102	接地		灯泡
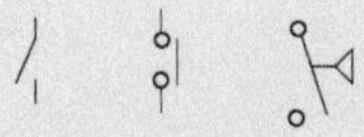	开关		电机
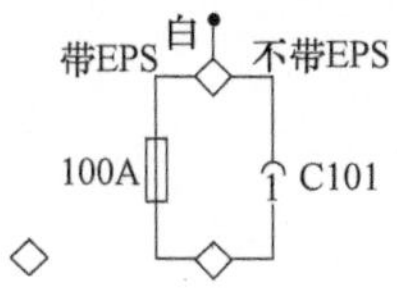 带EPS 白 不带EPS 100A C101	不同配置选择	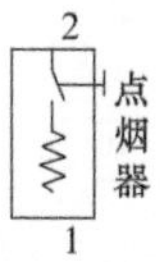	点烟器

2. 通用五菱、宝骏车系电路图识读示例

通用五菱、宝骏车系电路图识读示例如图 5-67 所示。

四、长城车系电路图的识读规范

1. 熔丝盒与电源说明

长城车系电路图采用上方供电方式，30a、30b、30c、15a、15b、15c、X 线分布在电路的上方。仪表板左侧内部的熔丝盒为 1 号熔丝盒，发动机舱左侧内部的熔丝盒为 2 号熔丝盒。

30a 代表常电源线，来自蓄电池正极熔断器盒（60A）。

30b 代表常电源线，来自蓄电池正极熔断器盒（120A）。

30c 代表常电源线，来自蓄电池正极熔断器盒（120A）。

15a 代表小容量电器的电源线，在点火开关处于"ON"时，由点火开关 IG1 直接供电。

15b 代表小容量电器的电源线，在点火开关处于"ON"时，由点火开关 IG2 直接供电。

15c 代表小容量电器的电源线，在点火开关处于"ON"时，由 IG 继电器供电。

X 代表接小容量电器的电源线，当点火开关处于"ACC"时，由 ACC 继电器供电。

2. 导线颜色

长城车系电路图中分单色线和双色线两种。单色线的颜色标注直接使用表 5-20 所示的英文简写；双色线的颜色标注，第一位为主色，第二位为辅色。

3. 电路图识读示例

长城车系电路图识读示例如图 5-68 所示。

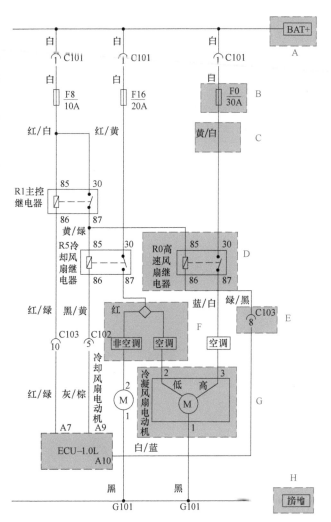

图 5-67 五菱、宝骏车系电路图识读示例

A—顶部水平线：电源线，电源线种类有 BAT+、IGN1、IGN2、ACC 共 4 种，具体参考供电方式，BAT+ 为蓄电池供电（IGN1 为点火开关在"ON"或"START"，IGN2 为点火开关在"ON"（N109）或"START"（N111）位置，ACC 为点火开关在"ACC"或"ON"位置）　B—熔丝规格及其名称　C—线束颜色　D—继电器及其名称　E—线束插接件（C101~C401）C103 的 8 号针脚，参考整车布局图　F—同一平台车型的不同配置的不同接线方式　G—各用电器（用电器名称，针脚号）　H—底部水平线：接地线，接地位置有 G101~G302，参考整车布局图

表 5-20　长城车系电路图导线颜色代码

英文简写	颜　色	色　标	英文简写	颜　色	色　标
B	黑色		Br	棕色	
G	绿色		Lg	浅绿色	
BL	蓝色		R	红色	
V	紫色		Or	橘黄色	
W	白色		Y	黄色	
P	粉红色		Gr	灰色	

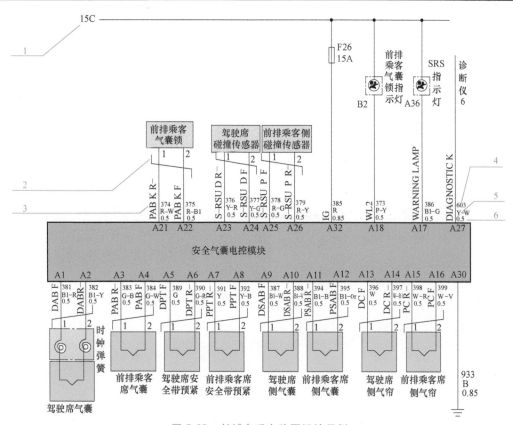

图 5-68　长城车系电路图识读示例

图中说明如下:

1——供电信息,15C 为小容量电器的电源线,在点火开关处于"ON"时,由 IG 继电器供电。

2——屏蔽线。

3——信号标识。

4——电路代码。

5——导线颜色(见表 5-20)。

6——导线线径（单位为 mm^2）。

五、吉利车系电路图的识读规范

1. 吉利车系电路图中常见的图形符号

吉利车系电路图中常见的图形符号见表5-21。

表 5-21　吉利车系电路图中常见的图形符号

符　号	含　义	符　号	含　义	符　号	含　义
	接地		常闭继电器		蓄电池
	温度感应器		常开继电器		电容
	短接片		双掷继电器		点烟器
	电磁阀		电阻		天线
	小负载熔丝		电位计		常开开关
	中负载熔丝		可变电阻器		常闭开关
	大负载熔丝		点火线圈		双掷开关
	加热器		爆燃传感器		点火开关
	二极管		灯泡		双绞线
	光敏二极管		发光二极管		线路走向
	电机		限位开关		喇叭
	起动机		风扇总成		电磁阀
	氧传感器		安全带预紧器		安全气囊
	低速风扇继电器		未连接交叉线路		相连接交叉线路

2. 导线颜色及插接器编号

吉利车系电路图中导线颜色采用单双色，单色线颜色代码见表 5-22。如果导线为双色线，则第一个字母为导线底色，第二个字母为条纹色，中间用"/"分隔。

表 5-22 吉利车系电路图导线颜色代码

英文简写	颜 色	色 标	英文简写	颜 色	色 标
B	黑色		Y	黄色	
Gr	灰色		G	橙色	
Br	棕色		W	白色	
L	蓝色		V	紫色	
G	绿色		P	粉色	
R	红色		Lg	草绿色	
C	浅蓝色		—	—	—

吉利车系电路图中的线束插接器的编号规则以线束为基准。例如，发动机线束中的冷却液温度传感器线束插接器编号为 EN23，其中，EN 为线束代码，23 为插接器序列号。电路图中各代码与其代表的线束对照见表 5-23。

表 5-23 各代码与其代表的线束对照

代码	线 束 名 称
CA	发动机舱线束
EN	发动机线束（JL4G18D +联电系统）
EO	发动机线束（JL4G15G，JL4G18D +德尔福系统）
EC	发动机线束（JL-4G18N +联电系统）
ED	发动机线束（JL4G18G）
EM	发动机线束（JL-4G15N）
EB	发动机线束（JL-4G18N +德尔福系统）
IP	仪表板线束
SO	底板线束
DR	门线束
RF	室内灯（顶棚）线束

3. 吉利车系电路图识读示例

吉利车系电路图识读示例如图 5-69 所示。

图中说明如下：

1——系统名称。

2——线束插接器编号（见表 5-23）。

3——部件名称。

4——显示与此电路连接的相关系统信息。

5——插头间连接采用细实线，并用灰色阴影覆盖，用于与物理线束进行区别，物理线束用粗实线表示，颜色与实际导线颜色一致。

6——导线颜色（见表 5-22）。

7——插接件的端子编号，注意相互插接的线束插接器端子。

前刮水器——1

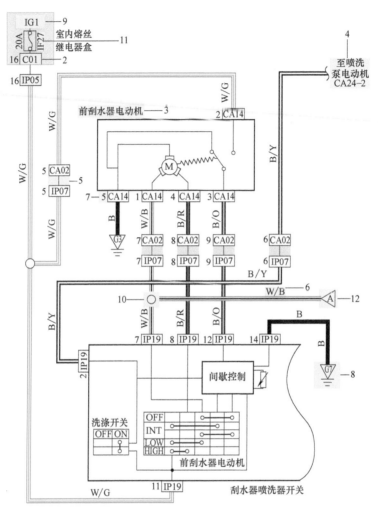

图 5-69 吉利车系电路图识读示例

8——接地点编号，接地点除发动机线束接地点以 P 开头外，其余以 G 开头的序列编号标识。

9——供给熔丝上电源类型。

10——导线节点。

11——熔丝编号由熔丝代码和序列号组成，位于发动机舱的熔丝代码为 EF，室内熔丝代码为 IF。

12——如果一个系统内容较多，电路需要用多页表示时，电路起点用 ▰▻ 表示，电路到达点则用 ▰▻ 表示，如一张图中有一条以上的线路转入下页，则分别以 B、C 等字母表示，以此类推。

在电路图中，继电器编号，用单个英文字母标识。如果由于车型、发动机类型或者配置不同而造成相关电路设计不同，在电路图中用虚线标示，并在电路旁添加说明。双绞线主要用于传感器的信号电路或数据通信电路。

第六章

汽车车身电气系统电路图的识读

第一节　电源起动系统电路图的识读

一、大众新款车系车载电网控制模块 J519

1. J519 车载电网控制模块的功能

随着汽车上的用电设备越来越多，供电管理也就变得越来越重要。各品牌汽车都在优化供电管理。大众新款车系就使用了 J519 车载电网控制模块（又称车载电网控制单元）来统一管理整车的供电。前面章节的开关、配电器盒相关内容中已经讲述过 J519 控制点火开关的原理，这里介绍其控制其他部分供电功能。

大众车系车载电网控制模块 J519 一般安装在仪表板左下方，并与继电器支架构成一个单元。J519 供电负载管理见表 6-1。电能管理的任务是确保蓄电池有足够最少的能力来起动起动机。

表 6-1　J519 供电负载管理

管理模式 1	管理模式 2	管理模式 3
15 号线接通并且发电机处于工作状态	15 号线接通并且发电机处于停机状态	15 号线断开并且发电机处于停机状态
如果蓄电池电压低于 12.7V，则控制单元要求发动机的急速提升 如果蓄电池的电压低于 12.2V，则以下的用电器将被关闭： ①座椅加热 ②后风窗加热 ③后视镜加热 ④转向盘加热 ⑤脚坑照明 ⑥门内把手照明 ⑦全自动空调耗能降低或空调关闭 ⑧信息娱乐系统	如果蓄电池的电压低于 12.2V，则以下的用电器将被关闭： ①空调耗能降低或空调关闭 ②脚坑照明 ③门内把手照明 ④上/下车灯 ⑤离家功能 ⑥信息娱乐系统	如果蓄电池的电压低于 11.8V，则以下的用电器将被关闭： ①车内灯 ②脚坑照明 ③门内把手照明 ④上/下车灯 ⑤离家功能 ⑥信息娱乐系统

注：1. 这 3 种管理模式的不同之处在于，用电器被关闭的次序不同。

　　2. 如果关闭的条件取消，用电器将会被重新激活。

　　3. 如果用电器因为电能管理的原因被关闭，则 J519 中有故障存储。

J519 还具有以下控制功能：

1）带灯泡监控的外部灯控制灯泡故障。将通过相应的指示灯或在组合仪表中以文本的方式显示出来。

2）舒适照明具备以下功能：

① Coming Home——"回家"模式。汽车车门关闭以后，通过汽车上的照明装置照亮汽车周围的环境。

② Leaving Home——"离家"模式。如果用无线遥控器开锁，则在选定时间通过汽车上的照明装置照亮汽车周围环境。

③ 可调节亮度的仪表板照明。

④ 变速杆照明灯。

3）车内灯控制。向车内灯供电的端子 30G 是通过车载电网控制接通的。

4）燃油泵供电。在打开驾驶人车门时，车载电网控制单元向电子燃油泵供电。在发动机起动之后，由发动机控制单元进行供电。

5）风窗玻璃刮水器。将 CAN 数据总线信号从车载电网控制单元传输到刮水器电动机控制单元。

6）后风窗玻璃刮水器：

① 在挂入倒车档时，后风窗刮水器被激活（使用于派生车型）。

② 风窗玻璃和后风窗玻璃喷洗泵。

③ 转向信号灯控制。

④ 电器负载管理。

7）电压低于 11.8V 时关闭，与途安相同：

① 车外灯控制。

② 可加热后风窗玻璃。

③ 可加风窗玻璃。

④ 端子控制。

车载电网控制单元通过 X 触点卸荷继电器来控制端子 75x。在电控箱中，通过端子 15 供电继电器控制端子 15；通过端子 50 供电继电器控制端子 50。

2. J519 车载电网控制单元中 J59 X 触点卸荷继电器电路工作原理

X 触点卸荷继电器电路如图 6-1 所示。当点火开关打开到 KEY-ON 时，J519 车载电网控制单元控制 I59 X 触点卸荷继电器中继电器线圈通电。此时，继电器内触点导通。

电流流向：熔丝架 B 上的熔丝 SB29→电控箱上 40 芯插头 T40/2→2 芯棕色插头 T2cp/1→J59 X 触点卸荷继电器→2 芯棕色插头 T2cp/2→熔丝架 C 上的熔丝 SC40 与 SC42。

3. J519 车载电网控制单元中 J329 15 供电继电器电路工作原理

15 供电继电器工作电路如图 6-2 所示。当 J519 车载电网控制单元接收到点火开关传来的已打开到 ON 位信号时，J519 控制 J329 接线端 15 供电继电器线圈通电。此时，继电器内触点导通。

电流流向：熔丝架 B 上的熔丝 SB30→电控箱上 40 芯插头 T40/4 端子→2 芯黑色插头 T2cq/1→电路 a→J329 接线端 15 供电继电器内触点→2 芯黑色插头 T2cq/2→熔丝架 C 上的各熔丝（SC1、SC4、SC5、SC7、SC24 等）。

4. J519 车载电网控制单元中 J4 双音喇叭继电器控制电路图工作原理

双音喇叭继电器电路如图 6-3 所示，当 J519 车载电网控制单元接收到喇叭开关被按下的信号后，控制 J4 双音喇叭继电器中的线圈通电。此时，继电器内触点导通。

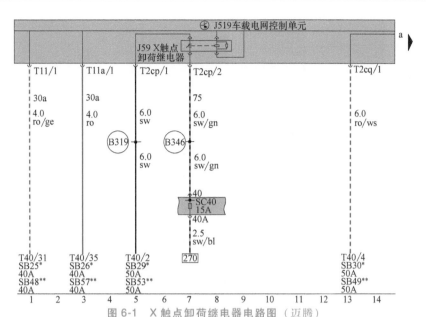

图 6-1　X 触点卸荷继电器电路图（迈腾）

SB25—熔丝架 B 上的熔丝 25　SB26—熔丝架 B 上的熔丝 26　SB29—熔丝架 B 上的熔丝 29　SB30—熔丝架 B 上的熔丝 30
SB57—熔丝架 B 上的熔丝 57　SB48—熔丝架 B 上的熔丝 48　SB49—熔丝架 B 上的熔丝 49　SB53—熔丝架 B 上的熔丝 53
SC40—熔丝架 C 上的熔丝 40　T2cp—2 芯棕色插头连接　T2cq—2 芯黑色插头连接　T11—11 芯黑色插头连接　T11a—11 芯棕色
插头连接　T40—40 芯插头连接，在电控箱上　B319—正极连接 5（30a），在主线束中　B346—连接 1（75），在主线束中

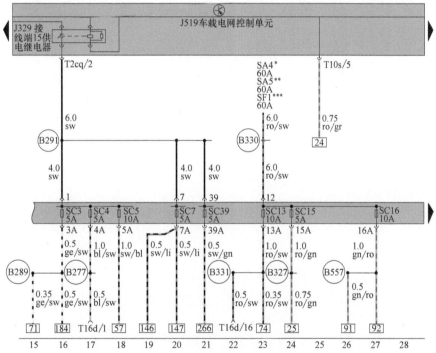

图 6-2　15 供电继电器工作电路图

B277—正极连接 1（15a），在主线束中　B289—正极连接 13（15a），在主线束中　B291—正极连接 15（15a），在主线束中
　B327—正极连接 13（30a），在主线束中　B330—正极连接 16（30a），在主线束中　SF1—熔丝架 F 上的熔丝 1
T2cq—2 芯黑色插头连接　T10s—10 芯黑色插头连接　T16d—16 芯插头连接，自诊断接口　＊—熔丝，在电控箱 Low 中
＊＊—熔丝，在电控箱 High 中　＊＊＊—仅限于带后部蓄电池的汽车　B331—正极连接 17（30a），在主线束中
B557—正极连接 21（30a），在主线束中　SA4—熔丝架 A 上的熔丝 4　SA5—熔丝架 A 上的熔丝 5　SC3—熔丝架 C 上的熔丝 3
　SC4—熔丝架 C 上的熔丝 4　SC5—熔丝架 C 上的熔丝 5　SC7—熔丝架 C 上的熔丝 7　SC13—熔丝架 C 上的熔丝 13
　　SC15—熔丝架 C 上的熔丝 15　SC16—熔丝架 C 上的熔丝 16　SC39—熔丝架 C 上的熔丝 39

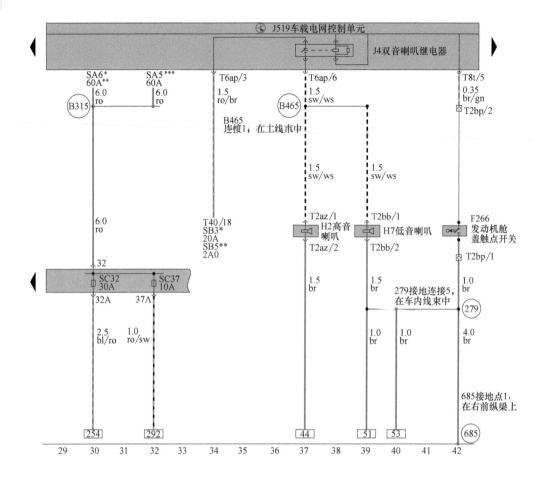

图 6-3　双音喇叭继电器电路原理

B315—正极连接 1（30a），在主线束中　SA5—熔丝架 A 上的熔丝 5　SA6—熔丝架 A 上的熔丝 6

SB3—熔丝架 B 上的熔丝 3　SB5—熔丝架 B 上的熔丝 5　SC32—熔丝架 C 上的熔丝 32

SC37—熔丝架 C 上的熔丝 37　T2az—2 芯插头连接　T2ba—2 芯黑色插头连接　T2bb—2 芯插头连接

T6ap—6 芯插头连接　T8t—6 芯黑色插头连接　T40　40 芯插头连接，在电控箱上

*—熔丝，在电控箱 Low 中　**—熔丝，在电控箱 High 中　***—仅限于带后部蓄电池的汽车

电流流向：T6ap/3→J4 双音喇叭继电器触点→T6ap/6→T2az/1→H2 高音喇叭→T2az/2→左前纵梁上接地点 3 搭铁；T6ap/3→J4 双音喇叭继电器触点→T6ap/6→T2bb/1→H7 低音喇叭→T2bb/2→右前纵梁上接地点 1 搭铁。

5. J519 车载电网控制单元中 J9 加热式后风窗玻璃继电器控制电路图工作原理

J9 加热式后风窗玻璃继电器电路如图 6-4 所示。当 J519 接收到后风窗玻璃加热开关传送来的接通信号后，控制 J9 加热式后风窗玻璃继电器线圈中有电流通过，此时继电器触点吸合，电流流过后风窗加热器，使其工作。

电流流向：熔丝 SC32→T 10s/6→J9 加热式后风窗玻璃继电器→T10s/1→T 1y→Z1 加热式后风窗玻璃→搭铁。

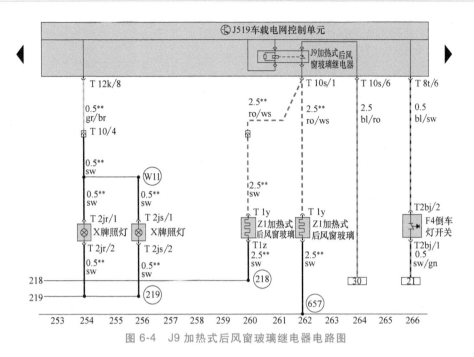

图 6-4 J9 加热式后风窗玻璃继电器电路图

二、充电系统电路图的识读

充电系统电路包括交流发电机工作电路（即发电机励磁电路、整流电路及电压调节器工作电路）、充电电路（充电电路在"3. 充电系统电路识读示例"中进行介绍）及充电指示灯控制电路等。

1. 发电机工作电路

现代汽车发电机均采用硅整流交流发电机，主要由转子、定子、整流器及附件（电压调节器、充电指示灯、电流表、电压表）等组成。硅整流交流发电机按定子绕组的连接方式分为星形联结（简称丫联结）和三角形联结（简称△联结）两种，如图 6-5 所示。

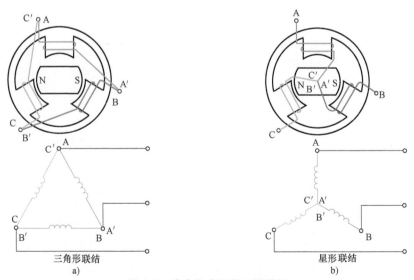

图 6-5 发电机定子绕组的联结

a) 三角形联结 b) 星形联结

硅整流交流发电机要输出稳定的电压，需电压调节器进行调节，电压调节器调节发动机输出电压的实质是通过调节交流发电机的励磁电流来间接地调节交流发电机的输出电压的，因此电压调节器的作用是作为一个自动控制的开关（或晶体管等电子开关）串联在励磁绕组的回路中，自动调节励磁绕组中电流的大小，按电压调节器在励磁回路中安装位置的不同，将交流发电机和电压调节器分为内搭铁和外搭铁两种类型。励磁绕组的一端经集电环和电刷在发电机端盖上直接搭铁的发电机称为内搭铁型发电机，如图 6-6a 所示，与之配用的电压调节器称为内搭铁型调节器；励磁绕组的两端均与发电机外壳绝缘，其中一端由集电环和电刷输出经电压调节器后搭铁的发电机称为外搭铁型发电机，如图 6-6b 所示，与之配用的电压调节器称为外搭铁型调节器；在汽车交流发电机中，按使用的整流二极管的数量不同，分为 6 管、8 管、9 管、11 管及双整流系统的 12 管等。

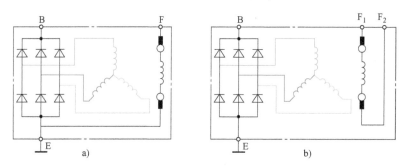

图 6-6　交流发电机的搭铁形式

a）内搭铁型交流发电机　b）外搭铁型交流发电机

6 管整流发电机采用 6 个二极管组成三相桥式全波整流，将三相交流发电机输出的三相交流电变成直流电输出，如图 6-7a 所示。

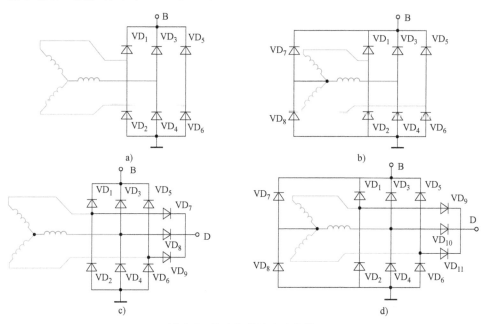

图 6-7　发电机整流电路类型

a）6 管　b）8 管　c）9 管　d）11 管

8 管整流发电机除采用其中 6 个二极管组成三相桥式全波整流输出外，另外增加 2 个中性点二极管，其中 1 只正极二极管 VD_7 接在交流发电机三相绕组的中性点和正极间，另一只负极二极管 VD_8 接在交流发电机三相绕组的中性点和负极间，对中性点的交流成分进行整流并输出，在中高速时，提高交流发电机的输出功率，如图 6-7b 所示。

9 管整流发电机除采用其中 6 个整流二极管组成三相桥式全波整流输出外，另外增加 3 个小功率磁场二极管与 3 个大功率负极二极管也组成三相桥式全波整流电路，用来专门提供励磁电流和控制充电指示灯，因此称 3 只小功率二极管（$VD_7 \sim VD_9$）为磁场二极管，如图 6-7c 所示。

11 管整流发电机综合了上述中性点二极管和专门的磁场二极管的优点，使交流发电机的性能更好，如图 6-7d 所示。

2. 电压调节器的作用和类型

发电机电压调节器的作用是在交流发电机转速变化时，通过调节发电机励磁绕组励磁电流的大小，使发电机的输出电压保持稳定，从而防止发电机输出电压过高而烧坏用电设备和导致蓄电池过量充电，同时也防止发电机输出电压过低而导致用电设备工作失常和蓄电池充电不足。

电压调节器按构成元器件性质不同可分为触点式（电磁振动式）和电子式两种，现在常用的主要是电子式。电子式电压调节器又分为晶体管调节器和集成电路调节器。电子式电压调节器按交流发电机搭铁形式的不同又可分为内搭铁型和外搭铁型两种，内搭铁型发电机配用内搭铁型电压调节器，外搭铁式发电机配用外搭铁型调节器。

> ⓘ **注意**：电压调节器的搭铁形式一定要和发电机的搭铁形式相配套，当遇到两者的搭铁形式不一致时，要把交流发电机的搭铁形式改为与电压调节器的搭铁形式相一致，因为调节器的搭铁形式是无法改变的。

（1）晶体管电压调节器　晶体管电压调节器是将晶体管作为一个开关串联在发电机的磁场电路中，根据发电机输出电压的高低，控制晶体管的导通和截止，进而调节发电机励磁电流的大小，从而保持发电机输出电压稳定在规定的范围之内。图 6-8 分别为内搭铁型和外搭铁型晶体管电压调节器的工作原理图。

在图 6-8a 所示的外搭铁型晶体管电压调节器的基本电路中，大功率晶体管 VT_2 作为一个电子开关串联在交流发电机的励磁绕组端及搭铁端，因此电压调节器属于外搭铁型，所用的大功率晶体管 VT_2 通常为 NPN 型，通常也称外搭铁型电压调节器为 NPN 电压调节器；在图 6-8b 所示的内搭铁型晶体管电压调节器的基本电路中，大功率晶体管 VT_2 作为一个电子开关串联在交流发电机的励磁绕组端及电源端，因此电压调节器属于内搭铁型，所用的大功率晶体管 VT_2 通常为 PNP 型，通常也称内搭铁型电压调节器为 PNP 电压调节器。

（2）集成电路电压调节器　集成电路电压调节器也称 IC 电压调节器，其工作原理与晶体管电压调节器相同。集成电路电调节器装在发电机上，根据电压检测点的不同，可分为发电机电压检测法和蓄电池电压检测法电压调节器两种，如图 6-9 所示。

发电机电压检测法电压调节器：电压调节器的电压检测线在交流发电机上直接获得电压调节信号，图 6-9a 中加在分压器 R_2、R_3 上的电压是磁场二极管输出端 L 的电压 U_L，U_L 和发电机输出 B 端的电压 U_B 相等，检测点 P 的电压为 U_P，由于检测点 P 加在稳压二极管 VS

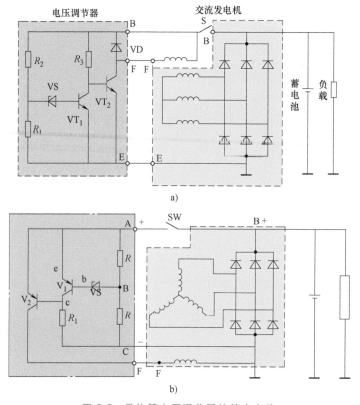

图 6-8 晶体管电压调节器的基本电路

a）外搭铁型晶体管电压调节器的基本电路   b）内搭铁型晶体管电压调节器的基本电路

两端的反向电压与发电机的端电压成正比，所以称为发电机电压检测法电压调节器。

蓄电池电压检测法：通过连接导线检测蓄电池端电压的变化来调节发电机的输出，图 6-9b 中加到分压器 R_2 和 R_3 上的电压为蓄电池端电压（通过直接连接到蓄电池上的检测线 S），由于检测点 P 加在稳压二极管 VS 上的反向电压与蓄电池端电压成正比，所以称为蓄电池电压检测法电压调节器。

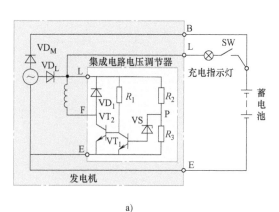

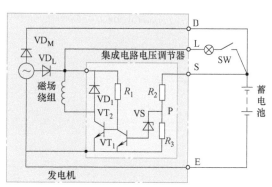

a）   b）

图 6-9 集成电路电压调节器

a）发电机电压检测法   b）蓄电池电压检测法

蓄电池电压检测法电压调节器的优点在于电压检测线直接检测蓄电池的端电压，可以随时保持蓄电池处于充足电的状态，这对于目前日益增多的汽车电气设备来说，是非常必要的。

3. 充电指示灯控制电路

（1）利用中性点电压控制充电指示灯　如图 6-10 所示，交流发电机定子绕组采用丫联结时都有一中性点 N，该点的直流平均电压与发电机的直流输出电压同步变化且为发电机输出电压的一半，所以，几乎所有采用星形接法的 6 管（或带中性点二极管的 8 管）交流发电机都是利用该点的电压，通过继电器或有关电路去控制充电指示灯的。充电指示继电器磁化线圈的一端接交流发电机的中性点，另一端搭铁，其常闭触点与充电指示灯串联。

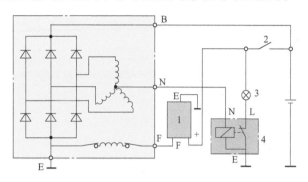

图 6-10　中性点电压控制的充电指示灯继电器电路
1—电压调节器　2—点火开关
3—充电指示灯　4—充电指示继电器

接通点火开关，若不起动发动机，发电机不运转，中性点电压为零，充电指示灯继电器不动作，其常闭触点保持闭合状态，电流分两路：蓄电池正极→点火开关→充电指示灯→充电指示继电器的常闭触点→搭铁→蓄电池负极，形成回路，充电指示灯亮，表示发电机没有运转发电，指示灯电路正常；蓄电池正极→点火开关→调节器（+→F）→电刷→励磁绕组→电刷→搭铁→蓄电池负极，给励磁绕组提供激磁电流，为发电机的发电做好准备。

起动发动机后，发电机开始运转。随着发电机输出电压的升高，当发电机输出电压超过蓄电池电压时，中性点的输出电压使充电指示继电器动作，充电指示继电器的常闭触点被吸开，切断充电指示灯回路的电流，充电指示灯熄灭，表示发电机正常发电，并向蓄电池充电。若发电机不发电或其输出电压低于蓄电池电压，发电机中性点输出电压为零或低于充电指示继电器的动作电压，其常闭触点仍然闭合，充电指示灯亮，指示蓄电池不充电。

> ⊘ 注意：一般充电指示继电器的设计动作电压为 6~7V，释放电压在 6V 以下，该继电器不能用 12V 或 24V 普通车用继电器代替。

（2）利用 3 个磁场二极管控制充电指示灯　9 管交流发电机增加了 3 个功率较小的二极管，专用来提供磁场电流及控制充电指示灯，所以又称为磁场二极管。采用磁场二极管后，可以省去继电器，而仅用简单的充电指示灯即可指示发电机工作情况的好坏。

图 6-11 所示为 9 管交流发电机充电系统电路图。发电机中 $VD_7 \sim VD_9$ 为磁场二极管。发电机工作时，在发电机定子的三相绕组中产生的三相交流电动势，经 $VD_1 \sim VD_6$ 共 6 个二极

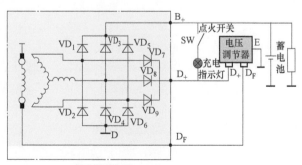

图 6-11　9 管交流发电机充电系统电路

管所组成的三相全波桥式整流电路整流后，输出直流电压U_{B+}向蓄电池充电和向用电设备供电。发电机的磁场电流则由3个磁场二极管$VD_7 \sim VD_9$和3个负极二极管VD_2、VD_4、VD_6组成的三相全波桥式整流电路整流后的直流电压U_{B+}供给。电压调节器可为电磁式或晶体管式。

充电指示灯的工作原理如下：接通点火开关SW，蓄电池电流经充电指示灯→电压调节器接线柱D_+→电磁振动式中的触点（或晶体管电压调节器中的大功率晶体管）→电压调节器接线柱D_F→发电机磁场绕组→搭铁，构成回路。此时充电指示灯发亮，指示发电机被励磁。

发电机工作时，充电指示灯是由蓄电池电压与磁场二极管的输出端D_+电压的差值控制的。随着发电机转速的升高，由于D_+电压增高，故充电指示灯的亮度减弱。当发电机电压达到蓄电池充电电压时，发电机开始自激，此时充电指示灯因两端的电位相等而熄灭，则表示发电机已经正常工作。

当发电机转速降低或发电机有故障时，接线柱D_+端电压降低，由于指示灯两端的电位差增大，指示灯又发亮。这样利用该充电指示灯不仅可在停车后发亮警告驾驶人及时关掉电源开关，又可指示发电机的工作情况，同时还省去了结构复杂的继电器。

4. 充电系统电路识读示例

（1）丰田车系充电系统电路识读　丰田车系充电系统电路识读如图6-12所示。电压调节器装于发电机内部，构成整体式交流发电机。发电机对外有4个接线柱，分别为B、IG、S、L。当点火开关闭合时，蓄电池通过连接在开关和端子IG之间的导线为电压调节器提供电压。当交流发电机充电时，端子B和蓄电池之间的导线有电流流过。同时，集成电路电压调节器通过端子S监测蓄电池电压。这样，电压调

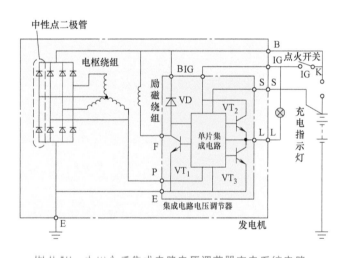

图6-12　丰田车系集成电路电压调节器充电系统电路

节器根据需要增大或减少转子磁场能量。指示灯电路通过端子L连接起来，其工作过程如下：

1）当点火开关接通、发动机停机时，蓄电池电压加在接线柱IG上，集成电路电压调节器检测到这一电压，使VT_1处于交替截止-导通状态，蓄电池经端子B为励磁绕组提供励磁电流，使励磁电流为0.2A，励磁绕组电路：蓄电池正极→发电机接线柱B→励磁绕组→电压调节器F端→$VT_{1(C-E)}$→电压调节器E端→搭铁→蓄电池负极。与此同时，由于发电机尚未发电，P端电压为零，集成电路检测到这一情况，使VT_3导通、VT_2截止，充电指示灯亮。充电指示灯电路：蓄电池正极→点火开关K→充电指示灯→电压调节器L端→$VT_{3(C-E)}$→电压调节器E端→搭铁→蓄电池负极。此时充电指示灯点亮，指示蓄电池放电。

2）当交流发电机发电但电压低于调节电压时，P端电压上升，集成电路使VT_1由交替

截止-导通状态转变为持续导通，为励磁绕组提供充足的励磁电流。集成电路使 VT_3 截止、VT_2 导通，充电指示灯熄灭。

3）交流发电机发电，电压达到调节电压，集成电路检测到电压调节器 S 端电压达到标准电压时，使 VT_1 截止，励磁绕组电路被切断，发电机电压下降，电压调节器 S 端电压降低至低于标准电压时，集成电路又检测到这一变化，使 VT_1 导通，如此交替，控制电压调节器 S 端电压处于标准电压值。这时由于 P 端电压高，集成电路仍使 VT_3 截止、VT_2 导通，充电指示灯熄灭。

4）当 S 端断路而发电机转动时，如 IC 检测到 S 端断路（没有输入），则使 VT_1 交替处于导通-截止状态，以保持输出端 B 的电压为 13.3～16.3V。IC 检测到 S 端电压过低时，使 VT_3 导通、VT_2 截止，充电指示灯亮。

5）当调节器 B 端子断路一段时间且 S 端电压尚未降到最低点（13V）时，集成电路又检测到电压调节器 P 端电压，使 VT_1 交替处于导通-截止状态，将 B 端电压保持在 20V，防止输出电压不正常升高，保护交流发电机和电压调节器。当 S 端电压降到最低点（13V）时，集成电路检测到这一情况，使 VT_3 导通、VT_2 截止，充电指示灯亮。

6）励磁绕组断路时，发电机会停止发电，P 端电压变为零。当停止发电且 P 端电压为零时，集成电路检测到这一状态，使 VT_3 导通、VT_2 截止，充电指示灯亮。

（2）本田车系充电系统电路识读

1）电压调节器结构原理。图 6-13 所示为广州本田雅阁轿车充电系统电路图，充电系统装有测量充电系统负载大小的电负载检测器（ELD）。ELD 测量系统总负载后，向控制电压调节器的 ECM/PCM 发送信号，然后由 ECM/PCM 控制发电机电压调节器，适时地接通和断开磁场电路，既能可靠地保证电气系统正常工作，使蓄电池充电充足，又能减轻发动机负载，提高燃料经济性。

发电机内部有 P、F 和 E 3 个接线柱，调节器的外部有 B、C（S）、IG、L 和 FR 5 个接线柱。其中，P 端接发电机定子绕组某一相上，该点电压为硅整流发电机输出直流电压的一半；F 端与磁场绕组相连，电压调节器由此端子控制磁场绕组通断电；E 端为搭铁端；B 端为发电机输出端接线柱；IG 端接点火开关；L 端通过 ECM/PCM 间接接充电指示灯；C（S）端接发动机 ECM/PCM，发动机 ECM/PCM 通过该接线柱对发电机的发电量进行控制；FR 端也接发动机 ECM/PCM，发动机 ECM/PCM 通过该端子检测发电机的发电情况。

2）充电系统工作过程。汽车电路中 ELD 检测到电路中负载总电流的大小后，把负载电流信号送给 ECM/PCM；电压调节器 FR 接线端把发电机电压信号送到 ECM/PCM。ECM/PCM 根据这两个信号判断磁场电路电流的大小，输出控制信号到 C（S）端，驱动电压调节器的控制电路，适时地改变电压调节器中大功率晶体管占空比的大小来控制磁场绕组电路中电流的大小，以此控制发电机的输出电压。

当发电机电压低于蓄电池电压很多或电负载信号电压较小时，C（S）端获得的电压接近于零，调节器接通 F 与 E 端的搭铁电路，发电机磁场绕组电流增大；随着发电机输出电压升高到蓄电池标准电压或以上电压，或负载信号电压接近蓄电池标准电压时，该端子电压等于蓄电池的端电压，当此电压达到规定的调节电压时，使调节器断开 F 与 E 端的搭铁电路，切断磁场绕组电流。由此获得 ECM/PCM 对发电机发电量的精确控制，减少发动机的机械负载，并提高汽车的燃油经济性。

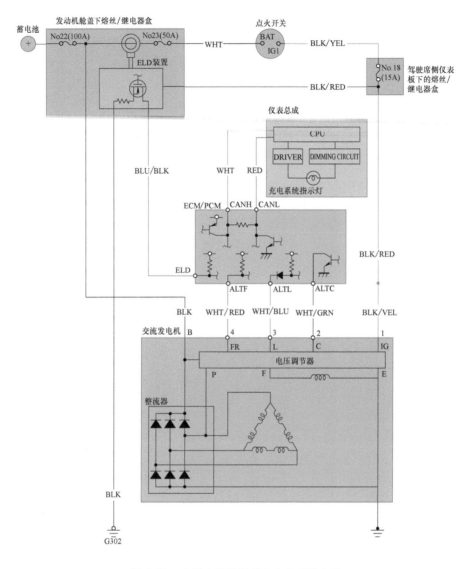

图 6-13　广州本田雅阁轿车充电系统电路

三、起动控制电路图的识读

1. 别克君威汽车的起动控制电路

如图 6-14 所示，别克君威汽车起动控制电路的工作情况如下：当点火开关转到"起动"位置时，12V 电压从点火开关的"起动"档→驾驶室内熔丝盒的 A3～A4 熔丝→机罩下附件导线接线盒的 D9 端子→动力系统控制模块（PCM）插头 C2-23 端子，作为起动信号。PCM 收到此信号后，其 C2-76 端子接地，位于机罩下附件导线盒内的曲轴继电器闭合工作。继电器线圈供电来自点火开关，继电器工作时，12V 电源经曲轴熔丝 40A→曲轴继电器触点→自动变速器 P/N 开关置 P 或 N 位置→起动机电磁吸力开关，起动机工作。

PCM 收到起动信号后并不接通起动机的情况如下：

1）发动机起动 5s 后。

2）起动机连续工作 15s。

3）防盗口令不正确。

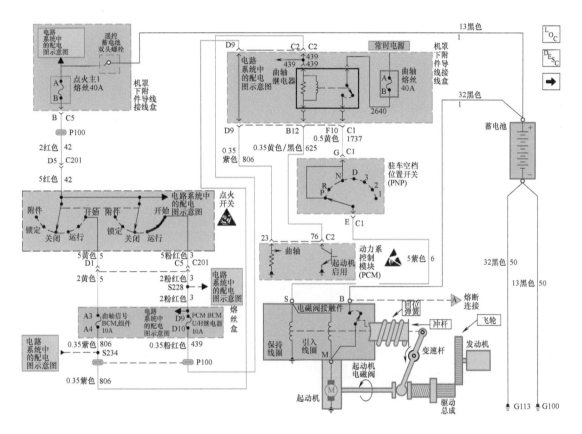

图 6-14　别克君威 2.5GL、3.0GS 起动控制电路

2. 日产天籁汽车起动控制电路

日产天籁汽车起动控制电路如图 6-15 所示，常相线供电通过 40A 熔断器（标有字母 F，位于熔丝和熔断器盒）至点火开关端口 1，通过 15A 熔丝（No.71，位于 IPDM E/R）至 IP-DME/R 的中央处理器，通过 15A 熔丝（No.78，位于 IPDM E/R）至 IPDM E/R 的中央处理器。

当点火开关在 ON 或 START 位置时，供电从点火继电器通过 10A 熔丝（NO.83，位于 IPDM E/R），通过 IPDM E/R 端口 26 至驻车/空档位置开关端口 1。

当变速杆位于 P 或 N 位时，通过驻车/空档位置开关端口 2 至 IPDM E/R 端口 53。IPDM E/R 控制起动机继电器电路从 IPDM E/R 端口 38、50 和 60 至接地 E1 和 E31。起动机继电器将转为 ON。

当点火开关在 START 位置时，IPDM E/R 被激活并开始供电：从点火开关端口 5 至 IPDM E/R 端口 4 并且通过 IPDM E/R 端口 3 至起动机端口 1。起动机的电磁开关闭合，在蓄电池和起动机之间提供了闭路电路。起动机连接至发动机体接地。提供了电源和接地后，起动机转动曲轴，发动机起动。

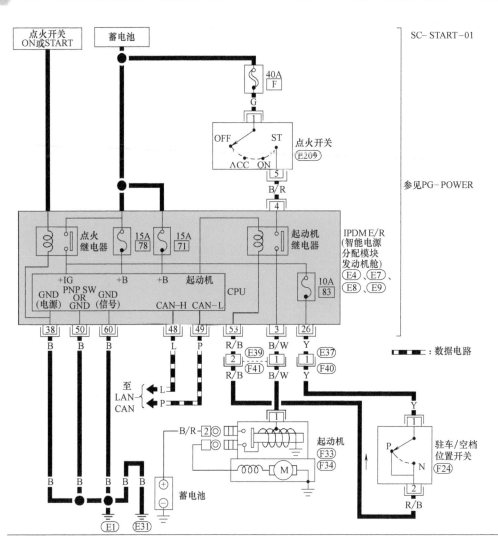

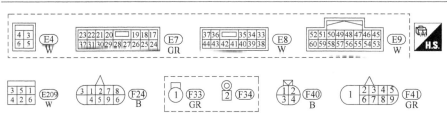

图 6-15　日产天籁汽车起动控制电路

3. 2011 款索纳塔起动控制（配备智能钥匙）电路识读

配备有智能钥匙的起动控制电路如图 6-16 所示。智能钥匙系统由发射器、遥控中央锁控制模块、驾驶授权系统控制模块 3 个接收器及相关线束组成的控制系统组成。驾驶人可以始终将钥匙放在口袋里，当靠近汽车一定距离时，车门锁便会自动打开；进入车内，只需按动起动按钮（或旋钮），就可以点火起动了，实现这种功能的系统就是目前正流行的无钥匙进入系统，也称智能钥匙系统。通常，当驾驶人走近车辆约 1m 以内时，门锁就会自动打开并解除防盗；当离开汽车时，车门锁会自动锁上并进入防盗状态。当驾驶人进入车内时，车内检测系统就会马上识别智能卡，这时只需轻轻按动起动按钮（或旋钮），就可以正常起动车辆，整个过程，车钥匙无须拿出。部分系统组成部件如图 6-17、图 6-18 所示。

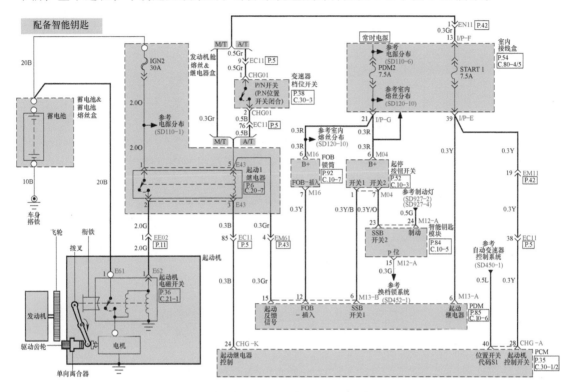

图 6-16　索纳塔起动控制电路图（配备智能钥匙）

图 6-17　发动机起停按钮开关

图 6-18　智能钥匙及起停按钮

第二节　汽车照明、信号与仪表系统电路图的识读

以 09 款别克君威轿车为例，君威轿车的照明系统包括车外灯和车内灯，车外灯包括前照灯、日间行车灯（日间行车灯是指使车辆在白天行驶时更容易被识别的灯具，装在车身前部）、雾灯、牌照板灯、转向信号灯、制动灯、倒车灯等；车内灯包括顶灯、阅读灯、遮

阳板灯和储物箱灯、脚部区域照明灯、下车灯和行李舱门控灯、车门袋灯、车身照明灯和仪表照明灯等。

君威的仪表系统的驾驶人信息中心可以显示多种关于车辆的信息，同时还有传统的发动机转速表、车速表、油量表、冷却液温度表以及各种警告灯和指示灯等。

一、车外灯电路图的识读

1. 远光灯电路识读

如图 6-19 所示，前照灯远光继电器一直用蓄电池电压供电。转向信号/多功能开关信号电路是通过按下转向信号/多功能开关来接地的。车身控制模块（BCM）控制前照灯远光继电器电路接地，为前照灯远光继电器通电。当前照灯远光继电器通电时，继电器开关触点闭合，蓄电池电压通过远光灯熔丝 F37UA、F38UA 施加到远光灯上。

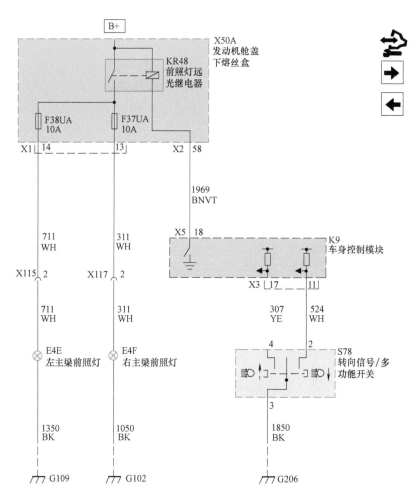

图 6-19　远光灯电路

2. 近光灯和日间行车灯电路识读

如图 6-20 所示，前照灯近光继电器一直用蓄电池电压供电。前照灯开关信号电路通过转动前照灯开关接地。车身控制模块（BCM）控制前照灯近光继电器控制电路接地，为前照灯近光继电器通电。当前照灯近光继电器通电时，继电器开关触点闭合，蓄电池电压通过近光灯熔丝施加到近光灯上。

环境光照/日照传感器被用来监控外部照明条件。环境光照/日照传感器提供根据外部光照条件而在1.4~4.5V之间变化的电压信号。车身控制模块（BCM）监测环境光照/日照传感器信号电路，当前照灯开关在"AUTO"（自动）位置时，用以确定外部光照条件是否对日间行车灯（DRL）或自动灯控（ALC）为正常。在日照条件下，车身控制模块将指令日间行车灯开启；在低光照条件下，车身控制模块将指令近光灯开启。

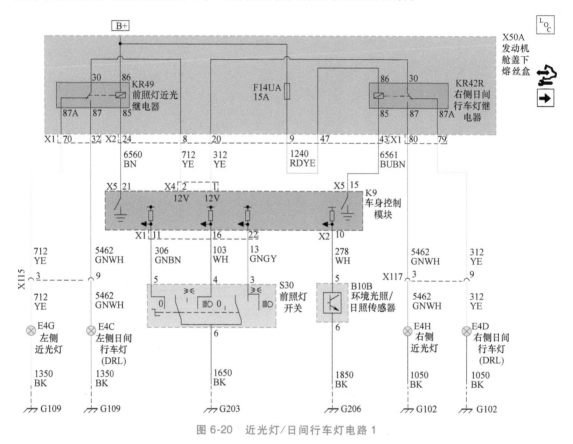

图6-20　近光灯/日间行车灯电路1

DRL带有高压气体放电（HID）前照灯RPO TT2/TT6（见图6-21）：车身控制模块（BCM）从环境光照/日照传感器接收信号，该传感器指明低或高的环境车外光照水平。在日照条件下，BCM向DRL提供蓄电池电压。如果前照灯点亮，DRL将不点亮。

3. 前照灯调平电路识读

如图6-22所示，每个前照灯总成都包括由前照灯开关控制的前照灯水平调节电动机。前照灯开关是一种电阻梯式开关，连接在每个前照灯水平调节电动机上。点火开关在ON位置时，前照灯开关和每个前照灯水平调节电动机连接至B+。每个前照灯水平调节电动机是永久性接地的。

前照灯的调平指令是由前照灯控制模块发出的。蓄电池正电压一直施加到前照灯控制模块上。前照灯控制模块的正常工作电压范围为12.5~16V，只有在点火开关处于RUN位置

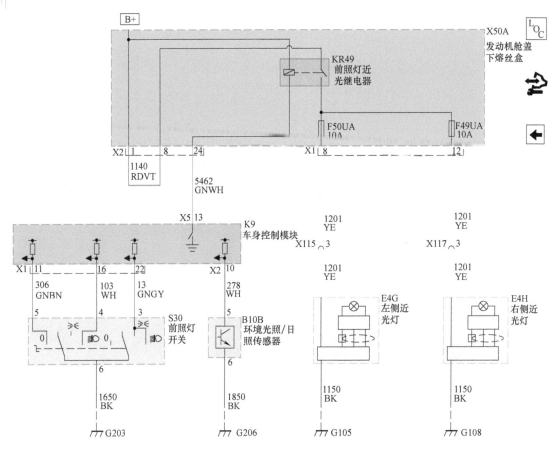

图 6-21　近光灯/日间行车灯电路 2

以及前照灯开关处于 AUTO 位置时才完全起作用。来自车身控制模块（BCM）的通信启用信号，唤醒前照灯控制模块的微处理器。前照灯控制模块从发动机控制模块（ECM）、变速器控制模块（TCM）、电子制动控制模块（EBCM）以及 BCM 接收串行数据信息，这些信息是有关电源模式、速度、转向角、变速器档位选择以及前照灯开关状态的。前照灯控制模块计算前照灯倾角，将指令发送至左右适应性前向照明系统的前照灯高度调节执行器。前照灯高度调节执行器将前照灯驱动至前照灯控制模块所指令的位置。前照灯控制模块监控前照灯高度调节执行器电动机控制电路，确定是否有适当的电路导通性以及是否对地或对电压短路。如果检测到有故障，存储器中将储存故障诊断码，位于仪表板组合仪表的驾驶人信息中心上将显示信息通知驾驶人。

4. 前照灯高度调节传感器电路识读

如图 6-23 所示，前、后悬架位置传感器（即前照灯高度调节传感器-前、后）向前照灯控制模块提供有关前、后悬架位置信息。每个传感器从前照灯控制模块接收 5V 参考信号和低压参考信号。传感器连接至前、后悬架上的控制臂。随着车辆的行驶，悬架通过移动悬架位置传感器操纵臂压缩和反弹，这导致传感器的信号输出发生变化。前照灯控制模块比较来自前、后悬架位置传感器的信息，并按需要调节前照灯高度。

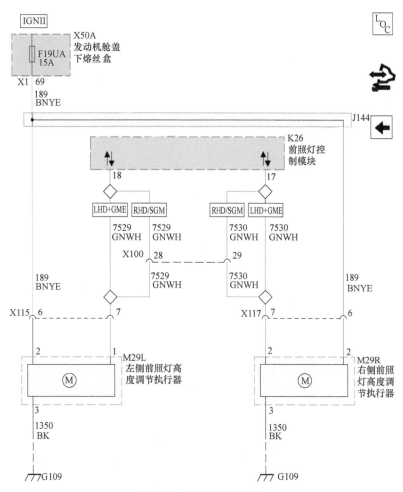

图 6-22 前照灯调平电路

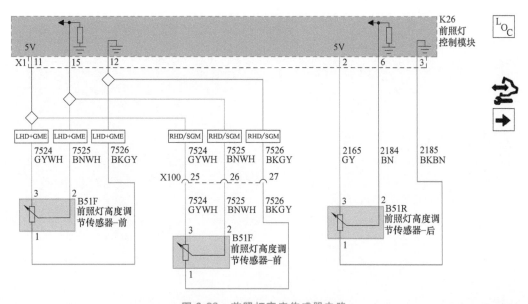

图 6-23 前照灯高度传感器电路

5. 前照灯系统综合解读

车辆前照灯是基于来自前照灯开关和转向信号/多功能开关的输入、由车身控制模块（BCM）控制的。如图 6-24 所示，前照灯开关有 4 个位置：OFF（关闭）、AUTOMATIC LIGHT（自动车灯）、PARKING LIGHT（示宽灯，又称驻车灯）以及 LOW BEAM（近光）。默认前照灯开关位置是 AUTOMATIC LIGHT（自动车灯），在该位置时 BCM 利用环境光照/日照传感器确定何时需要前照灯。前照灯开关的 OFF（关闭）部分是一种瞬时开关，该开关控制自动前照灯并关闭车辆前照灯。

当处于 OFF 位置时，前照灯开关让前照灯 OFF 信号电路接地，使 BCM 关闭前照灯。前照灯开关的 Park（驻车位置）只能点亮车辆驻车灯。前照灯开关的 LOW BEAM（近光）位置将点亮驻车灯以及前照灯。在前照灯开关处于 LOW BEAM（近光）位置时，信号电路上的前照灯开关使前照灯接地，使 BCM 接通前照灯（与其他因素如环境光照无关）。前照灯远光束（远光灯）是通过位于转向信号/多功能开关的超车闪光开关和前照灯变光开关进行控制的。

如图 6-25 所示，09 款别克君威的超车闪光开关是一种瞬时开关，用来在保持开关状态时点亮远光束。当开关闭合时，超车闪光开关信号电路接地，使 BCM 接通远光灯。前照灯变光开关允许操作人员在全时远光或近光操作之间选择。不像超车闪光开关，它不是一种瞬时开关。当前照灯变光开关处于远光位置时，前照灯变光开关远光信号电路接地，这使 BCM 接通远光灯。

（1）带有高强度气体放电（HID）前照灯 PRO TT2/TT6　BCM 基于以上解释的输入控制前照灯。当接收到近光请求时，BCM 使前照灯近光继电器控制电路接地，给前照灯近光继电器中的线圈通电，使继电器开关闭合；然后通过左近光和右近光熔丝，向两个近光高强度气体放电（HID）前照灯提供 B+，点亮近光前照灯。当接收到远光请求时，BCM 使前照灯远光继电器控制电路接地，给远光继电器中的线圈通电，使继电器开关闭合；然后通过左远光和右远光熔丝，向两个远光高强气体放电（HID）前照灯提供 B+，点亮远光前照灯。

图 6-24　09 款别克君威前照灯开关

图 6-25　09 款别克君威超车闪光开关

（2）不带高强度气体放电（HID）前照灯 PRO TT4　BCM 基于以上解释的输入控制前

照灯。当接收到近光请求时，BCM 通过前照灯近光继电器（用于左前照灯）和日间行车灯继电器-右侧（用于右前照灯）提供 B+；然后向近光前照灯提供 B+，点亮近光前照灯。当接收到远光请求时，BCM 使前照灯远光继电器控制电路接地，给前照灯远光继电器中的线圈通电，使继电器开关闭合；然后通过左远光和右远光熔丝，向两个远光前照灯提供 B+，点亮远光前照灯。

组合仪表点亮相应车灯亮起指示灯。在前照灯开关置于 HEADLAMP（前照灯）或 PARKLAMP（驻车灯）位置时，通过前照灯开关使相应的前照灯开关信号电路接地。然后车身控制模块（BCM）向组合仪表发送串行数据信息，请求组合仪表点亮车灯亮起指示灯。在转向信号/多功能开关置于 HIGH BEAM（远光）或 FLASH TO PASS（超车闪光）位置时，通过转向信号/多功能开关使相应的转向信号/多功能开关信号电路接地。然后车身控制模块（BCM）向组合仪表发送串行数据信息，请求组合仪表点亮远光指示灯。当前照灯接通且点火开关关闭或者驾驶人车门打开时，BCM 也将请求组合仪表接通位于驾驶人信息中心的车灯亮起指示灯。

6. 示宽灯电路识读

如图 6-26 所示，前照灯开关主要是用于控制电路接地。前照灯开关位于驻车或近光位置时，向至车身控制模块（BCM）的示宽灯信号电路提供接地。BCM 通过向左和右示宽灯控制电路提供电池电压来响应，给示宽灯通电。

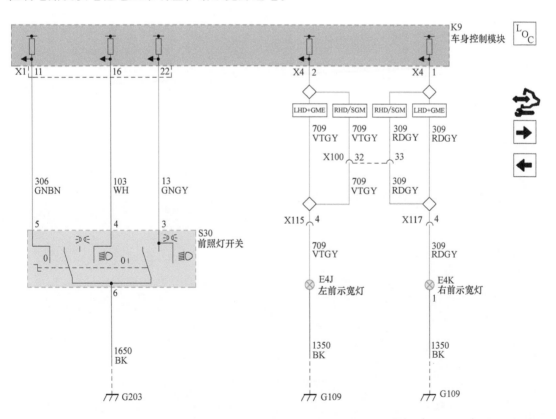

图 6-26　车外灯示意图（示宽灯（TT4））

如图 6-27 所示，当前照灯开关置于 AUTOMATIC LIGHT（自动车灯）位置时，当环境光照/日照传感器检测到外部光线较强时，通过前照灯控制模块控制日间行车灯点亮，提醒对向来车注意避让；当环境光照/日照传感器检测到光线变暗时，通过前照灯控制模块控制左右转向照明灯点亮，同时左右日间行车灯熄灭。

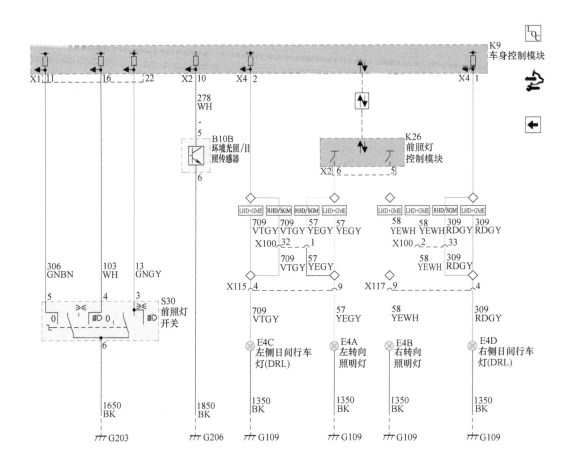

图 6-27　车外灯示意图（示宽灯（TT6））

7. 雾灯电路图识读

如图 6-28 所示，前雾灯继电器一直用蓄电池电压供电。按下前雾灯开关，前雾灯开关信号电路瞬时接地。车身控制模块（BCM）通过使前雾灯继电器控制电路接地，进而为前雾灯继电器通电。当前雾灯继电器通电时，继电器开关触点闭合，蓄电池电压通过前雾灯熔丝施加到点亮前雾灯的前雾灯供电电压电路。在启动前雾灯开关时，BCM 通过串行数据向仪表板组合仪表（IPC）发送信息，请求仪表板组合仪表点亮前雾灯指示灯。

如图 6-29 所示，车身控制模块（BCM）通过向后雾灯控制电路供电，给后雾灯通电。当后雾灯控制电路被通电时，后雾灯点亮。在启动后雾灯开关时，BCM 通过串行数据向仪表板组合仪表（IPC）发送信息，请求仪表板组合仪表点亮后雾灯指示灯。

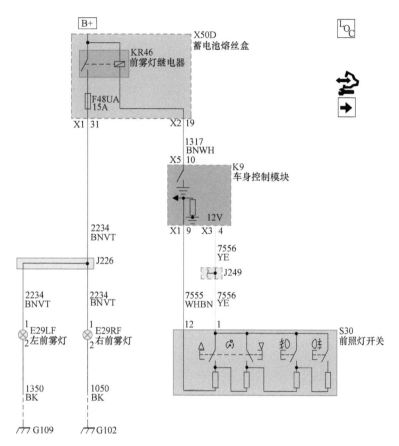

图 6-28　前雾灯电路

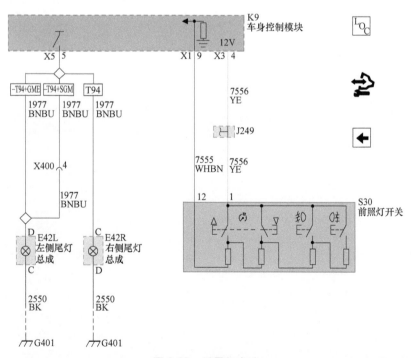

图 6-29　后雾灯电路

8. 其他车外灯电路识读

如图 6-30 所示，前照灯开关主要是用于控制电路接地。前照灯开关位于驻车或近光位置时，向至车身控制模块（BCM）的尾灯信号电路提供接地。BCM 通过向左和右尾灯控制电路提供电源电压来响应，给尾灯通电。

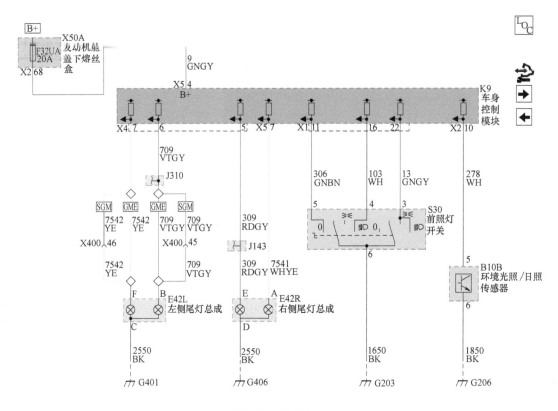

图 6-30　尾灯电路

如图 6-31 所示，当前照灯开关置于 PARKING LIGHT（驻车灯）或 LOWBEAM（近光）位置，或者前照灯被请求点亮时，牌照板灯、驻车灯和尾灯一样同时被接通。当车身控制模块（BCM）从前照灯开关收到信号请求时，BCM 通过向牌照灯控制电路提供电源电压来响应，给左、右牌照板灯通电。

如图 6-32、图 6-33 所示，只有在点火开关置于 ON（接通）或 START（起动）位置时，转向信号灯才能启动。当转向信号/多功能开关置于向右转或向左转的位置时，通过右转向或左转向信号开关信号电路，向车身控制模块（BCM）提供接地。然后 BCM 分别通过前部和后部转向信号灯的电压供电电路，向这些转向信号灯提供脉动电压。当 BCM 收到转向信号请求时，串行数据信息发送至仪表板组合仪表，请求各自的转向信号指示灯通过脉动电压接通和关闭。

如图 6-32、图 6-33 所示，危险闪光灯可以在任意电源模式下启动，危险警告灯开关永久接地。当危险警告灯置于 ON 位置时，通过危险警告开关信号电路向车身控制模块（BCM）提供接地。在 ON 和 OFF 工作循环下，BCM 向所有转向信号灯提供电池电压。当启动了危险警告灯开关时，BCM 向组合仪表发送串行数据信息，请求两个转向信号指示灯在接通和断开之间循环切换。

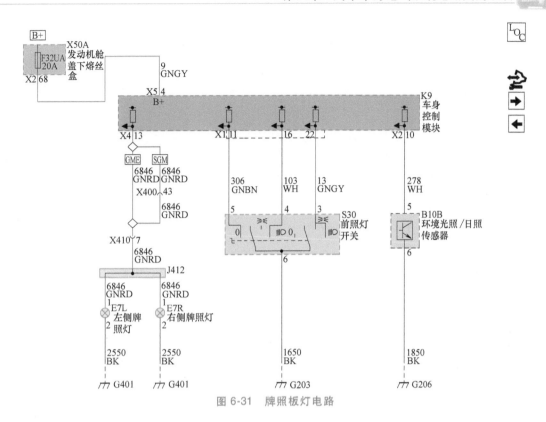

图 6-31　牌照板灯电路

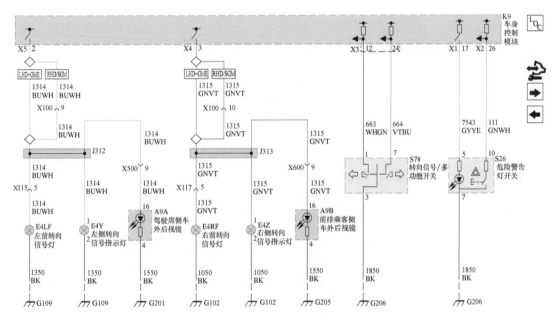

图 6-32　前转向信号灯电路

　　如图 6-34 所示，制动踏板位置（BPP）传感器被用来感应驾驶人对制动踏板施加的动作。制动踏板位置（BPP）传感器提供模拟电压信号，电压信号在制动踏板动作时将增强。车身控制模块（BCM）向制动踏板位置（BPP）传感器提供低电压参考信号和 5V 参考电

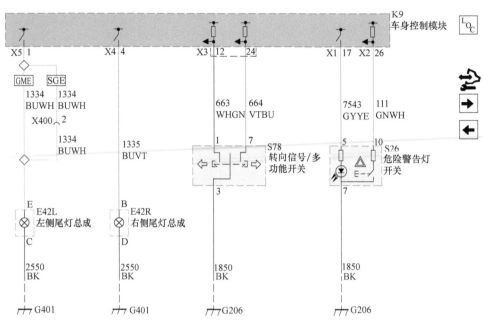

图 6-33　后转向信号灯电路

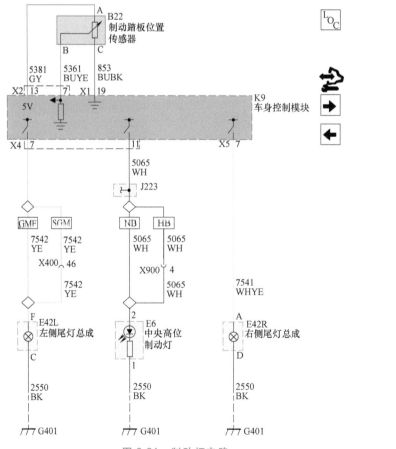

图 6-34　制动灯电路

压。当可变信号达到电压阈限（表示应用了制动器）时，BCM 将向尾灯控制电路和中央高位制动灯控制电路提供电池电压。当控制电路被通电时，左右两侧尾灯和中央制动灯点亮。

如图 6-35 所示，当变速杆置于倒车位时，发动机控制模块（ECM）向车身控制模块（BCM）发送串行数据信息。该信息指示变速杆处于 "REVERSE"（倒车位）位置。BCM 向倒车灯施加电源电压。倒车灯永久接地，一旦驾驶人将变速杆移出 "REVERSE"（倒车位）位置，ECM 将通过串行数据发送信息，请求 BCM 断开倒车灯控制电路的电源电压。

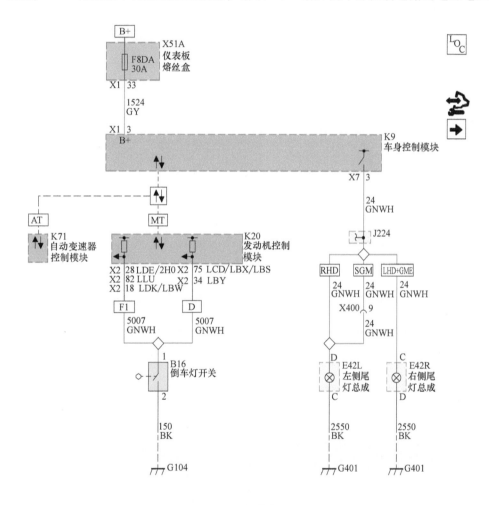

图 6-35　倒车灯电路

若是自动变速器（AT）汽车，发动机控制模块除了向车身控制模块发送串行数据信息，还要有自动变速器模块（K71）参与信息交流。

二、车内灯电路图的识读

1. 车内灯电路及局部识读

车内灯电路如图 6-36～图 6-41 所示，车身控制模块（BCM）向各电路提供电源电压。当接通各灯开关时，各灯点亮。

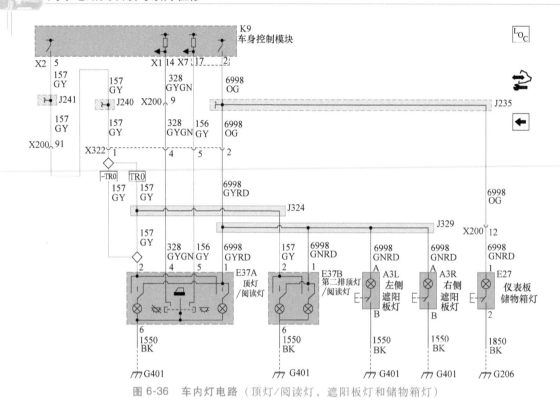

图6-36 车内灯电路（顶灯/阅读灯，遮阳板灯和储物箱灯）

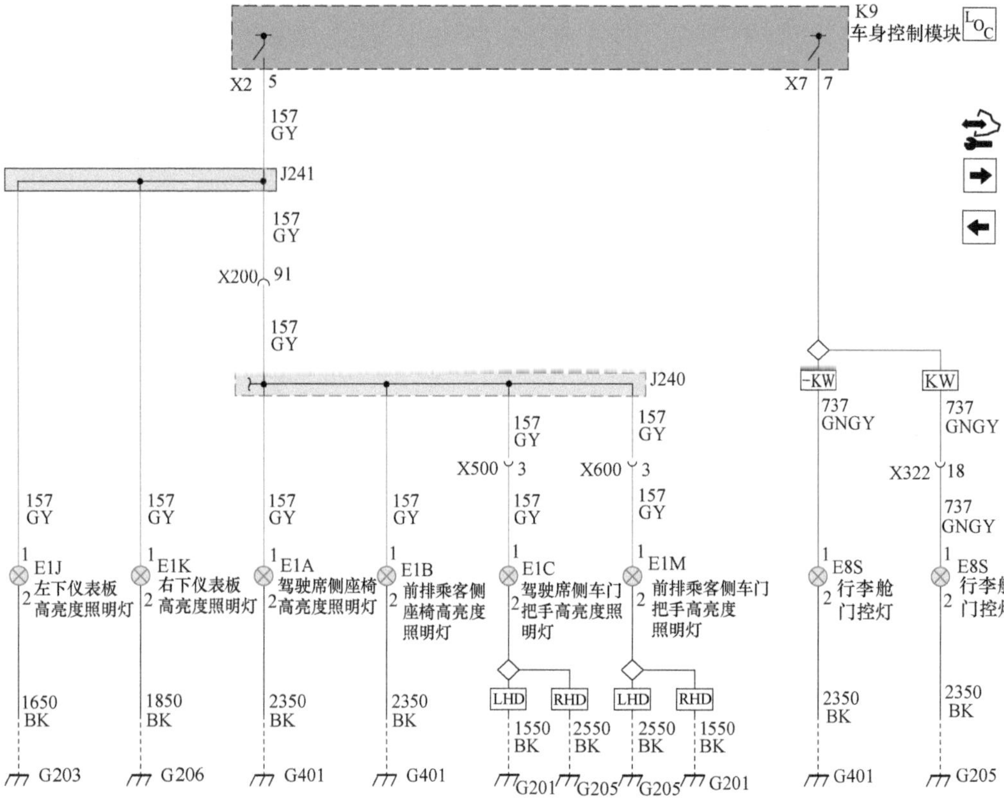

图6-37 车内灯电路（脚部区域照明灯、下车灯和行李舱门控灯）

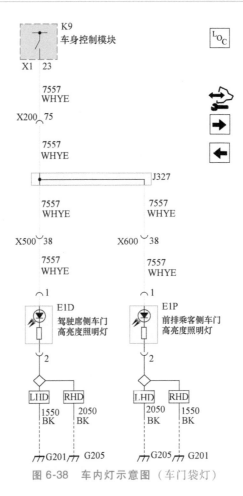

图 6-38 车内灯示意图（车门袋灯）

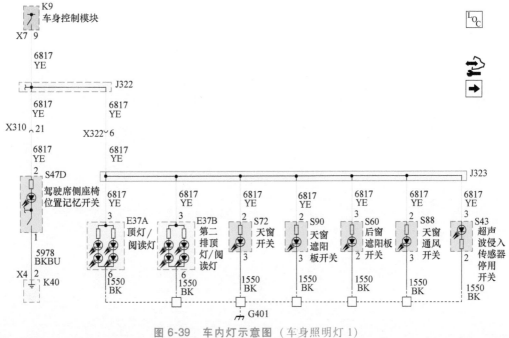

图 6-39 车内灯示意图（车身照明灯 1）

187

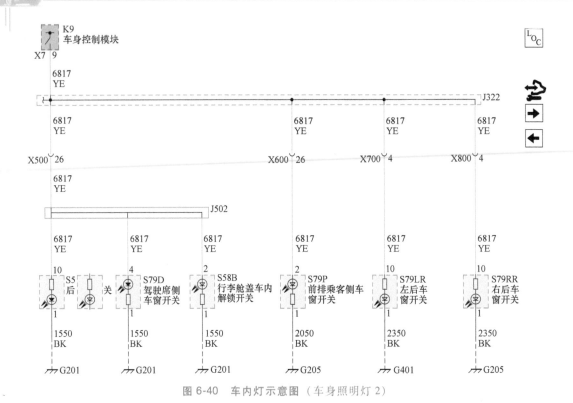

图 6-40 车内灯示意图（车身照明灯 2）

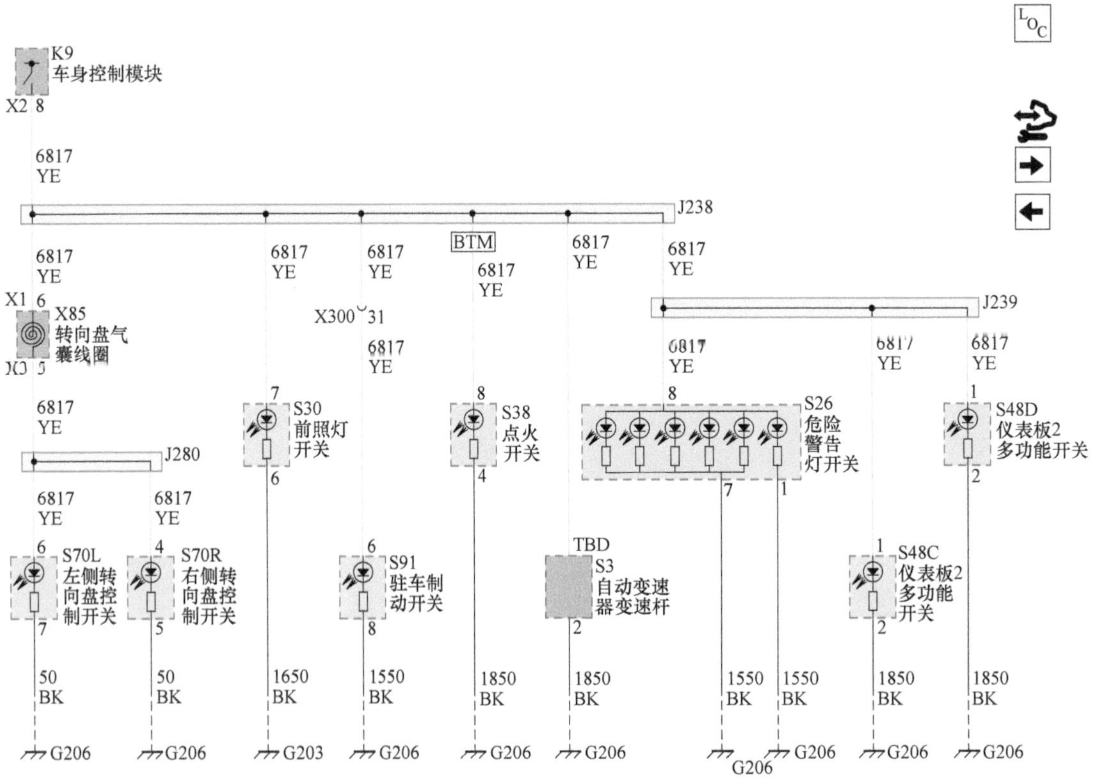

图 6-41 车内灯示意图（仪表照明灯）

如图 6-42 所示，车身控制模块（BCM）通过仪表板组合仪表变光电压参考电路，向仪表板组合车灯变光开关（是前照灯开关的一部分）提供电压参考。当变光开关置于所需的亮度位置时，通过变光开关变阻器和组合车灯变光开关信号电路，向 BCM 施加参考电压。BCM 解析该电压信号，然后通过仪表板组合车灯供电电压电路和 LED 变光供电电路，向所有相关的车内灯施加脉宽调制（PWM）电压，将车内灯点亮至所需的亮度水平。

2. 车内照明系统电路综合解读

1）车内灯。车内灯包括 2 组，即能通过仪表板组合仪表灯变光开关变光的和不能通过变光开关变光的。

2）门控灯/上车照明灯。顶灯、提升门灯、门控灯可手动打开，车内灯开关置于 ON 位置，或开关处于 AUTO 位置时，打开车门，即可开启。

车身控制模块（BCM）的门控灯电源电压电路向顶灯、提升门灯和门控灯提供电源电压。当车门打开时，车门未关开关触点闭合，向 BCM 提供打开车门输入。BCM 然后向开关处于 AUTO 位置的车内灯提供 B+。车内灯开关处于 ON 位置时，BCM 接收搭铁信号。

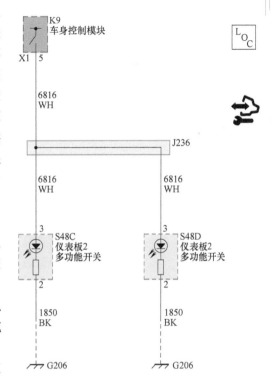

图 6-42　车内灯明暗调节示意图
（照明灯明暗调节）

重要的注意事项：如果提升门在所有模块关闭后打开，顶灯不会点亮。一旦 BCM 停止工作，提升门未关开关输入到 BCM 也不能使 BCM 工作，所以顶灯不会点亮。一旦 BCM 接收到使其工作的输入，如遥控开关或车门把手的信号，提升门打开时，顶灯将点亮。如果驾驶人疏忽使车内灯点亮，BCM 将在 20min 后将其关闭。如果点火开关置于 ON 位置或在所有车门关闭约 20s 后，门控灯立即关闭。

3）遥控钥匙车内照明。BCM 接收到遥控发射器的车门解锁指令后，BCM 将闪烁数次制动灯，点亮门控灯和制动灯，以低亮度点亮近光灯。灯保持点亮，直到点火钥匙转至 OFF 位置，收到遥控发射器发出的车门锁止命令后，或约 20s 延时后。

4）车内灯变光。本组包括可变光的车灯。该组灯可能混合使用了真空荧光照明、LED（发光二极管）照明和白炽灯。点火开关置于 ON 位置，真空荧光显示、收音机打开至最高亮度。当驻车灯接通时，所有白炽照明背景灯都在由仪表板变光开关所指示的变光水平上接通。同时，所有真空荧光屏都会变光，来与所指示的变光水平相配。前照灯开关置于 PARK（驻车）位置，驻车灯电源电压电路向 BCM 提供输入。BCM 通过变光控制电路向仪表板组合仪表变光开关提供电压。仪表板变光开关的设置决定着仪表板变光开关通过仪表板变光灯低参考电路向 BCM 提供的电压量。BCM 然后向所有车内灯提供 PWM 电压。所有荧光显示和白炽背景照明灯都提供有具体电压，并接地。当前照灯开关接至驻车灯或前照灯位置时，所有白炽照明背景灯都由仪表板变光开关所指示的变光水平上接通。当仪表板组合仪表变

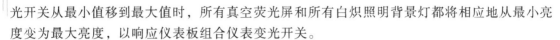

光开关从最小值移到最大值时，所有真空荧光屏和所有白炽照明背景灯都将相应地从最小亮度变为最大亮度，以响应仪表板组合仪表变光开关。

5）意外电源。本车的车身控制模块控制着照明系统，通过电路点亮车内灯。一旦点火开关转至 OFF 位置，车灯开关不活动时，BCM 即打开这些启用电路。如果点火开关转至 OFF 以外的任意位置，或在此时间段内有车灯开关被激活，计时器将自行复位。

三、仪表系统电路图的识读

1. 仪表系统电路及局部解读

组合仪表电路（电源、搭铁和串行数据）如图 6-43 所示。驾驶人信息中心开关为多路开关。蓄电池通过组合仪表向驾驶人信息中心开关提供电源。在组合仪表内，驾驶人信息中心开关信号电路被上拉至蓄电池电压。组合仪表也向驾驶人信息中心开关提供低电平参考电压。当一个开关被激活时，开关输入到组合仪表的电压被拉低。驾驶人信息中心开关是一个瞬时接触开关，与一系列阶梯格式的电阻器相连接。组合仪表监测驾驶人信息中心开关信号电路，以确定驾驶人信息中心开关的输入。每个开关状态（菜单、向上、向下）与特定的电阻值对应。组合仪表通过电阻器上的电压降确定被按下的开关。

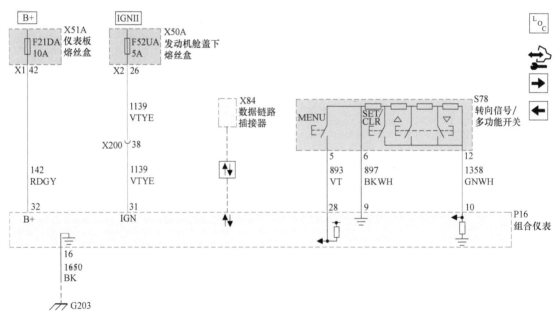

图 6-43　组合仪表电路（电源、搭铁和串行数据）

如图 6-44 所示，组合仪表根据来自发动机控制模块（ECM）的信息显示发动机冷却液温度、车速和发动机转速。发动机控制模块通过高速 CAN 总线信号将相应的信息发送给车身控制模块（BCM）。然后车身控制模块通过低速 CAN 总线信号将信息发送给组合仪表以显示发动机冷却液温度、发动机转速、车速和行驶距离（根据车辆的需要以 km 或 mile 为单位显示）。

组合仪表显示基于来自发动机控制模块（ECM）的信息所确定的行程距离。发动机控制模块将来自车速传感器的数据转换为距离信号。发动机控制模块通过高速 CAN 总线信号

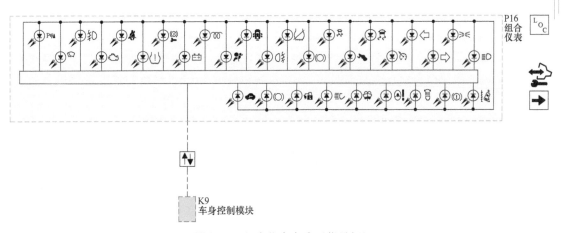

图 6-44 组合仪表电路（指示灯）

将距离信息发送给车身控制模块（BCM）。然后车身控制模块通过一个低速 CAN 总线信号将信息发送到组合仪表以显示车辆的里程和行程。组合仪表检测行程复位开关打开，按下并按住行程复位开关，开关将复位，行程表信息为零。

如图 6-45 所示，发动机机油压力开关是一个常闭开关，只有在正确的机油压力下才能

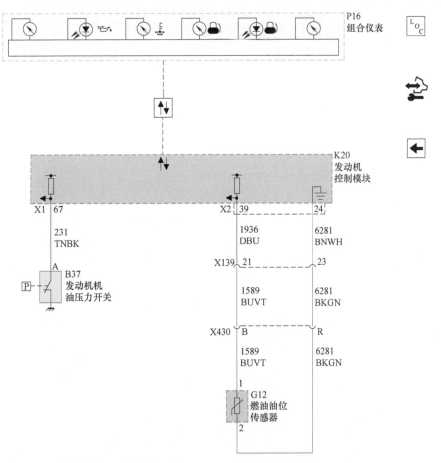

图 6-45 组合仪表电路（发动机机油压力和燃油油位传感器）

打开。当点火开关置于 ON 位置但发动机不运行时，发动机控制模块（ECM）应检测到低电压信号输入。发动机运行时，发动机机油压力开关断开，发动机控制模块应检测到一个高电压信号输入。当机油压力过低时，发动机控制模块通过高速 CAN 总线发送信息至车身控制模块（BCM），车身控制模块通过低速 CAN 总线发送信息至组合仪表，请求发动机机油压力指示灯点亮。

燃油油位传感器根据燃油油位改变电阻。发动机控制模块（ECM）监测燃油油位传感器的信号电路，以确定燃油油位。燃油箱全满时，燃油油位传感器的电阻低，同时发动机控制模块在燃油油位传感器的信号电路上感应到低的信号电压。当燃油箱变空时，燃油油位传感器的电阻值变大，并且发动机控制模块检测到高电压信号。发动机控制模块使用燃油油位传感器的信号电路计算出油箱中的剩余燃油百分比。发动机控制模块通过高速 CAN 总线将燃油油位百分比发送给车身控制模块（BCM）。然后车身控制模块通过低速 CAN 总线将燃油油位百分比传送到组合仪表，以控制燃油表。

如图 6-46、图 6-47 所示，组合仪表通过低电平参考电压电路和 5V 信号电路监测环境空气温度传感器。组合仪表监测传感器上与温度成比例的电压降。当环境空气温度降低时，传感器电阻变大，电压信号也变高。当环境空气温度升高时，传感器电阻变小，电压信号也变低。组合仪表将电压值转换为摄氏或华氏温度值，并在驾驶人信息中心显示。

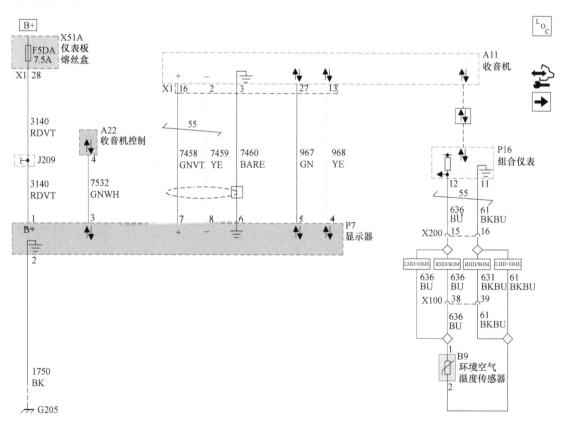

图 6-46　驾驶人信息系统电路（环境空气温度 1）

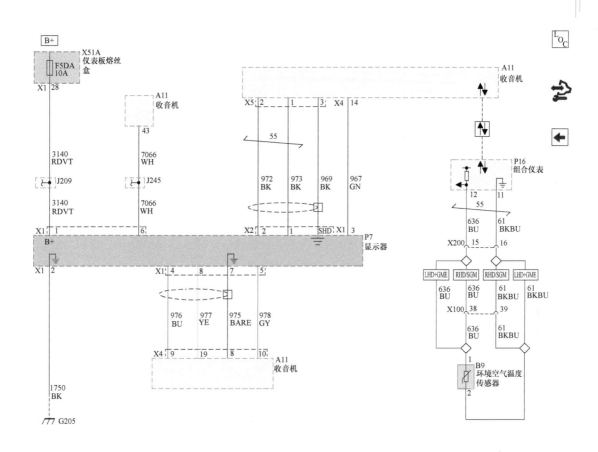

图 6-47　驾驶人信息系统电路（环境空气温度 2）

2. 仪表系统电路图综合解读

（1）音频警告系统电路识读　如图 6-48 所示，音频警告用来提醒驾驶人注意某个系统的问题或严重的车辆故障。收音机通过扬声器发出音频警告，收音机通过串行数据电路接收音频警告请求。如果收音机接收到多个音频警告请求，则首先发出优先级最高的警告。在未装配收音机的车辆上，蜂鸣器报警控制模块发出音频警告，并通过串行数据电路接收音频警告请求。收音机或蜂鸣器报警控制模块发出音频的均为蜂鸣发生器。下列为音频警告声：单脉冲锣声、多脉冲锣声、单脉冲蜂鸣、多脉冲蜂鸣、咔嗒声、嚓啪声。

1）系紧安全带警告。蜂鸣发生器根据车身控制模块（BCM）的请求启动安全带系紧音频

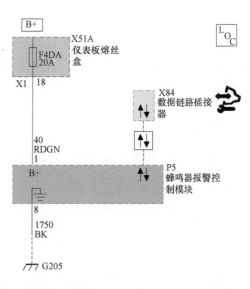

图 6-48　音频警告系统电路（蜂鸣器模块）

警告。车身控制模块（BCM）发送串行数据信息至蜂鸣发生器并以多脉冲锣声的形式开始蜂鸣。当点火开关切换至打开位置时，将发出系紧安全带警告声并点亮系紧安全带指示灯。

安全气囊系统的传感和诊断模块（SDM）检测到驾驶人安全带未系好且信号为低电平。传感和诊断模块向车身控制模块发送串行数据信息，指示安全带的状态。组合仪表接收来自车身控制模块的串行数据信息，指示安全带的状态。如果将点火开关置于ON位置时安全带已系好，则蜂鸣发生器不发声。如果在蜂鸣发生器发声时安全带被系好，则蜂鸣发生器将停止发声。如果在点火开关首次置于ON位置后安全带未系好，则蜂鸣发生器将不发声。

2）车灯未关警告。根据来自车身控制模块的请求，蜂鸣发生器发出车灯未关警告声。车身控制模块（BCM）发送串行数据信息至蜂鸣发生器并以多脉冲锣声的形式开始蜂鸣。发生以下情况时，将发出车灯未关警告：

① 点火开关置于OFF位置。

② 车身控制模块确定驾驶人侧车门打开且信号电路为低电平。

③ 车身控制模块确定前照灯开关处于驻车灯或前照灯位置。

3）制动警告。根据来自多个控制模块的请求，蜂鸣发生器发出制动音频警告。车身控制模块、电子制动控制模块或驻车制动控制模块发送串行数据信息至蜂鸣发生器并以多脉冲锣声的形式开始蜂鸣。当发生以下情况时，将发出制动警告声并点亮制动指示灯：

① 点火开关置于ON位置。

② 车速大于8km/h，组合仪表从发动机控制模块（ECM）接收到指示车速的串行数据信息。

③ 车身控制模块确定驻车制动器已接合且信号电路为低电平。

④ 制动液液位过低。

4）钥匙插入点火开关警告。蜂鸣发生器根据车身控制模块的请求启动钥匙插入点火音频警告。车身控制模块（BCM）发送串行数据信息至蜂鸣发生器并以多脉冲锣声的形式开始蜂鸣。当点火开关置于OFF位置或车身控制模块确定驾驶人侧车门打开且信号电路为低电平时，将发出钥匙插入点火开关警告声。

5）车门未关警告。根据来自车身控制模块的请求，蜂鸣发生器发出车门未关警告声。车身控制模块向蜂鸣发生器发送一条串行数据信息，指示蜂鸣频率为中等频率并持续一段时间。当发生以下情况时，将发出车门未关警告声，并点亮车门未关指示灯：

① 车身控制模块确定门（驾驶人侧车门、前排乘客侧车门、左后门、右后门）打开且信号电路为低电平。组合仪表也从车身控制模块接收到指示车门未关状态的信息。

② 车辆不在驻车档。车身控制模块从发动机控制模块/车身控制模块接收到指示档位的串行数据信息。

6）物体检测警告声。根据来自物体警报模块的请求，蜂鸣发生器发出物体检测警告声。若物体位于传感器的测量范围内，反射超声波脉冲，并被发送的或邻近的传感器接收。传感器将信号转化为电压信号，并将此信号发送到物体警报模块。物体警报模块评估接收的传感器信号。物体位于测量范围时，物体警报模块通过CAN总线发送信息至蜂鸣发生器以给出声音距离信号。测量范围为30～120cm。从120cm的距离起，产生声音信号，蜂鸣声的频率随着距离的减少而增加；距离小于30cm后，声音变为持续。

7）其他警告。以下警告都带有相关的组合仪表指示灯或驾驶人信息中心信息：

① 转向信号指示灯。蜂鸣发生器根据车身控制模块的请求发出音频警告。蜂鸣器提供两种不同的蜂鸣，转向信号关闭时的一种和转向信号打开时的另一种。

② 车辆超速信息。蜂鸣发生器根据车身控制模块的请求发出音频警告。车身控制模块发送一个串行数据信息给蜂鸣发生器。

③ 燃油油位过低信息。蜂鸣发生器根据车身控制模块的请求发出音频警告。车身控制模块发送一个串行数据信息给蜂鸣发生器。

④ 机油压力指示灯。蜂鸣发生器根据车身控制模块的请求发出音频警告。车身控制模块发送一个串行数据信息给蜂鸣发生器。

⑤ 倒车辅助系统故障清理后保险杠信息。蜂鸣发生器根据车身控制模块的请求发出音频警告。车身控制模块发送一个串行数据信息给蜂鸣发生器。

⑥ 轮胎气压过低指示灯。蜂鸣发生器根据车身控制模块的请求发出音频警告。车身控制模块发送一个串行数据信息给蜂鸣发生器。

（2）组合仪表电路识读　点火开关置于 ON 位置时会测试组合仪表的某些功能，以检验这些功能是否工作正常。点火开关打开时，下列情况将会发生：防抱死制动系统指示灯、蓄电池指示灯、制动器指示灯、车门未关指示灯、电子驻车制动打开指示灯、电子驻车制动维修/故障指示灯、燃油油位过低指示灯等指示灯会亮片刻。

1）发动机冷却液温度表。组合仪表显示发动机控制模块（ECM）确定的发动机冷却液温度。发动机控制模块通过高速 CAN 总线信号将发动机冷却液温度信息发送给车身控制模块（BCM）。然后车身控制模块通过一个低速 CAN 总线信号将信息发送到组合仪表以显示发动机冷却液温度。在以下情况下，发动机冷却液温度表默认为40℃或更低：

① 发动机控制模块检测到发动机冷却液温度传感器电路故障。

② 发动机控制模块检测到与发动机控制模块通信的串行数据丢失。

③ 组合仪表检测到与发动机控制模块串行数据通信丢失。

2）燃油油位表。组合仪表显示基于来自发动机控制模块的信息所确定的燃油油位。发动机控制模块将来自燃油油位传感器的数据转换为燃油油位信号。发动机控制模块通过高速 CAN 总线信号将燃油油位信号发送给车身控制模块，然后车身控制模块通过一个低速 CAN 总线信号将信息发送到组合仪表以显示燃油油位。如果燃油油位降到11%以下，组合仪表打开燃油油位过低指示灯。在以下条件下，燃油油位表默认为无燃油：

① 发动机控制模块检测到燃油油位传感器电路故障。

② 发动机控制模块检测到与发动机控制模块通信的串行数据丢失。

③ 组合仪表检测到与发动机控制模块串行数据通信丢失。

3）车速表。组合仪表显示基于来自发动机控制模块的信息所确定的车速。发动机控制模块通过高速 CAN 总线信号将车速信息发送给车身控制模块，然后车身控制模块通过低速 CAN 总线信号将车速信息发送给组合仪表，以显示车速。下列情况下，车速表默认值为0km/h：

① 车身控制模块检测到与发动机控制模块进行通信的串行数据丢失。

② 组合仪表检测到与发动机控制模块串行数据通信丢失。

4）转速表。组合仪表显示基于来自发动机控制模块的信息所确定的发动机转速。发动机控制模块将来自发动机转速传感器的数据转换为发动机转速信号。发动机控制模块通过高速 CAN 总线信号将发动机转速信息发送给车身控制模块，然后车身控制模块通过一个低速 CAN 总线信号将信息发送到组合仪表以显示发动机转速。在以下条件下，转速表默认为 0r/min：

① 发动机控制模块检测到发动机转速传感器电路故障。

② 发动机控制模块检测到与发动机控制模块通信的串行数据丢失。

③ 组合仪表检测到与发动机控制模块串行数据通信丢失。

第三节　汽车辅助电器电路图的识读

一、电动车窗控制电路图的识读

电动车窗系统包括以下部件：驾驶人车窗开关、前排乘客车窗开关、左后车窗开关、右后车窗开关和每个车门中的车窗电动机等。电动车窗系统可以通过按下或拉起相应的电动车窗开关来控制。以 09 款别克君威为例介绍电动车窗的电路识读。

1. 车窗系统电路综合识读

（1）驾驶人车窗电路分析　蓄电池电压通过附件供电电压电路向驾驶人电动车窗开关提供电压，驾驶人电动车窗开关也接有固定的接地点。电动车窗电动机控制电路是通过驾驶人电动车窗开关的常闭上升和下降触点，连接至接地。

当驾驶人电动车窗开关置于下降位置时，电动车窗电动机向下控制电路被切换到 12V，并应用于驾驶人电动车窗电动机的下降端。由于驾驶人电动机的另一端通过向上开关的常闭触点连接至接地，驾驶人车窗向下移动。通过将驾驶人电动车窗开关置于向上位置，驾驶人电动车窗电动机的极性对调，车窗向上移动。

1）快速下降功能。如果驾驶人电动车窗开关在向下位置经过第一个止动位时，瞬时按下驾驶人电动车窗开关，车窗将运行到完全开启的位置且不受检测。要取消快速下降操作，需要瞬时按下驾驶人电动车窗向上开关。

2）锁闭开关功能。驾驶人电动车窗开关包括一个车窗锁闭开关。车窗锁闭开关用来完成或中断车窗锁闭控制电路的操作。如果启用了车窗锁闭开关，那么后侧电动车窗开关上没有电压供应，后侧电动车窗将不会随着后侧电动车窗开关运行。后侧电动车窗将随着驾驶人电动车窗开关运行。

（2）前排乘客车窗的电路分析　蓄电池电压通过附件供电电压电路向前排乘客电动车窗开关提供电压。前排乘客电动车窗电动机的接地，是通过前排乘客电动车窗开关和驾驶人电动车窗开关的常闭向上和向下触点提供的。

当前排乘客电动车窗开关置于下降位置时，电动车窗电动机向下控制电路被切换到 12V，并应用于前排乘客电动车窗电动机的下降端。由于前排乘客电动机的另一端，是通过前排乘客和驾驶人电动车窗开关的常闭向上触点连接至接地的，故车窗向下移动。

通过将前排乘客电动车窗开关置于向上位置，电动车窗电动机的极性对调，车窗向上移动。前排乘客电动车窗也可通过驾驶人电动车窗开关进行控制。

　　如果车窗锁闭功能被禁用，那么后排乘客电动车窗开关通过车窗锁闭控制电路接收电池电压。后排乘客电动车窗电机的接地，是通过后排乘客电动车窗开关和驾驶人电动车窗开关的常闭向上和向下触点提供的。操作过程与以上所述同理。后排乘客电动车窗也可通过驾驶人电动车窗开关进行控制。

　　2. 车窗系统电路局部识读

　　如图 6-49 所示，当点火开关置于 RUN 或 ACC 位置，或固定式附件电源被启用（RAP）并且驾驶人或前排乘客车窗开关或后排车窗开关按下处于下降位置时，会向相应车窗电动机施加电压使该车窗打开。当驾驶人或前排乘客车窗开关被拉起置于上升位置时，会在相反方向向相应车窗电动机施加电压使该车窗关闭。

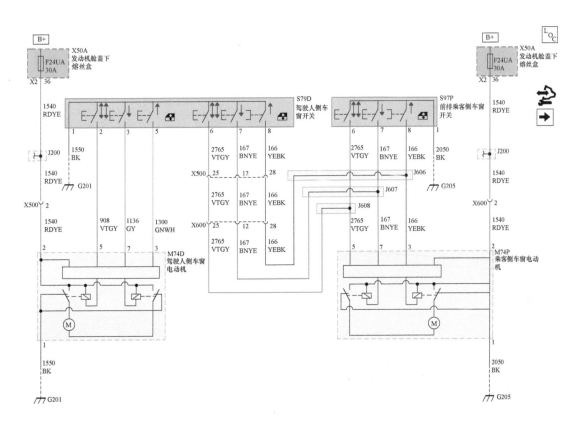

图 6-49　移动式车窗电路（前电动车窗）

　　如图 6-50 和图 6-51 所示，车身控制模块（BCM）监测、接收和传输至每个车窗开关和车窗电动机的串行数据。当按下驾驶人车窗开关上的左后、右后或右前车窗开关时，串行数据信息将发送至车身控制模块。BCM 检查此请求并检查来自禁止车窗运动的其他电动车窗电动机的信息。如果未收到禁止信息，BCM 将向相应的车窗电动机发送一条串行数据信息，此电动机将根据请求执行指令。

　　每个电动车窗电动机都是由各自的车窗开关控制的。当将电动车窗开关至所需位置时，电动车窗开关将向各自的车窗电动机发送信号，将车窗移动到所需位置。

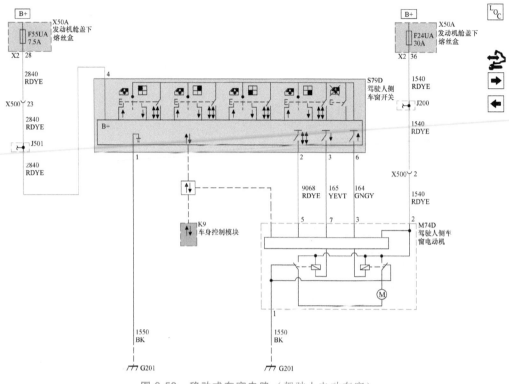

图 6-50　移动式车窗电路（驾驶人电动车窗）

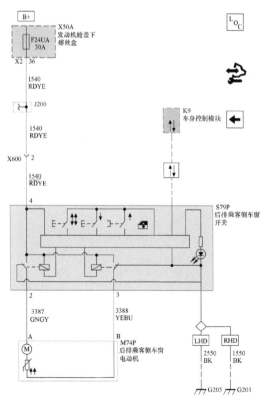

图 6-51　移动式车窗电路（后排乘客电动车窗）

二、电动天窗控制电路图的识读

电动天窗主要由滑动机构、驱动机构、开关和控制系统等组成，现以广州本田雅阁轿车电动天窗的控制电路为例，分析电动天窗的工作过程。广州本田雅阁轿车电动天窗的玻璃具有遮挡视线（避免由外向内看）和前后倾斜的功能。在没有打开任何车门的情况下，将点火开关从 ON（Ⅱ）位置旋转至关闭位置时，电动天窗仍可工作约 10min。因此，一旦车辆发生意外，车内乘员能有更多的途径脱离危险。广州本田雅阁轿车电动天窗控制电路如图 6-52 所示。

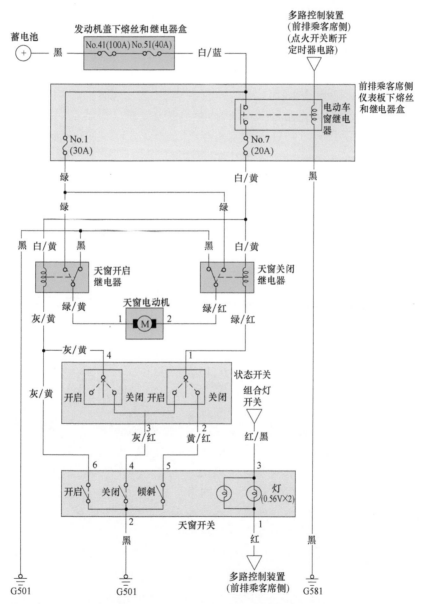

图 6-52　广州本田雅阁轿车电动天窗控制电路

广州本田雅阁轿车电动天窗的控制方式为开关配合继电器控制天窗电动机，通过改变天窗电动机的工作电流方向，实现天窗电动机的正反转，从而分别完成天窗的开启、关闭及倾斜功能。

1. 关闭天窗的延时工作电路

控制电路：多路控制装置（点火开关断开定时器电路）→电动车窗继电器的电磁线圈→G581 搭铁→蓄电池负极。

主电路：蓄电池正极→No.41（100A）熔丝→No.51（40A）熔丝→电动车窗继电器的触点→No.7（20A）熔丝→天窗开启继电器的电磁线圈。

2. 天窗开启电路

将天窗开关拨至开启位置时，天窗开启继电器的控制电路如下：

蓄电池正极→No.41（100A）熔丝→No.51（40A）熔丝→电动车窗继电器的触点→No.7（20A）熔丝→天窗开启继电器的电磁线圈→天窗开关（此时开启触点闭合）→G501 搭铁→蓄电池负极。此时，天窗开启继电器的电磁线圈通电，常开触点闭合，接通天窗电动机电路。天窗电动机通电工作，带动开窗开启。

电流路线：蓄电池正极→No.41（100A）熔丝→No.51（40A）熔丝→No.1（30A）熔丝→天窗开启继电器触点（此时常开触点闭合）→天窗电动机 1 号端子→天窗电动机→天窗电动机 2 号端子→天窗关闭继电器触点（常闭触点闭合）→G501 搭铁→蓄电池负极。

3. 天窗倾斜电路

在天窗关闭状态时，如将天窗开关拨至倾斜位，天窗关闭继电器的控制电路如下：

蓄电池正极→No.41（100A）熔丝→No.51（40A）熔丝→电动车窗继电器的触点→No.7（20A）熔丝→天窗关闭继电器的电磁线圈→状态开关 1 号端子→状态开关的关闭触点→状态开关 2 号端子→天窗开关 5 号端子→天窗开关倾斜触点→天窗开关 2 号端子→G501 搭铁→蓄电池负极。此时，天窗关闭继电器的电磁线圈通电，常开触点闭合。

此时，天窗电动机的主电路如下：

蓄电池正极→No.41（100A）熔丝→No.51（40A）熔丝→No.1（30A）熔丝→天窗关闭继电器触点（此时常开触点闭合）→天窗电动机 2 号端子→天窗电动机→天窗电动机 1 号端子→天窗开启继电器触点（常闭触点闭合）→G501 搭铁→蓄电池负极。

三、电动座椅控制电路图的识读

1. 普通型电动座椅

由于每个驾驶人都有不同的体型，驾驶习惯也有所不同，所以不同的驾驶人对座椅的位置及状态有不同的要求，电动座椅可以很方便地满足不同驾驶人的要求。不同车型的电动座椅电动机个数不同，2011 款索纳塔驾驶人座椅有 5 个电动机，分别控制座椅 5 个不同部位。每个电动机都负责相反 2 个方向的控制。而前排乘客电动座椅只有 2 个电动机。

驾驶人电动座椅和前排乘客电动座椅电路如图 6-53、图 6-54 所示（未配备 IMS）。

下面以驾驶席电动座椅开关控制电路为例进行讲解。

各电动机与开关的连接如图 6-53 所示，有驾驶席靠背倾斜开关、驾驶席腰垫开关、驾驶席前高度调整开关、驾驶席后高度调整开关和驾驶席滑动开关。它们的控制原理基本相同，下面以驾驶席靠背倾斜开关和驾驶席靠背倾斜电动机的控制电路为例进行介绍。

驾驶席靠背倾斜有最前和最后两个极限位置，由驾驶席靠背倾斜限位开关控制，当座椅向前或向后到极限位置时，限位开关会切断电动机的供电回路，电动机停止工作。

1）当驾驶人需要电动座椅向前倾料时，扳动驾驶席靠背倾斜开关"向前"，座椅就会

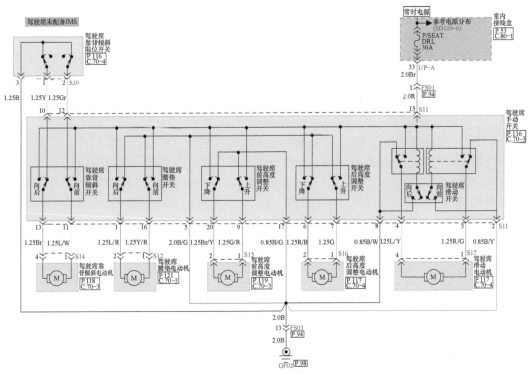

图 6-53　驾驶席电动座椅电路

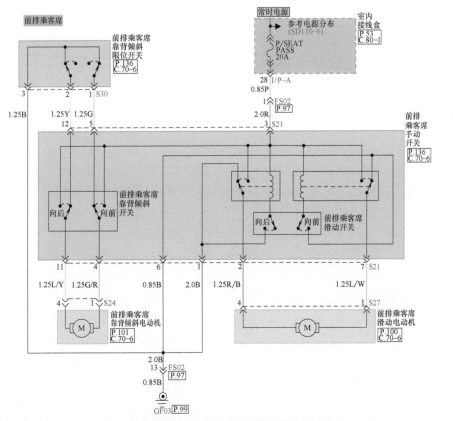

图 6-54　前排乘客席电动座椅电路

向前倾斜，电动机正转，其控制电路回路如下：

常时电源→30A 熔丝 P/SEAT DRL →I/P-A 的 33#→FS01 的 1#→驾驶席手动开关插接器 S11 的 15#→驾驶席靠背倾斜开关"向前"的右触点→S11 的 11#→驾驶席靠背倾斜电动机插头 S14 的 1#→驾驶席靠背倾斜电动机→S14 的 4#→S11 的 13#→驾驶席靠背倾斜开关"向后"的右触点→S11 的 10#→驾驶席靠背倾斜限位开关插头 S20 的 1#→S20 的 3#→FS01 的 13#→GF02 搭铁点搭铁。

2）当需要电动座椅向后倾斜时，扳动驾驶席靠背倾斜开关"向后"，座椅就会向后倾斜，其控制电路电流回路与向前倾斜正好相反，电动机反转，其控制电路回路如下：

常时电源→30A 熔丝 P/SEAT DRL→I/P-A 的 33#→FS01 的 1#→驾驶席手动开关插接器 S11 的 15#→S11 的 10#→驾驶席靠背倾斜开关"向后"的左触点→S11 的 13#→驾驶席靠背倾斜电动机插头 S14 的 4#→驾驶席靠背倾斜电动机→S14 的 1#→S11 的 11#→驾驶席靠背倾斜开关"向前"的左触点→S11 的 12#→驾驶席靠背倾斜限位开关插头 S20 的 2#→S20 的 3#→FS01 的 13#→GF02 搭铁点搭铁。

电动座椅开关位置如图 6-55 所示。

3）为了给驾驶人提供更舒服的驾驶环境，很多电动座椅都有座椅加热器和座椅通风装置，称为温度控制座椅系统。该系统让驾驶人的座椅在炎热的夏天不至于不透气而闷热，在寒冷的冬天不至于太冷，保持舒适的温度。温度控制座椅系统电路如图 6-56 所示。温度控制座椅系统由座椅加热垫、驾驶席 CCS 鼓风机电动机、CCS 控制模块和 CCS 开关等组成。

图 6-55　电动座椅开关位置

2. 温度控制（冷暖）电动座椅

（1）温度控制座椅控制系统供电电路　常时电源通过 10A 熔丝 S/HTR FL 向驾驶席加热垫 S33 的 6#供电，为记忆电源。如图 6-56 所示。当点火开关打到"ON 或 START"档位时，通过 7.5A 保险丝 MODULE1 保险丝分别向驾驶席 CCS 控制模块插接器 S32 的 7#和驾驶席 CCS 开关插头 M91 的 16#供电，S32 的 8#为驾驶席 CCS 控制模块的搭铁点，在 GF02 搭铁点搭铁。

（2）开关控制电路　如图 6-56 所示。当驾驶人夏天需要座椅通风时，驾驶人可以打开驾驶席 CCS 开关的"通风"开关，通风开关信号就会给驾驶席 CCS 控制模块插接器 S32 的 5#一个通风开关信号，驾驶席 CCS 控制模块就会通过对 S32 的 6#和 14#的控制来完成通风（S32 的 6#和 14#分别接鼓风机电动机的 S31 的 4#和 2#）。鼓风机电动机转速的高低由驾驶席 CCS 控制模块插接器 S32 的 4#控制，同时相应的高低速指示灯会点亮。

当冬天需要加热座椅时，打开驾驶席 CCS 开关的"驾驶席加热器"开关，加热开关信号通过 S32 的 13#传给驾驶席 CCS 控制模块，进而控制驾驶席加热垫的垫 1 和垫 2 工作。传感器的两个端子 S33 的 3#和 1#分别接驾驶席 CCS 控制模块插接器 S32 的 9#和 1#，是用来检测座椅加热垫温度的，起保护作用。

3. 座椅加热器电路识读

2011 款索纳塔座椅加热器电路（手动档）如图 6-57 所示，座椅加热器电路（自动档）

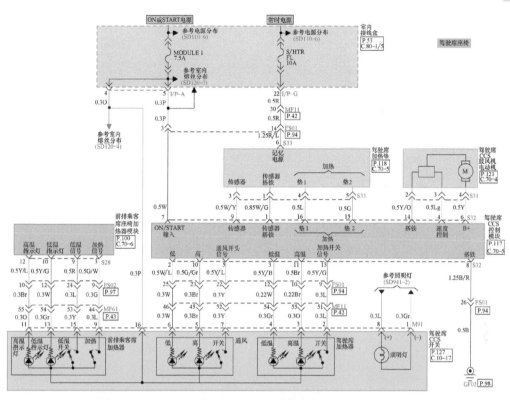

图 6-56　温度控制座椅系统电路

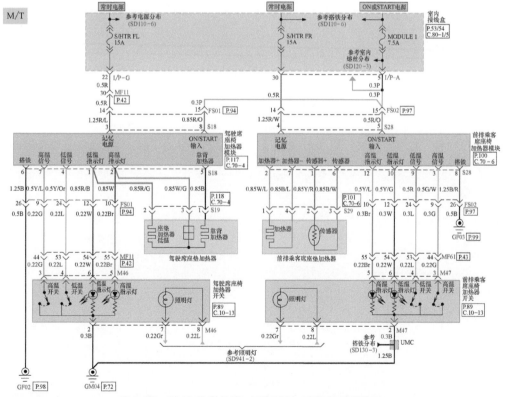

图 6-57　2011 款索纳塔（手动档）座椅加热器电路

如图 6-58 所示。手动档和自动档座椅加热器原理基本相同，下面以自动档座椅加热器电路
为例进行讲解。

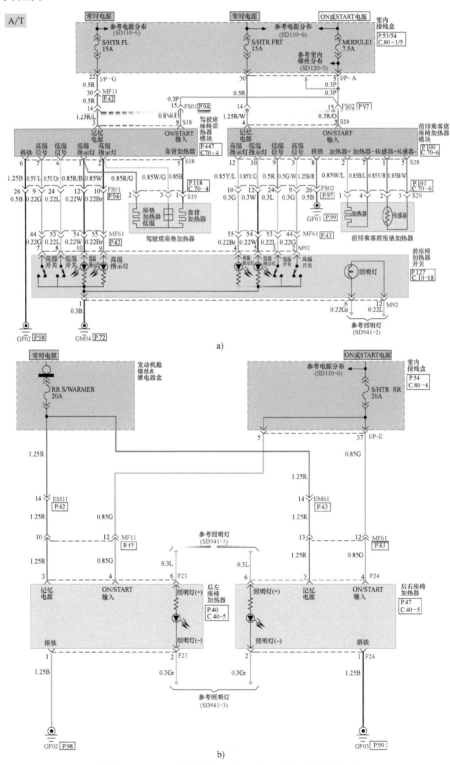

图 6-58　2011 款索纳塔（自动档）座椅加热器电路

（1）座椅加热器供电电路 以驾驶席座椅加热器为例，常时电源通过 15A 熔丝 S/HTR FL 向驾驶席座椅加热器模块插接器 S18 的 3#供电，为记忆电源，如图 6-58a 所示。

当点火开关打到"ON 或 START"位时，通过 7.5A 熔丝 MODULE1 向驾驶席座椅加热器模块插接器 S18 的 8#供电，为 ON/START 输入电源。S18 的 6#为驾驶席座椅加热器模块的搭铁端子，在 GF02 搭铁点搭铁，如图 6-58a 所示。

（2）开关控制电路 前座椅加热器开关插接器 M92 的 7#和 8#分别是加热器高温和低温开关信号端子，当开关闭合时，接通搭铁点 GM04 搭铁，把温度开关信号传给驾驶席座椅加热器模块插接器 S18 的 7#和 4#。驾驶席座椅加热器模块接收到温度开关搭铁信号时，就会接通座椅加热器，相应的高低温指示灯也会同时点亮。

四、电动后视镜电路图的识读

目前，中、高档汽车上使用较多的是电动后视镜，其功能主要有以下几个方面：记忆存储功能、自动折叠功能、刮水和喷洗功能（带刮水器和喷洗器的后视镜）、加热除霜功能。

下面以 09 款别克君威轿车的车外后视镜控制电路为例，说明车外后视镜控制电路的工作原理。

1. 无记忆功能车外后视镜电路识读

无记忆功能车外后视镜电路图如图 6-59 所示。车外后视镜开关通过发动机舱盖下熔丝盒的蓄电池正极电压电路得到电源。4 位后视镜方向开关多重的开关触点，在不使用时，

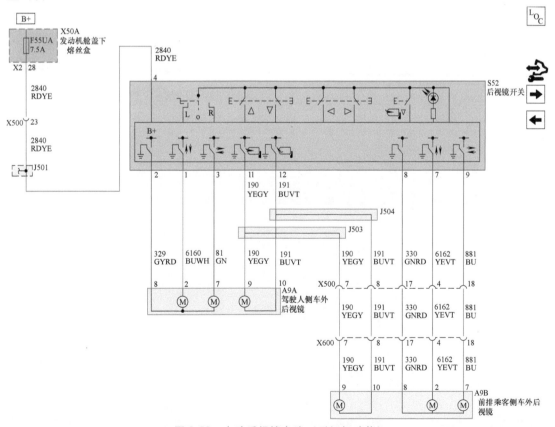

图 6-59 电动后视镜电路（无记忆功能）

方向触点从所有电路上分离。每个触点都通过选择开关连接到相应的后视镜电动机的对边。选择开关依靠选择开关的位置是在"L"（左）还是在"R"（右）中断或者完成这些电路。例如，如果后视镜选择开关位于"L"（左）的位置，并且向上开关被按下，则蓄电池电压通过驾驶人侧后视镜电动机向上控制电路被送至驾驶人侧车外后视镜垂直电动机，蓄电池电压通过驾驶人侧后视镜电动机左/下控制电路送回到后视镜开关，之后送至接地并且后视镜将会向上运动。如果向下开关被按下，驾驶人侧后视镜就能够从电动机左/下控制电路得到蓄电池电压，驾驶人侧后视镜电动机向上控制电路完成至后视镜开关的路径，之后送至接地并且后视镜将向下运动。

后视镜其余功能的操作方式和以上描述一致。让后视镜控制开关位于相反的位置，左/右或者向上/向下，将会颠倒后视镜电动机的电压极性，使用相同的电路，后视镜将会相应地运动。

2. 带记忆功能的车外后视镜电路识读

后视镜开关和前排乘客侧车窗开关是作为主体装在座椅位置记忆控制模块的串行数据电路上的。如图 6-60、图 6-61 所示，后视镜选择和方向控制开关通过串行数据电路输入座椅位置记忆控制模块。当座椅位置记忆控制模块收到车外后视镜的开关输入时，后视镜输出指

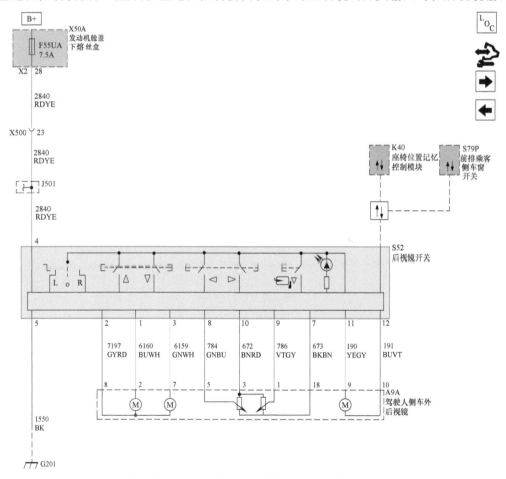

图 6-60　驾驶人侧车外后视镜电路（带记忆功能）

令通过串行数据电路被送至合适的开关。后视镜开关和前排乘客侧车窗开关通过双向电动机控制电路来控制左侧和右侧的车外后视镜。

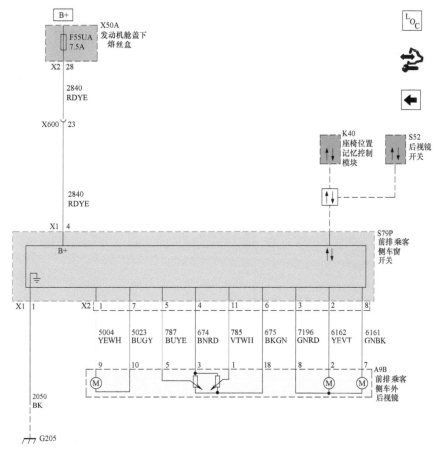

图 6-61　前排乘客侧车外后视镜电路（带记忆功能）

电动机控制电路在未启动状态时会浮起，开关提供电源，必要时，接地控制电路会在指令的方向移动后视镜。后视镜位置由各电动后视镜的水平和垂直位置传感器来确定。车外后视镜开关和前排乘客侧车窗开关为这些传感器提供 5V 参考电压、低参考电压、水平和垂直位置信号电路。信号电路通过开关得到 5V 参考电压，信号电路电压水平表示后视镜位置。后视镜位置通过串行数据电路被发送至座椅位置记忆控制模块，此处是为后视镜操作存储的位置。当座椅位置记忆控制模块收到一个记忆恢复指令时，座椅位置记忆控制模块会给车外后视镜开关和前排乘客侧车窗开关发送到达位置的指令，开关将启动与指令位置传感器设置相应的后视镜电动机。

可折叠后视镜：后视镜选择和折叠/缩回开关通过串行数据电路输入座椅位置记忆控制模块。当座椅位置记忆控制模块从车外后视镜开关处收到一个折叠或者缩回信号时，座椅位置记忆控制模块将给车外后视镜开关和前排乘客侧车窗开关发送一个折叠或者缩回指令。车外后视镜开关和前排乘客侧车窗开关通过双向控制电路控制折叠/缩回电动机。

3. 自动明暗调节和加热型后视镜电路识读

（1）自动明暗调节后视镜电路工作过程　车内后视镜使用两个光电传感器。一个传感器是后灯传感器，位于后视镜的表面，朝向车辆后部，后灯传感器用于确定出现在后视镜面前的亮度状况。另一个传感器是前照灯传感器，位于后视镜的背面，朝向车辆的前部，前照灯传感器用来确定车辆前部的车外光线情况。当前照灯传感器检测到外部亮度过低而车后灯传感器检测到亮度过高时，车内后视镜（见图 6-62）将自动使车内后视镜以及使驾驶人侧车外后视镜镜面变暗。必要时，车内后视镜向驾驶人后视镜镜面提供信号电路以及低参考电压电路，以使后视镜变暗。

当变速杆置于"REVERSE"（倒档）位置时，倒车灯控制电压会输入至车内后视镜，后视镜监视这一输入，以关闭自动明暗调节功能，无论后灯传感器状态如何，这使得驾驶人在倒车时能清楚地看见后视镜中的物体。

（2）加热型后视镜电路工作过程　加热型后视镜（见图 6-62）是通过后窗除雾继电器控制的。后窗除雾器无论何时被打开，蓄电池电压通过左侧和右侧的后视镜加热元件控制电路被送至后视镜加热元件。

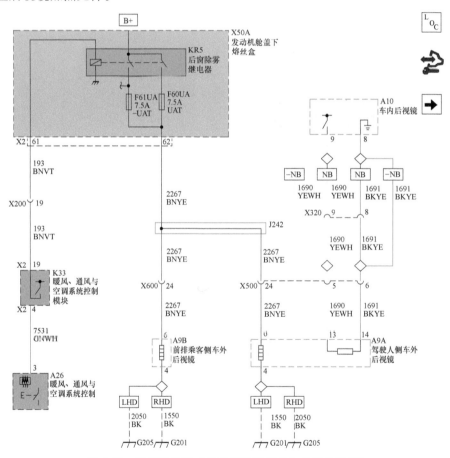

图 6-62　后视镜电路（自动明暗调节和加热型后视镜）

五、风窗刮水及喷洗系统电路图的识读

别克凯越轿车配备的风窗刮水及喷洗系统有无雨量传感器和有雨量传感器两种。下面分别介绍这两种风窗刮水及洗涤系统电路识读。

1. 无雨量传感器的风窗刮水及喷洗系统

（1）系统的组成和功能　无雨量传感器的风窗刮水及喷洗系统主要由刮水器电动机、刮水器臂、刮水片、刮水器/喷洗器开关（见图6-63）、洗涤液罐、电动洗涤液泵、喷嘴和软管等组成。该系统具有刮水器高低速或间歇动作、刮水器关闭、刮水片复位、喷洗风窗和自动空调控制等功能。

（2）系统的操作　通过刮水器/喷洗器开关可以实现刮水器的高低速或间歇动作、刮水

图6-63　别克凯越刮水器/喷洗器开关

器关闭和洗涤功能外，在刮水器/喷洗器开关关闭时，还可以实现刮水片的自动复位功能。通过间歇开关还可以实现刮水器动作时间间隔的调节。当风窗刮水系统处于工作状态且自动空调系统处于自动控制时，自动空调系统能够自动切换至除雾模式。

（3）系统的控制原理　系统的控制电路如图6-64所示。

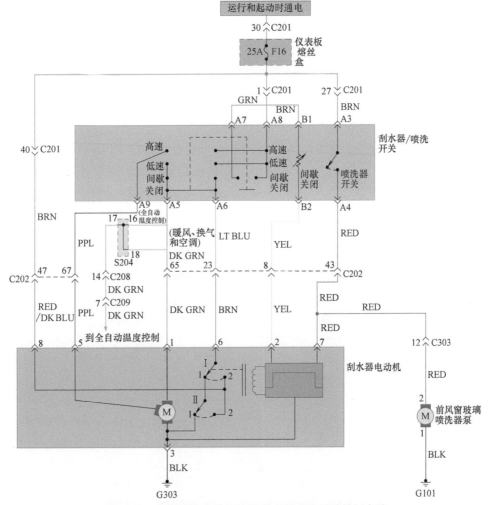

图6-64　无雨量传感器的风窗刮水及喷洗系统控制电路

系统各种功能的控制原理如下：

1）刮水器的高速控制。当把刮水器/喷洗器开关切换至高速位置时，即可实现刮水器的高速动作。刮水器的高速控制电路：15 号线→插接器 C201 的 30 号端子→熔丝 F16→插接器 C201 的 1 号端子→刮水器/喷洗器开关的 A8 号端子→刮水器/喷洗器开关的 A9 号端子→插接器 C202 的 67 号端子→插水器电动机的 5 号端子→刮水器电动机→刮水器电动机的 3 号端子→搭铁点 G303。

2）刮水器的低速控制。当把刮水器/喷洗器开关切换至低速位置时，即可实现刮水器的低速动作。刮水器的低速控制电路：15 号线→插接器 C201 的 30 号端子→熔丝 F16→插接器 C201 的 1 号端子→刮水器/喷洗器开关的 A8 号端子→刮水器/喷洗器开关的 A5 号端子→插接器 C202 的 65 号端子→刮水器电动机的 1 号端子→刮水器电动机→刮水器电动机的 3 号端子→搭铁点 G303。

3）刮水器的间歇动作控制。当把刮水器/喷洗器开关切换至间歇位置时，即可实现刮水器的间歇动作。刮水器的间歇动作控制电路：15 号线→插接器 C201 的 30 号端子→熔丝 F16→插接器 C201 的 1 号端子→刮水器/喷洗器开关的 A8 号端子→刮水器/喷洗器开关的 A7 号端子→刮水器/喷洗器开关的 B1 号端子→间歇开关→刮水器/喷洗器开关的 B2 号端子→插接器 C202 的 8 号端子→刮水器电动机的 2 号端子→间歇控制器→刮水器电动机的 3 号端子→搭铁点 G303。

间歇控制器通电动作，使刮水器电动机内的开关Ⅰ从位置 1 切换至位置 2，刮水器电动机开始间歇动作。其控制电路：15 号线→插接器 C201 的 30 号端子→熔丝 F16→插接器 C201 的 40 号端子→插接器 C202 的 47 号端子→刮水器电动机的 8 号端子→开关Ⅰ的 2 号端子→刮水器电动机的 6 号端子→插接器 C202 的 23 号端子→刮水器/喷洗器开关的 A6 号端子→刮水器/喷洗器开关的 A5 号端子→插接器 C202 的 65 号端子→刮水器电动机的 1 号端子→刮水器电动机→刮水器电动机的 3 号端子→搭铁点 G303。

当改变间歇开关的电阻时，间歇控制器可以改变刮水器动作的时间间隔。

4）刮水片自动复位的控制。当把刮水器/喷洗器开关切换至关闭位置时，若刮水片没有复位，则刮水器电动机内的开关Ⅱ从位置 1 切换至位置 2。刮水器电动机将继续动作，直至刮水片复位。此时刮水器电动机的控制电路：15 号线→插接器 C201 的 30 号端子→熔丝 F16→插接器 C201 的 40 号端子→插接器 C202 的 47 号端子→刮水器电动机的 8 号端子→开关Ⅱ的 2 号端子→开关Ⅰ的 1 号端子→刮水器电动机的 6 号端子→插接器 C202 的 23 号端子→刮水器/喷洗器开关的 A6 号端子→刮水器/喷洗器开关的 A5 号端子→插接器 C202 的 65 号端子→刮水器电动机的 1 号端子→刮水器电动机→刮水器电动机的 3 号端子→搭铁点 G303。

5）喷洗器泵的控制。当把刮水器/喷洗器开关切换至洗涤位置时，喷洗器泵动作，同时刮水器动作。喷洗器泵的控制电路：15 号线→插接器 C201 的 30 号端子→熔丝 F16→插接器 C201 的 27 号端子→刮水器/喷洗器开关的 A3 号端子→刮水器/喷洗器开关的 A4 号端子→插接器 C202 的 43 号端子→插接器 C303 的 12 号端子→喷洗器泵→搭铁点 G101。

喷洗器泵动作的同时，刮水器电动机内的间歇控制器通电动作。

6）自动空调除雾模式的控制。在自动空调系统处于"AUTO"模式，且自动空调系统控制器接收到刮水信号 1min 后，自动空调系统控制器即自动切换至除雾模式（空调压缩机工作，空气循环处于外循环状态）。

此时刮水信号电路：15 号线→插接器 C201 的 30 号端子→熔丝 F16→插接器 C201 的 40 号端子→插接器 C202 的 47 号端子→刮水电动机的 8 号端子→开关Ⅱ的 2 号端子→开关Ⅰ的 1 号端子→刮水器电动机的 6 号端子→插接器 C202 的 23 号端子→刮水器/喷洗器开关的 A6 号端子→刮水器/喷洗器开关的 A5 号端子→插接器 C208 的 14 号端子→插接器 C209 的 7 号端子→自动空调系统控制面板的 B7 号端子。

由于刮水器的动作，使开关Ⅱ有规律地在位置 1 与 2 之间切换。刮水信号电压也在 0V 与 12V 之间有规律地变化。

在刮水器停止动作 20s 后，自动空调系统恢复至原来状态。

2. 有雨量传感器的风窗刮水及喷洗系统

（1）结构特点　该系统除常规风窗刮水及喷洗系统的组成和功能外，还有以下特点：刮水器电动机内间歇控制器由原来的 1 个增加为 2 个，刮水器/喷洗器开关的间歇位置由自动位置取代，刮水器/喷洗器开关内的间歇开关改为雨量传感器开关，并配置了雨量传感器。雨量传感器安装在风窗玻璃内侧，紧靠后视镜位置。雨量传感器能产生红外线，并以 45°角照射到风窗玻璃上。风窗玻璃反射回的红外线随风窗玻璃上水的多少而相应变化，若风窗玻璃干燥，则被反射回的红外线较多；若风窗玻璃上有水，则被反射回的红外线较少。雨量传感器就是根据风窗玻璃反射回的红外线多少来感知雨量大小的。当刮水器/喷洗器开关置于"AUTO"位置时，刮水器能根据雨量传感器感知的雨量大小自动改变动作速度的快慢。其控制电路如图 6-65 所示。

（2）工作过程　当刮水器/喷洗器开关置于"AUTO"位置时，雨量传感器的控制电路：15 号线→插接器 C201 的 30 号端子→熔丝 F16→插接器 C201 的 1 号端子→刮水器/喷洗器开关的 A8 号端子→刮水器/喷洗器开关的 A7 号端子→刮水器/喷洗器开关的 B1 号端子→雨量传感器开关→刮水器/喷洗器开关的 B2 号端子→插接器 C202 的 8 号端子→插接器 C204 的 8 号端子→雨量传感器单元的 5 号端子→雨量传感器单元。

雨量传感器单元在 5 号端子上有电压时便处于工作状态。当改变雨量传感器开关的位置时，雨量传感器单元 5 号端子的电压也相应变化。而雨量传感器单元根据其 5 号端子上电压的高低，在相同雨量时，控制刮水器动作速度也相应变化：

当雨量小时，雨量传感器单元通过控制刮水器电动机 6 号端子的电压（0V 或 12V）来控制间歇控制器 A 的间歇时间。当间歇控制器 A 工作时，开关Ⅰ从位置 1 切换至 2，刮水器以较慢的速度工作。此时刮水器控制电路：15 号线→插接器 C201 的 30 号端子→熔丝 F16→插接器 C201 的 40 号端子→插接器 C202 的 47 号端子→刮水器电动机的 8 号端子→开关Ⅰ的 2 号端子→刮水器电动机的 2 号端子→插接器 C202 的 23 号端子→刮水器/喷洗器开关的 A6 号端子→刮水器/喷洗器开关的 A5 号端子→插接器 C202 的 65 号端子→刮水器电动机的 1 号端子→开关Ⅱ的 2 号端子→刮水器电动机→刮水器电动机的 3 号端子→搭铁点 G303。

当雨量大时，间歇控制器 A 工作的同时，雨量传感器单元通过控制刮水器电动机 7 号端子的电压（0V 或 12V）来控制间歇控制器 B 的间歇时间。当间歇控制器 B 工作时，开关Ⅱ从位置 2 切换至 1，刮水器以较快的速度工作。此时刮水器控制电路：15 号线→插接器 C201 的 30 号端子→熔丝 F16→插接器 C201 的 40 号端子→插接器 C202 的 47 号端子→刮水器电动机的 8 号端子→开关Ⅰ的 2 号端子→刮水器电动机的 2 号端子→插接器 C202 的 23 号端子→刮水器/喷洗器开关的 A6 号端子→刮水器/喷洗器开关的 A5 号端子→插接器 C202 的

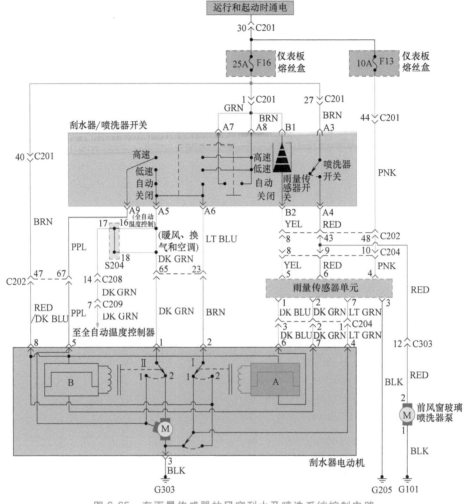

图 6-65　有雨量传感器的风窗刮水及喷洗系统控制电路

65 号端子→刮水器电动机的 1 号端子→开关 II 的 1 号端子→刮水器电动机→刮水器电动机的 3 号端子→搭铁点 G303。

雨量传感器单元的 7 号端子用来反馈刮水器动作的快慢。

六、电热装置电路图的识读

汽车上的电热装置主要有除雾器、点烟器、座椅加热器等。下面以除霜器为例介绍汽车电热装置电路图的识读。

如图 6-66 所示，09 款别克君威后窗除雾器系统包括以下部件：暖风通风与空调系统（HVAC）控制模块、后窗除雾器继电器，后窗除雾器格栅等。

当启用后窗除雾器开关时，HVAC 控制模块通过向后窗除雾器继电器控制电路提供电压，给后窗除雾器继电器通电。当后窗除雾器继电器线圈通电后，其开关触点闭合，让蓄电池电压流经继电器闭合的开关触点、通过 F28UA 熔丝到达后窗除雾器格栅，HVAC 控制模块也点亮后窗除雾器指示灯。当起动发动机并第一次按下后窗除雾器开关时，除雾器工作循

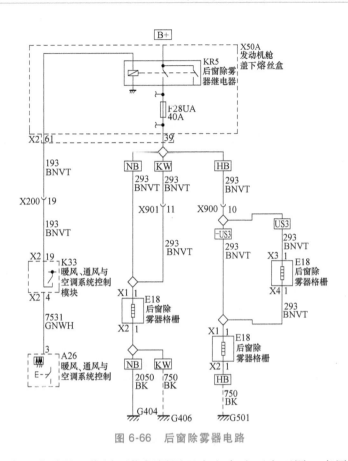

图 6-66　后窗除雾器电路

环持续 10min。更多的除雾器工作循环依据周围温度和车速而有不同。当周围温度较低或者车辆在移动时，后窗除雾器操作将被延时。

第七章

汽车发动机电子控制系统电路图的识读

第一节 汽油发动机电子控制系统电路图的识读

发动机电子控制系统（简称电控系统）电路主要包括燃油喷射控制、点火控制、怠速控制、废气再循环控制、进气控制等。发动机电控系统控制关系见表 7-1 所示。每个子系统都是以电子控制单元（ECU，简称电控单元）为中心，与该项控制有关的信号输入电路及执行器工作电路都接到电控单元上。系统组成如图 7-1 所示。

表 7-1　发动机电控系统控制关系

序号	控制项目	相关信号	执行器
1	燃油喷射	1. 进气量信号（空气流量、节气门位置、进气压力、进气温度） 2. 发动机工况信号（曲轴位置、凸轮轴位置、发动机转速、发动机温度） 3. 与其他系统匹配信号（空调压缩机、动力转向等是否投入工作，自动变速器档位）	喷油器 燃油泵
2	点火控制	1. 点火正时（发动机转速、温度、起动、空调、自动变速器） 2. 通电时间（发动机转速、蓄电池电压） 3. 爆燃控制（爆燃）	点火线圈 点火器 点火模块 火花塞
3	怠速控制	1. 发动机工况（转速、节气门位置、冷却液温度、起动负载） 2. 汽车工况（空调、档位、动力转向）	怠速控制阀
4	废气排放控制	1. 空燃比闭环（氧传感器信号） 2. 废气再循环（发动机温度、车速、EGR 阀位置） 3. 二次空气喷射（排气温度、节气门位置、发动机转速） 4. 活性炭罐（发动机转速、温度、空气温度）	喷油器 EGR 阀 二次气泵 二次空气阀 炭罐排放阀
5	进气控制系统	1. 进气惯性增压（发动机转速） 2. 废气涡轮增压（进气压力） 3. 可变进气相位升程（发动机转速）	各类电磁阀

汽油发动机电子控制系统电路可分为传感器电路、电子控制系统电路、执行器电路等，现以丰田凯美瑞轿车发动机电子控制系统（不带智能进入和起动系统）为例，介绍电子控制系统电路图的识读方法，该车发动机电子控制系统电路如图 7-2～图 7-5 所示，发动机电子控制系统 ECM 端子排列如图 7-6 所示，每对 ECM 端子之间的标准正常电压见表 7-2。

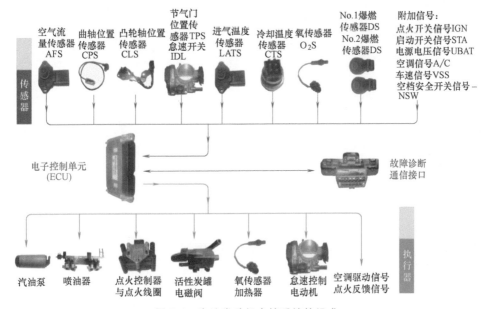

图 7-1　汽油发动机电控系统的组成

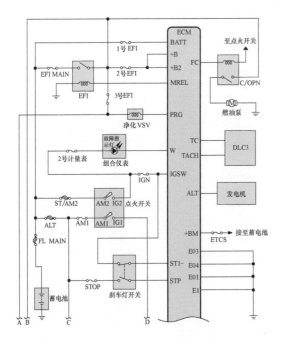

图 7-2　丰田凯美瑞发动机电子控制系统电路 1
（不带智能进入和起动系统）

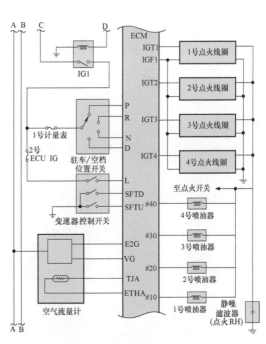

图 7-3　丰田凯美瑞发动机电子控制系统电路 2
（不带智能进入和起动系统）

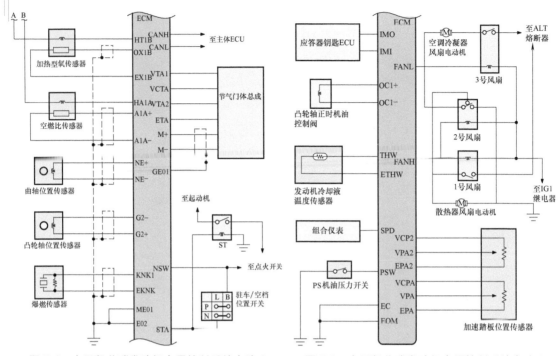

图 7-4 丰田凯美瑞发动机电子控制系统电路 3
（不带智能进入和起动系统）

图 7-5 丰田凯美瑞发动机电子控制系统电路 4
（不带智能进入和起动系统）

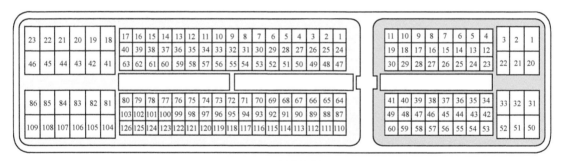

图 7-6 丰田凯美瑞发动机电子控制系统 ECM 端子排列

表 7-2 每对 ECM 端子之间的标准正常电压

符号（端子编号）	接线颜色	端子说明	状　态	规定条件
BATT（A24-20）-E1（C24-104）	Y-W-B	电池（用于测量蓄电池电压和 ECM 内存）	始终	9～14V
+B（A24-2）-E1（C24-104）	R-W-B	ECM 电源	点火开关 ON（IG）	9～14V
+B2（A24-1）-E1（C24-104）	R-W-B	ECM 电源	点火开关 ON（IG）	9～14V
+BM（A24-3）-E1（C24-104）	LG-W-B	节气门执行器电源	始终	9～14V
IGT1（C24-85）-E1（C24-104）	W-W-B	点火线圈	怠速	脉冲发生
IGT2（C24-84）-E1（C24-104）	G-R-W-B	（点火信号）		
IGT3（C24-83）-E1（C24-104）	G-W-B			
IGT4（C24-82）-E1（C24-104）	LG-W-B			
IGF1（C24-81）-E1（C24-104）	BR-W-B	点火线圈（点火确认信号）	点火开关为 ON（IG）怠速	4.5～5.5V 脉冲发生

（续）

符号（端子编号）	接线颜色	端子说明	状　态	规定条件
NE+（C24-122）-NE-（C24-121）	G-R	曲轴位置传感器	急速	脉冲发生
G2+（C24-99）-G2-（C24-98）	Y-BR	凸轮轴位置传感器	急速	脉冲发生
#10（C24-108）-E01（C24-45） #10（C24-107）-E01（C24-45） #10（C24-106）-E01（C24-45） #10（C24-105）-E01（C24-45）	B-W-B R-W-B Y-W-B L-W-B	喷油器	点火开关为 ON （IG）	9～14V
HA1A（C24-109）-E04（C24-46）	G-W	A/F 传感器加热器	急速 点火开关为 ON（IG） 急速	脉冲发生 9～14V <3.0V
A1A+（C24-112）-E1（C24-104）	L-W-B	A/F 传感器	急速	<3.3V×1
A1A+（C24-113）-E1（C24-104）	P-W-B	A/F 传感器	急速	<3.0V×1
HT1B（C24-47）-E03（C24-86）	LG-B	加热型氧传感器加热器	点火开关为 ON（IG）急速	9～14V <3.0V
OX1B（C24-64）-EX1B（C24-87）	W-BR	加热型氧传感器	传感器暖机后，发动机转速保持在 2500r/min 2min	脉冲发生
KNK1（C24-110）-EKNK（C24-111）	G-R	爆燃传感器	发动机暖机后，发动机转速保持在 4000r/min	脉冲发生
SPD（A24-8）-E1（C24-104）	V-W-B	来自组合仪表的速度信号	以 20km/h（12mph）的速度驾驶	脉冲发生
THW（C24-97）-ETHW（C24-96）	B-P	发动机冷却液温度传感器	急速，发动机冷却液温度为 80℃（176 ℉）	0.2～1.0V
THA（C24-65）-ETHA（C24-88）	P-Y	进气温度传感器	急速，进气温度为 20℃（68 ℉）	0.5～3.4V
VG（C24-118）-E2G（C24-116）	SB-W	空气流量计	急速，变速杆置于 P 或 N 位，空调开关为 OFF	0.5～3.0V
W（A24-24）-E1（C24-104）	BR-W-B	故障指示灯	点火开关为 ON（IG）（MIL 熄灭）急速	<3.0V 9～14V
STA（A24-48）-E1（C24-104）	V-W-B	起动机信号	转动	≥5.5V
NSW（C24-52）-E1（C24-104）	SB-W-B	起动机继电器控制	点火开关为 ON（IG） 转动	<1.5V ≥5.5V
ACCR（A24-13）＊2-E1（C24-104）	B-W-B	ACC 继电器控制信号	转动	<1.5V
STSW（A24-14）＊2-E1（C24-104）	R-W-B	起动机继电器工作情况信号	转动	9～14V
VTA1（C24-115）-ETA（C24-91）	Y-P	节气门位置传感器（用于发动机控制）	点火开关为 ON（IG）节气门全关 点火开关为 ON（IG）节气门全开	0.5～1.2V 3.2～4.8V
VTA2（C24-114）-ETA（C24-91）	W-L-P	节气门位置传感器（用于传感器故障检测）	点火开关为 ON（IG）松开加速踏板 点火开关为 ON（IG）踩下加速踏板	2.1～3.1V 4.5～5.5V
VCTA（C24-67）-ETA（C24-91）	B-P	传感器电源（规定电压）	点火开关为 ON（IG）	4.5～5.5V
VCPA（C24-57）-EPA（C24-59）	B-Y	加速踏板位置传感器电源（用于VPA）	点火开关为 ON（IG）	4.5～5.5V
VPA（A24-55）-EPA（A24-59）	G-Y	加速踏板位置传感器（用于发动机控制）	点火开关为 ON（IG）松开加速踏板 点火开关为 ON（IG）完全踩下加速踏板	0.5～1.1V 2.6～4.5V
VPA2（A24-56）-EPA2（A24-60）	R-O	加速踏板位置传感器（用于传感器故障检测）	点火开关为 ON（IG）松开加速踏板 点火开关为 ON（IG）完全踩下加速踏板	1.2～2.0V 3.4～5.0V
VCP2（A24-58）-EPA2（A24-60）	L-O	加速踏板位置传感器电源（用于VPA2）	点火开关为 ON（IG）	4.5～5.0V

（续）

符号（端子编号）	接线颜色	端子说明	状 态	规定条件
M+（C24-42）-ME01（C24-43）	G-B	节气门执行器	发动机暖机时急速	脉冲发生
M-（C24-41）-ME01（C24-43）	R-B	节气门执行器	发动机暖机时急速	脉冲发生
STP（A24-36）-E1（C24-104）	W-W-B	制动灯开关	踩下制动踏板松开制动踏板	9～14V <1.5V
ST1（A24-35）-E1（C24-104）	GR-W-B	制动灯开关	点火开关 ON（IG）、踩下制动踏板 点火开关为 ON（IG）、松开制动踏板	<1.5V 9～14V
PRG（C24-49）-E1（C24-104）	U-W-B	净化 VSV	点火开关为 ON（IG） 急速	9～14V 脉冲发生
FC（A24-7）-E1（C24-104）	Y-W-B	燃油泵控制	点火开关为 ON（IG） 急速	9～14V <1.5V
TACH（A24-15）-E1（C24-104）	B-W-B	发动机转速	急速	脉冲发生
TC（A24-27）-E1（C24-104）	P-W-B	DLC3 的 TC 端子	点火开关为 ON（IG）	9～14V
OC1+（C24-100）-OC1-（C24-123）	W - B	凸轮轴正时机油控制阀（OCV）	急速	脉冲发生
CANH（A24-41）-E1（C24-104）	B-W-B	CAN 通信线路	点火开关为 ON（IG）	脉冲发生
CANL（A24-49）-E1（C24-104）	W-W-B	CAN 通信线路	点火开关为 ON（IG） 点火开关为 ON（IG）	脉冲发生 9～14V
FANL（A24-21）-E1（C24-104）	R-W-B	3 号风扇继电器	空调 ON 时急速或发动机 冷却液温度高	<1.5V
FANH（A24-22）-E1（C24-104）	W-W-B	1 号，2 号风扇继电器	发动机冷却液温度高时急速	<1.5V
ALT（C24-50）-E1（C24-104）	L-W-B	发电机	点火开关为 ON（IG）	9～14V
IGSW（A24-28）-E1（C24-104）	Y-W-B	点火开关	点火开关为 ON（IG）	9～14V
MREL（A24-44）-E1（C24-104）	O-W-B	EFI 主继电器	点火开关为 ON（IG）	9～14V

注：1. 不管传感器输出电压多少，ECM 端子电压保持恒定值。
    2. 带智能进入和起动系统。

一、电控单元电路图的识读

1. 发动机 ECM 控制电路

如图 7-7 所示，在点火开关被转到 ON（IG）时，电流路线：蓄电池+→FL 主熔丝→ST/AM2 熔丝→点火开关 E23→点火熔丝 IGN→发动机控制模块（ECM）A24 插接器 28#（IGSW）端子。蓄电池电压被施加在 ECM 的 IGSW 端子上。ECM 的 MREL 端子所输出信号使电流通向

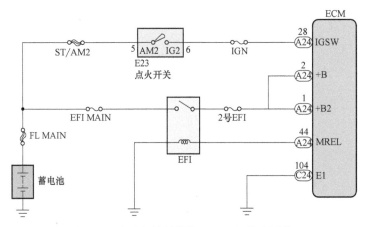

图 7-7　发动机控制模块（ECM）供电模块

线圈，闭合发动机室 J/B（EFI 继电器）的触点，从而向 ECM 的 +B 或 +B2 端子供电，即可使发动机控制系统相应的传感器和执行器通电进入工作状态。电流路线：蓄电池+→FL 主熔丝→EFI 主熔丝→EFI 主继电器触点→发动机控制模块（ECM）的 +B、+B2 端子。

2. VC 输出电路

如图 7-8 所示，当得到蓄电池电压持续生成 5V 电源后，提供给 +B（BATT）端子用以运行微处理器。发动机控制模块（ECM）也通过 VC 输出电路向传感器供电。ECU 也通过 VC 输出电路向传感器供电（如节气门位置传感器、加速踏板位置传感器等）。

由于发动机控制模块（ECM）内的微处理器和传感器是由 VC 电路供电的，故当 VC 电路短路时，微处理器和传感器被停用。此时，系统不能启动，即使系统出现故障，MIL 也不会亮起。

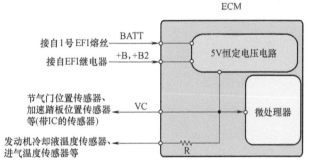

图 7-8　VC 输出电路

> **注意**：在正常情况下，将点火开关首先转到 ON（IG）位置时，MIL（故障指示灯）将亮起数秒，发动机起动后 MIL 熄灭。

3. 故障指示灯（MIL）控制电路

故障指示灯（MIL）用来指示发动机控制模块（ECM）检测到的车辆故障。将点火开关转到 ON（IG）时，向 MIL 电路（见图 7-9）供电，发动机控制模块（ECM）提供电路接地来点亮 MIL。可对 MIL 运行进行目视检查：如果先将点火开关转到 ON（IG）位置，则 MIL 应亮起，然后熄灭；如果 MIL 保持亮起或不亮，则使用智能测试仪进行故障排除。

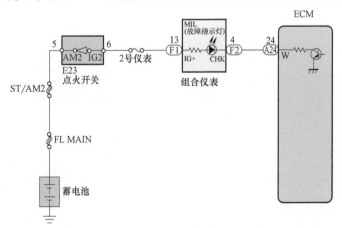

图 7-9　故障指示灯（MIL）控制电路

二、传感器电路图的识读

1. 空气流量计

空气流量计（MAF）是测量通过节气门的空气流量的传感器。发动机控制模块（ECM）

利用该信息来确定燃油喷射时间，并提供合适的空燃比。

在空气流量计内有一个暴露在进气气流中的加热式铂丝（铂热丝）。通过向铂丝施加规定的电流，发动机控制模块（ECM）将其加热到指定的温度。进气气流可冷却铂丝和内部热敏电阻，从而改变它们的电阻值。为保持固定的电流值，发动机控制模块（ECM）在空气流量计内调节施加到这些组件上的电压。电压值与通过传感器的空气流量成比例，并且发动机控制模块（ECM）会利用该值来计算进气量。此电路经过精心设计，铂热丝和温度传感器形成桥式电路，并且通过控制功率晶体管，使 A 和 B 之间的电压差保持相等来维持恒定温度，如图 7-10 所示。

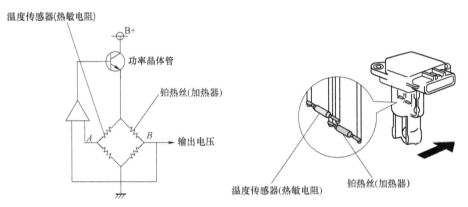

图 7-10　空气流量计的电路结构原理

空气流量计电路如图 7-11 所示，当发动机控制模块（ECM）插接器 A24 的 44#（MREL）端子输出高电平信号时，EFI 主继电器线圈得电，EFI 主继电器触点闭合。蓄电池电压通过空气流量计 C2 的 3#端子进入供电，4#端子流出接地；5#端子为空气流量计输出信号端子。

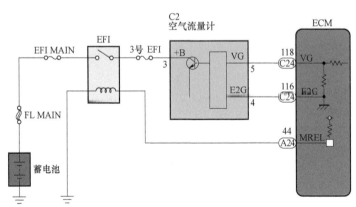

图 7-11　空气流量计电路

2. 进气温度传感器

安装在空气流量计（MAF）上的进气温度（IAT）传感器监控进气温度。进气温度（IAT）传感器有一个内置热敏电阻，其电阻值可随进气温度的改变而改变。当进气温度较低时，热敏电阻升高；当温度上升时，电阻降低。电阻的这些变化被作为电压变化传送至发动机控制模块（ECM）。

进气温度传感器电路如图 7-12 所示，C2 的 1#输出进气温度信号，2#接地。通过发动机控制模块（ECM）的 THA 端子，由电阻 R 向进气温度传感器提供 5V 的电压。电阻 R 和进气温度传感器串联。当进气温度传感器的电阻变化时，端子 THA 上的电压也随之变化。根据该信号，发动机控制模块（ECM）增加喷油量以提高发动机在冷态工作时的运行性能。

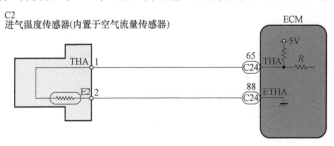

图 7-12　进气温度传感器电路

3. 冷却液温度传感器

冷却液温度传感器向发动机控制模块（ECM）提供冷却液温度信号，用于起动、怠速、正常运行时的点火正时和喷油脉宽修正。其结构与进气温度（IAT）传感器相同。冷却液温度传感器电路如图 7-13 所示，该传感器有 2 个端子，C4 的 1#端子为接地端子，接发动机控制模块（ECM）插接器 C24 的 96#端子；2#端子输出冷却液温度信号，接发动机控制模块（ECM）插接器 C24 的 97#端子。

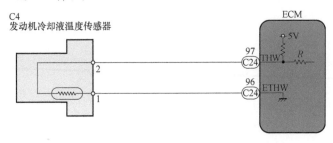

图 7-13　冷却液温度传感器电路

4. 曲轴位置传感器

曲轴位置传感器和凸轮轴位置传感器电路如图 7-14 所示。曲轴位置传感器 C20 的 1#输出曲轴位置信号，接发动机控制模块（ECM）插接器 C24 的 122#端子；2#为接地端子，接发动机控制模块（ECM）插接器的 C24 的 121#端子。

曲轴位置传感器向发动机控制模块（ECM）提供发动机转速、曲轴转角及上止点信号，用于控制发动机点火和喷油正时。曲轴位置（CKP）传感器系统由曲轴位置传感器齿板和感

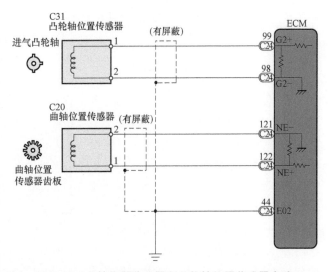

图 7-14　曲轴位置传感器和凸轮轴位置传感器电路

应线圈组成：传感器齿板有 34 个齿，被安装在曲轴上；感应线圈由缠绕的铜线、铁心和磁铁构成。传感器齿板旋转，当每个传感器齿通过感应线圈时，产生脉冲信号。发动机每转动一次，感应线圈就产生 34 个信号。根据这些信号，发动机控制模块（ECM）计算曲轴位置以及发动机转速（RPM）。利用这些计算值，燃油喷射时间和点火正时得到控制。

5. 凸轮轴位置传感器

凸轮轴位置（CMP）传感器由磁铁、铁心组成，外面缠有铜丝，安装在气缸盖上。当凸轮轴转动，凸轮轴上 3 齿一组经过 CMP 传感器。这会激活传感器中的内置磁铁，在铜线中产生电压。凸轮轴旋转和曲轴旋转同步。曲轴每转 2 周，则在 CMP 传感器中产生 3 次电压。传感器中生成的电压是一种信号，可以使发动机控制模块（ECM）找到凸轮轴位置。该信号用来控制点火正时、燃油喷射正时和 VVT 系统。

凸轮轴位置传感器 C31 的 2#端子为接地端子，接发动机控制模块（ECM）插接器 C24 的 98#端子；1#端子输出凸轮轴位置信号，接发动机控制模块（ECM）插接器 C24 的 99#端子。

6. 节气门位置传感器和节气门体

节气门位置（TP）传感器安装在节气门体总成上，用来检测节气门开度。该传感器使用霍尔效应元件，在速度极高或极低时都可以产生准确的信号，其电路结构如图 7-15 所示，其工作特性如图 7-16 所示。传感器端子 VTA 检测节气门开度，用百分比表示。节气门开度为 10%~20% 时为节气门全关状态；节气门开度为 66%~98% 时为节气门全开状态；其他状态节气门开度为发动机处于中小负载的状态。

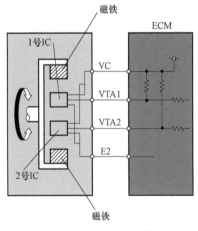

图 7-15　节气门位置传感器的电路结构

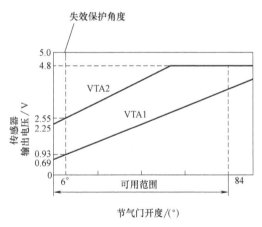

图 7-16　节气门位置传感器的工作特性

TP 传感器有 2 个传感器电路，各自发送 VTA1 和 VTA2 信号，如图 7-17 所示，节气门体 C5 的 5#为 5V 供电端子，接发动机控制模块（ECM）插接器 C24 的 67#端子；3#为接地端子，接发动机控制模块（ECM）插接器 C24 的 91#端子；6#为 VTA1 信号，用来检测节气门开度，接发动机控制模块（ECM）插接器 C24 的 115#端子；4#为 VTA2 信

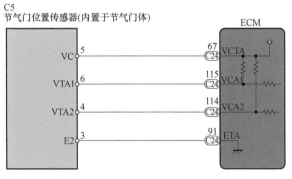

图 7-17　节气门位置传感器电路

号，用来检测 VTA1 的故障。传感器信号电压在 0~5V 之间变化，其变化幅度与节气门的开度成比例。节气门关闭时，传感器输出电压降低；节气门打开时，传感器输出电压增加。发动机控制模块（ECM）根据这些信号计算节气门开度，并控制节气门执行器来适应驾驶情况。这些信号还会用在空燃比校正、供电增加校正和燃油切断控制等计算中。

电子节气门内有一个节气门执行器，它受 ECU 的控制，并且用齿轮开启或关闭节气门，电路如图 7-18 所示。节气门执行器 C5 的 1# 为节气门电动机负极，接发动机控制模块（ECM）插接器 C24 的 41 端子；2# 为节气门电动机正极，接发动机控制模块（ECM）插接器 C24 的 42 端子。

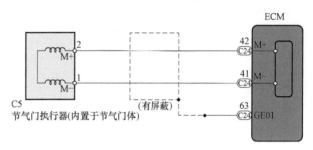

图 7-18　节气门执行器电路

7. 加速踏板位置传感器

加速踏板位置（APP）传感器安装在加速踏板支架上，它有 2 个传感器电路：VPA（主）和 VPA2（副）。如图 7-19 所示，该传感器为非接触式传感器，使用霍尔效应元件，甚至在极端的驾驶条件下（如速度极高或极低时）也可以产生准确的信号。施加到发动机控制模块（ECM）的 VPA

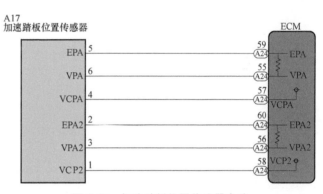

图 7-19　加速踏板位置传感器电路

和 VPA2 端子的电压根据加速踏板（节气门）开度的比例在 0~5V 之间变化，如图 7-20 所示。来自 VPA 的信号显示了实际加速踏板开度（节气门开度），用于发动机控制。来自 VPA2 的信号发送 VPA 电路的工作状态，并用来检查 APP 传感器自身的情况。发动机控制模块（ECM）通过来自 VPA 和 VPA2 的信号监视实际加速踏板开度（节气门开度），根据这些信号控制节气门执行器。

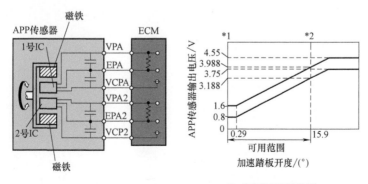

*1：完全松开加速踏板

*2：完全踩下加速踏板

图 7-20　加速踏板位置传感器的结构和工作特性

8. 爆燃传感器

爆燃传感器安装在发动机缸体上来检测发动机爆燃。当爆燃引起发动机缸体振动时，会产生电压。可通过点火正时延迟来抑制发动机爆燃。爆燃传感器电路如图 7-21 所示。爆燃传感器 C30 的 2#输出爆燃信号，接发动机控制模块（ECM）插接器 C24 的 110#端子；1#输出爆燃信号，接发动机控制模块（ECM）插接器 C24 的 111#端子。

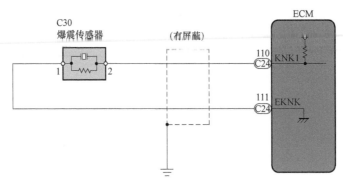

图 7-21 爆燃传感器电路

9. 氧传感器

氧传感器用于检测废气中氧的含量，并将信号传递给发动机控制模块（ECM），发动机控制模块（ECM）根据此信息进行燃油闭环控制，使发动机在最佳的工况下工作，并使尾气中的废气能够在三元催化转化器中得到最大程度的转化和净化。1 号氧传感器（空燃比传感器 A/F 传感器）安装在三元催化转化器（TWC）前部，并位于发动机总成附近；2 号氧传感器（HO_2S）安装在三元催化转化器后面。氧传感器电路如图 7-22 所示，其中，传感器的 2#为供电端子；3#为信号输出端子；1#和 4#为接地端子。

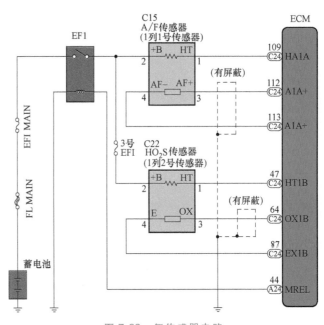

图 7-22 氧传感器电路

三、执行器电路图的识读

1. 点火控制电路

凯美瑞轿车采用了 DIS（直接点火系统），DIS 可提高点火正时的精度，减少高压损耗，并因淘汰了分电器而提高了点火系统的整体稳定性，发动机中的 DIS 为独立的点火系统，每个气缸都有一个带点火器的点火线圈。该轿车点火电路简图如图 7-23 所示。

直接点火系统（DIS）是一气缸点火系统，其工作过程如图 7-24 所示，它的每个气缸都

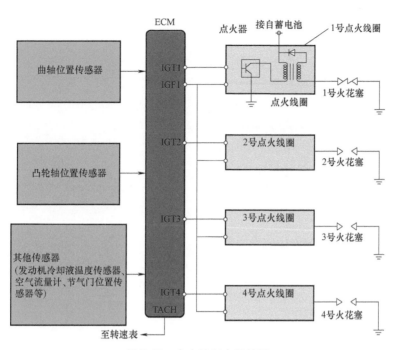

图 7-23　点火控制电路简图

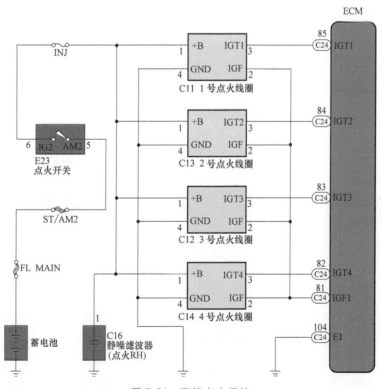

图 7-24　直接点火系统

用一个点火线圈来点火，并且火花塞与每个副线圈尾部相连。二次线圈中产生的强电压被直接应用到火花塞上。火花塞的火花从中央电极传到接地电极。发动机控制模块（ECM）确定点火正时，并向每个气缸传送点火（IGT）信号。发动机控制模块（ECM）通过使用 IGT 信号来转换点火器内部晶体管的开启和关闭。晶体管因此开启和关闭向一次线圈供电的电流。当一次线圈供电电流被切断时，二次线圈会产生强电压。该电压将施加在火花塞上，使其在气缸内产生火花。当发动机控制模块（ECM）切断向一次线圈供电的电流时，为保证每个气缸点火，点火器将点火确认（IGF）信号发送回发动机控制模块（ECM）。点火确认信号用来判定点火一次线圈是否被切断，并根据此信号给出喷油脉冲控制信号，当发动机控制模块（ECM）3~5s 接收不到点火确认（IGF）信号时，将停止喷油。

2. 喷油器控制电路

如图 7-25 所示，当点火开关位于 ON（IG）时，电路如下：蓄电池电压→FL 主熔丝→ST/AM2 熔丝→点火开关→喷油（INJ）熔丝→1~4 号喷油器的 1#端子，喷油器的 2#端子受发动机控制模块（ECM）的控制，发动机控制模块（ECM）发出电脉冲给喷油器的线圈，形成磁场力。当磁场力上升到足以克服回位弹簧压力、针阀重力和摩擦力的合力时，针阀开始升起，喷油过程开始。当喷油脉冲截止时，回位弹簧的压力使针阀重新关上。

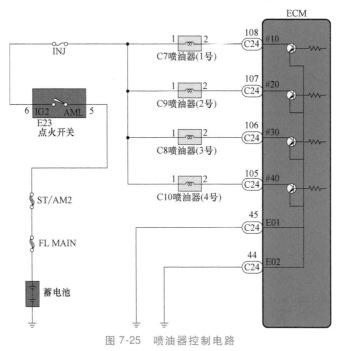

图 7-25　喷油器控制电路

3. 燃油泵控制电路

如图 7-26 所示，当发动机转动时，电流从点火开关（电源控制 ECU）的 ST1 端子流入起动机继电器线圈，电流也流入发动机控制模块（ECM）的 STA 端子。起动机起动，发动机控制模块（ECM）的 MREL 端子输出高电平信号，EFI 主继电器线圈得电，主继电器触点闭合；当 STA 信号和 NE 信号被输入发动机控制模块（ECM）时，晶体管 Tr1 接通，电流流入燃油泵继电器的线圈，继电器接通，电路为：蓄电池正极→FL 主熔丝→EFI 主熔丝→主继电器触点→燃油泵继电器触点→燃油泵→搭铁→蓄电池负极，燃油泵运行。在生成 NE 信号的同时（发动机运转），发动机控制模块（ECM）使 Tr1 一直处于 ON（燃油泵继电器 ON），燃油泵也始终在运转。当发动机停止运转时，因接收不到 NE 信号，燃油泵自动停止运转。

4. 燃油蒸发排放控制系统清污控制阀

为减少 HC 排放，将来自燃油箱的蒸发燃油通过活性炭罐再排入进气歧管中，使之在气缸中燃烧。

燃油蒸发排放控制系统清污控制阀电路如图 7-27 所示。当发动机运转时，发动机控制模块（ECM）插接器 A24 的 44#端子输出高电平信号，EFI 主继电器得电，其触点闭合，电路为：蓄电池电压→FL 主熔丝→EFI 主熔丝→主电控继电器触点→3 号 EFI 熔丝→净化 VSV 阀 C6 的 1#端子。净化 VSV 阀 C6 的 2#端子接发动机控制模块（ECM）插接器 C24 的 49#端子。发动机控制模块（ECM）改变传输到净化 VSV 阀的占空比信号，从而使 HC 排放的进气量在暖机后适于驾驶工况（发动机负载、发动机转速、车速等）。

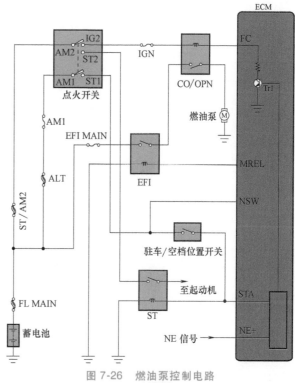

图 7-26　燃油泵控制电路

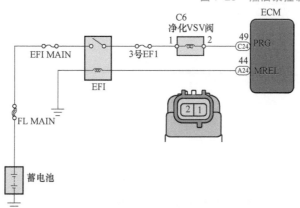

图 7-27　燃油蒸发排放控制系统清污控制阀电路

第二节　巡航控制系统电路图的识读

一、巡航控制系统的组成

巡航控制系统是一种利用电子控制技术保持汽车自动等速行驶的系统。驾驶汽车在高速公路上长时间行驶时，打开自动操纵开关后，巡航控制系统将根据行车阻力变化自动调节节气门开度，使汽车行驶速度保持一定，并且可以避免驾驶人频繁踩加速踏板，减轻了驾驶人的疲劳强度。由于巡航控制系统能自动维持车速，避免了不必要的加速踏板的人为变动，也进而改善了汽车的燃油经济性和发动机的排放性能。

汽车巡航控制系统的功用是根据汽车行驶阻力的变化，自动调节发动机节气门开度的大小，使汽车保持恒定速度行驶。汽车巡航控制系统主要由车速传感器、节气门位置传感器、控制开关、巡航控制电控单元（CCS ECU）和执行机构等部件组成。

二、巡航控制系统电路图的识读示例

以 08 款本田雅阁轿车为例讲解巡航控制系统电路的识读。雅阁轿车巡航控制系统电路如图 7-28 所示。

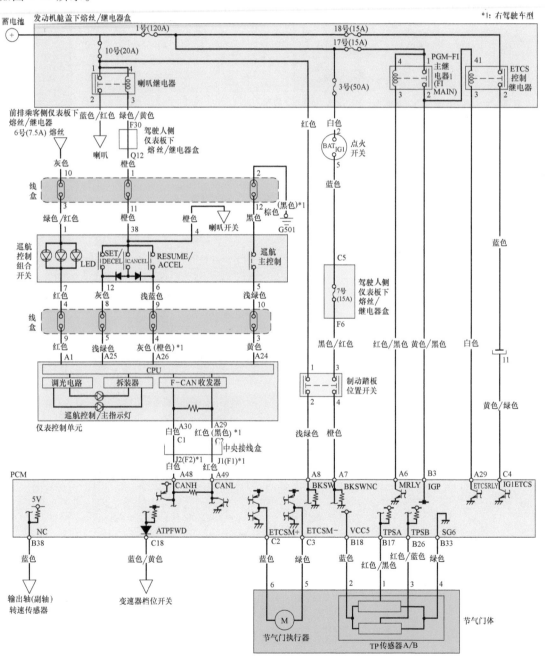

图 7-28　2008 款本田雅阁轿车巡航控制系统电路图

本田雅阁轿车巡航控制系统实际上是一个受 PCM（发动机电控制单元）控制的，具有速度自动调节的控制系统，其工作原理如下：当点火开关位于 IG1 位时，控制主开关通电，当按下"ON"按钮时，电源即给控制电脑和制动开关供电。控制电脑接收来自制动开关、车速传感器（VSS）、离合器开关（手动变动器）或 A/T 档位开关（自动变速器）的信号，控制电脑依次发送信号给巡航控制促动器来调节节气门位置以维持所设定的汽车速度。控制电脑把汽车的实际速度与所设定的速度进行比较，从而在必要时打开或关闭节气门，使得所提供的动力与所设定的速度相匹配。

当驾驶人以恒力踏下制动踏板时，巡航控制系统不能对节气门进行控制。开关通过常闭触点断开电源，常开触点提供电源给电脑发送信号。离合器开关或 A/T 档位开关也发送"分离信号"给控制电脑以使节气门关闭。巡航控制系统会设定且自动维持 40km/h 的速度。设定速度时，确信主开关"ON"，在达到要求的速度时，按下设定开关，控制电脑接收到设定信号，依次控制巡航控制促动器以维持设定速度。

（1）电源电路　常相线：蓄电池→发动机舱盖下熔丝/继电器盒 No.1（120A）→No.17（15A）→PGM-FI 主继电器 1 线圈→PCM 的 A6 端子。此电源线为巡航系统的常电源线，但点火开关断开时，此常电源线中无电流通过，线圈中没有电流通过，主继电器触点未闭合。

点火开关控制线：点火开关闭合时，电流方向：蓄电池→发动机舱盖下熔丝/继电器盒 No.1（120A）→No.3（50A）→点火开关（BAT-IG1）→驾驶人侧仪表板下熔丝/继电器盒 No.7（15A）→制动踏板位置开关常闭触点→PCM 的 A7 端子。

当点火开关闭合后，PCM 的 A7 端子得电，此高电平信号使 PCM 控制 A6 端子内大功率晶体管导通，PGM-FI 主继电器 1 线圈得电，使触点闭合，同时给 ETCS 继电器线圈供电，在合适的条件下，使其触点闭合。

（2）巡航开关操作　08 款本田雅阁轿车巡航控制开关如图 7-29 所示。

1）CRUISE（主开关）：主开关（CRUISE）为按钮式开关，其位置如图 7-29 所示，是巡航控制系统的总开关，当单击一下主开关（CRUISE）按钮时，巡航主控制开关接通，组合仪表板上的绿色巡航指示灯将发亮指示，此时巡航控制系统将处于待命状态，可以进行巡航控制；再次单击 CRUISE（主开关）按钮时，按钮将弹起，巡航主开关将断开，巡航指示灯将熄灭，指示巡航控制系统处于关闭状态，不能进行巡航控制。

图 7-29　08 款本田雅阁轿车巡航控制开关

2）SET/DECEL（设定/减速）：当按下按钮 SET/DECEL（设定/减速）时，电流路径：蓄电池→No.10（20A）→喇叭继电器线圈→驾驶人侧仪表板下熔丝/继电器盒→线盒→巡航控制组合开关的 SET/DECEL（设定/减速）→线盒→仪表控制单元 A25 端子。仪表控制单元 A25 端子收到高电平信号，此时巡航控制系统将进入设定/减速状态。

3）RESUME（图中简写为 RES）/ACCEL（恢复/加速）：当按下按钮 RESUME/ACCEL（恢复/加速）时，电流路径：蓄电池→No.10（20A）→喇叭继电器线圈→驾驶人侧仪表板下熔丝/继电器盒→线盒→巡航控制组合开关的 RESUME/ACCEL（恢复/加速按钮）→线盒→仪表控制单元 A26 端子。仪表控制单元 A26 端子收到高电平信号，此时巡航控制系统将进入恢复/加速状态。

4）CANCEL（取消）：当按下按钮 CANCEL（取消）时，电流路径：蓄电池→No. 10（20A）→喇叭继电器线圈→驾驶人侧仪表板下熔丝/继电器盒→线盒→巡航控制组合开关的 CANCEL（取消）→线盒→仪表控制单元 A25、A26 端子。仪表控制单元 A25、A26 端子均收到高电平信号，此时巡航控制系统将取消。

第三节 柴油发动机电控系统电路图的识读

一、柴油发动机电控系统的发展简介

柴油发动机电控系统的发展经历了 3 代，即位置控制式、时间控制式、时间-压力控制式（高压共轨式），各代柴油机电控燃油喷射系统的特点如下：

1）位置控制式（第 1 代）：这种系统的主要特点是保留了大部分传统的燃油系统部件，只是用电子伺服机构代替机械式调速器来控制供油滑套或燃油齿条的位置，使得供油量的调整更为灵敏和精确。

2）时间控制式（第 2 代）：这种系统可以保留原来的喷油泵-高压油管-喷油器系统，也可以采用新型高压燃油系统。其喷油量和喷油定时是由电脑控制强力高速电磁阀的开闭时刻决定的：电磁阀关闭，执行喷油；电磁阀打开，喷油结束。即喷油始点取决于电磁阀关闭时刻，喷油量取决于电磁阀关闭时间的长短，因此可以同时控制喷油量和喷油定时。

3）时间-压力控制式（第 3 代）：时间-压力控制式也称电控高压共轨系统，这种系统包括了高压共轨系统和中压共轨系统。该系统抛弃了传统的泵-管-喷嘴的脉动供油方式，代之用一个高压油泵在柴油发动机的驱动下，连续将高压燃油输送到共轨管内，高压燃油再由共轨管送入各缸喷油器，通过控制喷油器上的电磁阀实现喷油的开始和终止。

本书主要以时间控制式（第 2 代）和时间-压力控制式（第 3 代）为例，讲解柴油发动机电控系统电路图的识读。

二、时间控制式电控柴油喷射系统电路图的识读

时间控制式电控柴油喷射系统，根据产生高压柴油装置的不同，又分为分配泵、直列泵、单体泵和泵喷嘴电控柴油喷射系统。

现以采用德尔福电控单体泵系统的玉柴 YC6G24-30 发动机电控单元（ECU）电路（见图 7-30）为例，介绍时间控制式电控柴油喷射系统电路图的识读方法。车辆电路连接图如图 7-31 所示，单体泵控制系统框图如图 7-32 所示。

玉柴 YC6G240-30 电控柴油喷射系统主要由传感器、ECU 和执行器等部分组成。

1. 传感器信号电路

（1）转速传感器/曲轴位置传感器 发动机转速传感器检测发动机转速信号。曲轴位置传感器安装在飞轮壳上，检测活塞上止点及曲轴转角。发动机转速传感器/曲轴位置传感器用于喷油时刻和喷油量计算和转速计算，同时在凸轮位置传感器失效后可执行失效安全策略。图 7-30 中，ECU 的 J1-49、J1-50 端子外接转速传感器。

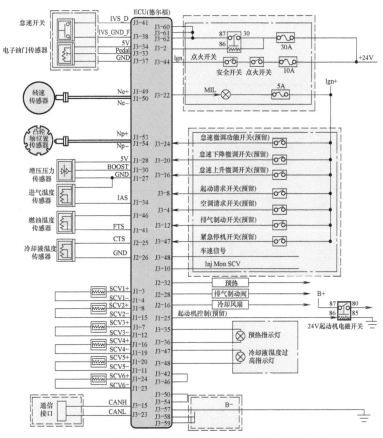

图 7-30 玉柴 YC6G240-30 电控柴油发动机 ECU 电路

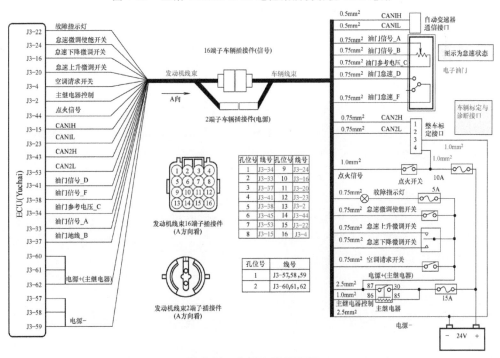

图 7-31 车辆电路连接图

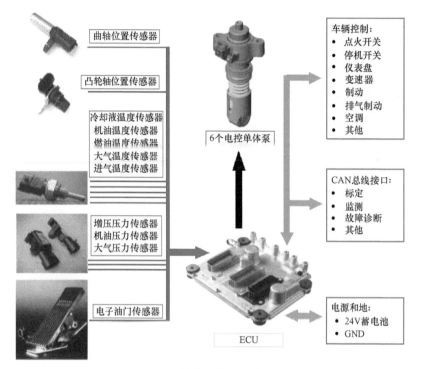

图 7-32　单体泵控制系统框图

（2）凸轮轴位置传感器　凸轮轴位置传感器安装在齿轮室上，其作用是判断柴油发动机运行的角度相位（也称判缸），同时在曲轴位置传感器失效后可执行失效安全策略。图 7-30 中，ECU 的 J1-53、J1-54 端子外接凸轮轴传感器。

（3）增压压力传感器（MAP）　增压压力传感器安装在进气管上。其作用是测量增压压力，与进气温度一道计算空气密度和喷油量，在瞬态工况时用于冒烟控制。图 7-30 中，ECU 的 J1-28 端子输出 5V 电压给增压压力传感器，J1-27 是接地端子，J1-30 是传感器信号输入端子。

（4）进气温度传感器　进气温度传感器安装在进气管上，其作用是测量进气温度，与进气压力一道计算空气密度和喷油量，同时还用于修正喷油提前角，同时在进气温度过高时启动保护。图 7-30 中，ECU 的 J1-34、J1-27 端子外接进气温度传感器，其中，ECU 的 J1-34 是传感器信号输入端子，J1-27 是接地端子。

（5）冷却液温度传感器　冷却液温度传感器安装在节气座上，其作用是测量冷却液温度，用于冷起动、目标怠速计算等，还用于修正喷油提前角、最大功率保护等，同时在冷却液温度过高时起动保护。图 7-30 中，ECU 的 J2-25、J2-26 端子外接冷却液温度传感器，其中，ECU 的 J2-25 是传感器信号输入端子，J2-26 是接地端子。

（6）燃油温度传感器　燃油温度传感器安装在单体泵室上，其作用是根据燃油密度计算喷油量和所需的喷油脉宽，同时在燃油温度过高时启动保护。图 7-30 中，ECU 的 J1-46、J1-41 端子外接燃油温度传感器，其中，ECU 的 J1-41 是传感器信号输入端子，J1-46 是接地端子。

（7）电子油门传感器　电子油门传感器安装在加速踏板位置，其作用是采集加速踏板的信息，通过模拟信号发给ECU。图7-30中，ECU的J3-38、J3-41端子外接怠速开关；J3-34为电子油门传感器5V供电输出，J3-33为电子油门传感器信号输入端子，J3-37为接地端子。

（8）大气压力传感器　内置在控制器ECU中。

（9）环境温度传感器　内置在控制器ECU中。

2. 电子控制单元（ECU）

电子控制单元的功用是接收各种传感器和开关等的信号，进行运算、分析、比较、判断，根据ECU存储的发动机控制程序向执行器（单体泵电磁阀等）发出指令，实现喷油量和喷油正时的控制。ECU还具有故障诊断功能，当控制系统出现故障时，它会进行识别，当确认为故障时，以故障码的形式进行存储，并使指示灯点亮，提醒驾驶人进行检修。

德尔福单体泵控制系统ECU可用12V和24V供电。ECU采用Power PC微处理器、橡胶绝缘隔垫、可以驱动单阀的燃油喷射系统、国际先进的CAN现场总线通信技术、可选择的燃油冷却功能，内置大气压力和ECU温度传感器。ECU实物如图7-33所示。

图7-33　电子控制单元（ECU）

3. 执行器控制电路

玉柴YC6G240-30型电控柴油喷射系统的执行器有单体泵电磁阀（6个）、排气制动阀、风扇控制、冷却液温度过高指示灯、故障指示灯等。

（1）单体泵电磁阀　ECU的J1-3、J1-4端子外接单体泵电磁阀1；ECU的J1-8、J1-15端子外接单体泵电磁阀2；ECU的J1-7、J1-12端子外接单体泵电磁阀3；ECU的J1-16、J1-19端子外接单体泵电磁阀4；ECU的J1-20、J1-11端子外接单体泵电磁阀5；ECU的J1-24、J1-23端子外接单体泵电磁阀6。

（2）排气制动阀　ECU的J2-28端子外接排气制动阀。

（3）风扇控制　ECU的J1-16端子外接冷却风扇，控制冷却风扇的运行。

（4）冷却液温度过高指示灯　ECU的J3-47、J3-48端子外接冷却液温度过高指示灯，控制冷却液温度过高指示灯的亮灭。

（5）故障指示灯　ECU的J3-22端子外接故障指示灯，电路：点火开关来的蓄电池电压→5A熔丝→故障指示灯→ECU的J3-22端子。当发动机出现故障时，ECU的J3-22端子输出低电压信号，故障指示灯亮起。

（6）CAN通信总线　ECU的J3-15、J3-23端子外接CAN通信接口。其中，J3-15接CAN高总线，J3-23接CAN低总线。

三、时间-压力控制式（高压共轨系统）电控柴油喷射系统电路图的识读

目前，世界上主要有三大公司在研发和生产柴油机高压共轨系统，它们是德国的博世（BOSCH）、日本的电装（DENSO）和美国的德尔福（DELPHI）。德国博世公司从推出第1代、第2代柴油高压共轨系统后，现在已经发展到第3代柴油高压共轨系统。以德国博世公

司的高压共轨电控柴油喷射系统为例，讲解高压共轨电控柴油喷射系统电路图的识读。

博世高压共轨发动机的燃油系统分为低压供油部分和高压供油部分。低压供油部分为高压供油部分提供足够的燃油，主要部件有油箱、燃油滤清器（包括油水分离器、手动输油泵）、低压输油管、回油管、安装于高压油泵上的齿轮式吸油泵或叶片式吸油泵；高压供油部分除产生高压燃油外，还进行燃油分配和燃油压力测量，主要部件有高压泵（包括流量计量阀）、高压蓄压器（轨道，包括轨压传感器）、喷油器、高压油管。

南京依维柯 SOFIM43S3 高压共轨柴油发动机 EDC16 系统电路如图 7-34 所示。共轨燃油系统简图如图 7-35 所示，该控制系统主要由传感器、开关、ECU 和执行器等组成。

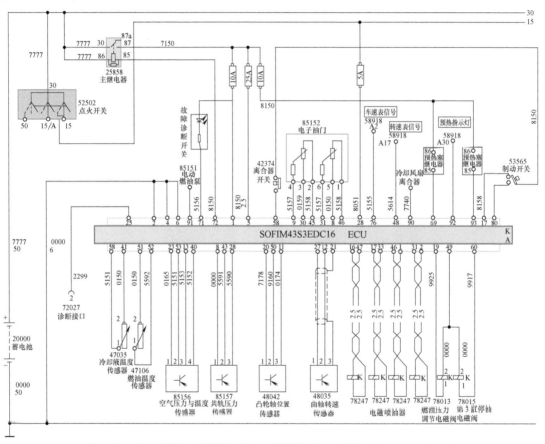

图 7-34　南京依维柯 SOFIM43S3 高压共轨柴油发动机 EDC16 系统电路

1. 传感器及开关信号电路

（1）曲轴转速传感器　ECU 的 A12、A21、A27 端子外接曲轴转速传感器，其中，A21 端子接曲轴位置传感器屏蔽线，曲轴转速传感器信号从 ECU 的 A12、A27 输入。曲轴转速传感器装在发动机缸体上，感应飞轮（注：飞轮上共有 58 个孔）的行程变化信号及飞轮上每两个孔之间的距离信号，这是电控中心识别活塞上止点位置的基本信号。该信号使电控中心了解发动机转速，成功实现提前预喷射，计算预喷射的时间，进行主喷射和驱动发动机转速表。

（2）凸轮轴相位传感器　ECU 的 A11、A50、A20 端子外接凸轮轴相位传感器，其中 A11 为凸轮轴（相位）传感器负极，A20 为凸轮轴（相位）传感器正极，凸轮轴传感器信

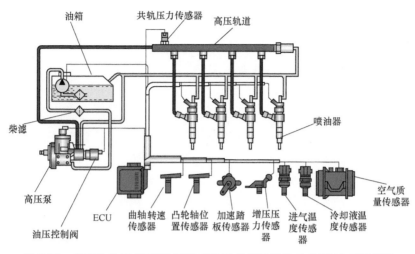

图 7-35　南京依维柯 SOFIM43S3 高压共轨柴油发动机 EDC16 系统简图

号（相位）从 A50 输入 ECU。凸轮轴相位传感器安装在皮带轮盖罩上，传感器的安装间隙和飞轮转速传感器相同。传感器的信号使电控中心在起动的同时识别发动机的相位，清楚哪一缸喷射。

（3）冷却液温度传感器　ECU 的 A41、A58 端子外接冷却液温度传感器。其中，A41 接冷却液温度传感器负极，冷却液温度传感器信号从 ECU 的 A58 输入，冷却液温度传感器装在节温器座上，测量发动机冷却液的温度，给电控中心提供发动机冷却液温度信号。

（4）燃油温度传感器　ECU 的 A51、A52 端子外接燃油温度传感器。其中，A51 接燃油温度传感器负极，燃油温度传感器信号从 ECU 的 A52 输入。燃油温度传感器与发动机冷却液温度传感器是同一类零件，装在燃油滤清器上，测量燃油的温度，给电控中心提供柴油热态信号。

（5）空气压力与温度传感器　空气压力与温度传感器安装在电控中心的内部。根据海拔测量大气压力，提供正确的大气压力。其中，传感器的 1 端子为接地端子，接 ECU 的 A23 端子；2 端子输出温度信号，接 ECU 的 A53 端子；3 端子是 5V 电源输入端子，接 ECU 的 A13 端子；4 端子是增压空气压力信号输出（输出 0~5V 的信号），接 ECU 的 A40 端子。

（6）共轨压力传感器　共轨压力传感器装在"共轨"的中部，用来测量"共轨"中的燃油压力。传感器的 3 端子为供电端子，接 ECU 的 A28 端子，ECU 为传感器提供 5V 电压；1 端子为接地端子，接 ECU 的 A8 端子；2 端子为共轨传感器信号输出端子。接 ECU 的 A43 端子。电控中心对该传感器提供的信号进行信号反馈，控制喷油压力。

（7）电子油门　电子油门为一体式结构，其具有两个功能：油门位置信号和最小油门开关，使电控中心获得油门控制信号。其中，电子油门的 1 端子为供电端子，由 ECU 的 K46 端子提供 5V 电压；2 端子也为供电端子，由 ECU 的 K45 端子提供 5V 电压；3 端子为接地端子，接 ECU 的 K30 端子；4 端子为信号输出端子，接 ECU 的 K9 端子；5 端子为接地端子，接 ECU 的 K8 端子；6 端子为信号输出端子，接 ECU 的 K31 端子。

（8）离合器开关　ECU 的 K58 端子外接离合器开关，该开关是带一个常闭触点的开关，安装在离合器踏板上，使电控中心获得离合器控制信号。

（9）制动开关　制动开关内部有常开和常闭两对触点，安装在制动踏板上，共 2 个，一个用于控制制动灯；另一个用于 EDC（柴油发动机控制）。两者的接线不同，其中与 ECU 的 K17 端子相连的是常开触点，控制制动灯信号的亮与灭，当踩下制动踏板时给电；与 ECU 的 K80 端子相连的是常闭触点，用于检测制动踏板的位置，不踩制动踏板时也有电。这是一种"双保险"的连接方式，可使电控中心获得可靠的制动控制信号。

2. 电子控制单元（ECU）

ECU 是博世公司为 SOFIM 共轨发动机柴油喷射系统设计的，是一种被称为"EDC16"的电控系统，电控中心 EDC16 具有控制和诊断功能，能对系统中其他零部件实行闭环控制，并对系统执行许多精密的诊断。

3. 执行器控制电路

（1）电磁喷油器　ECU 的 A16、A47 端子外接第 1 缸电磁喷油器；ECU 的 A2、A31 端子外接第 2 缸电磁喷油器；ECU 的 A1、A46 端子外接第 3 缸电磁喷油器；ECU 的 A33、A17 端子外接第 4 缸电磁喷油器。电磁喷油器是电控系统中最关键的执行元件，其构造类似传统的喷油器，只有柱塞弹簧不同，并多一个电磁阀，电磁阀控制喷射器柱塞的行程，如图 7-36 所示。

图 7-36　电磁喷油器

（2）燃油压力调节电磁阀　ECU 的 A19、A49 端子外接燃油压力调节电磁阀。其中，A19 接燃油压力调节电磁阀正极，A49 端子外接燃油压力调节电磁阀负极。当 A19 输出控制信号时，燃油压力调节电磁阀闭合。燃油压力调节电磁阀装在高压油泵上，用来增加或减少燃油朝排气方向的渗漏，以控制燃油喷射压力。在没有控制信号时，电磁阀为开启状态。其控制信号来源于电控中心对燃油压力传感器输入信号的反馈。

（3）电动燃油泵　ECU 的 K91 端子外接电动燃油泵，电动燃油泵装在车架上。电动燃油泵的一侧，通过一个粗滤器连通燃油箱，另一侧连通柴油滤清器。它是一种带旁通管路的、旋转式的、容积可测量的电动泵。

第八章

汽车底盘控制系统电路图的识读

第一节　自动变速器控制电路图的识读

一、自动变速器控制电路的组成

电控自动变速器控制系统（ECAT）由输入装置（各种开关和传感器）、控制装置和执行装置 3 部分组成，如图 8-1 所示。

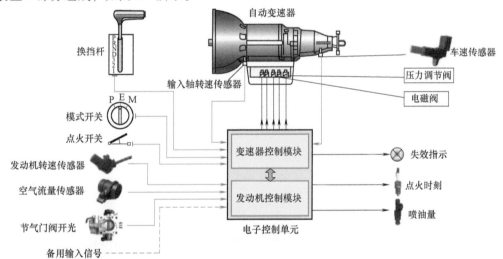

图 8-1　电子控制自动变速器的组成部件

（1）输入装置　输入装置包括各种开关和传感器，用以感知车辆速度、节气门开度和其他情况，并且将这些信号送至 ECU 判读。

（2）控制装置　控制装置主要是自动变速器的电子控制单元（又称电控单元）。电控单元采集各种传感器的信号，如各种转速、负载、变速杆的位置、油温、油压、制动等信号，经过运算后输出信号控制压力调节、流量调节、变矩锁止、换档规律的选择和自动升降档等。

（3）执行装置　执行装置主要是电磁阀，电磁阀根据电子控制单元所发出的指令开启或闭合，接通或切断相应回油通道，从而控制换档和锁止时机。

二、自动变速器控制电路图的识读示例

以现代索纳塔自动变速器控制电路为例，讲解自动变速器电路的识读。第 8 代索纳塔采

用手自一体6速变速器，控制电路如图8-2所示。

1. 输入装置

2011款索纳塔自动变速器电子控制系统所用的传感器包括节气门位置传感器、车速传感器、发动机转速传感器、变速器转速传感器、变速器油温度传感器。节气门位置传感器和发动机转速传感器属于发动机控制系统传感器，发动机控制系统和自动变速器控制单元通过数据总线相连，这样，节气门位置传感器、发动机转速传感器信号通过发动机控制单元和数据总线输入自动变速器控制单元。

（1）输入和输出速度传感器　输入和输出速度传感器集成为一个模块，为霍尔效应式传感器，两个端子（电源9V，信号）安装在变速器内。输入和输出速度传感器电路如图8-3所示。

输出速度传感器插头CHG04的3#为传感器供电端子，接PCM模块插接器CHG-A的7#；传感器插头CHG04的4#为信号端子，当自动变速器输出轴转动时，该端子会输出电压信号，传给PCM模块插接器CIIG-A的9#。

输入速度传感器的工作原理与输出速度传感器相同，插头CHG04的14#为传感器供电端子，接PCM模块插接器CHG-A的6#；传感器插头CHG04的8#为信号端子，当自动变速器输入轴转动时，该端子会输出电压信号，传给PCM模块插接器CHG-A的8#。

（2）变速器油温传感器　变速器油温传感器一般位于浸在自动变速器油内的滑阀箱上，

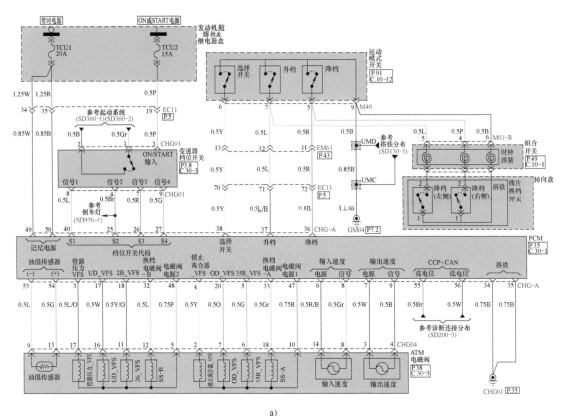

a)

图8-2　第8代索纳塔车自动变速器控制电路

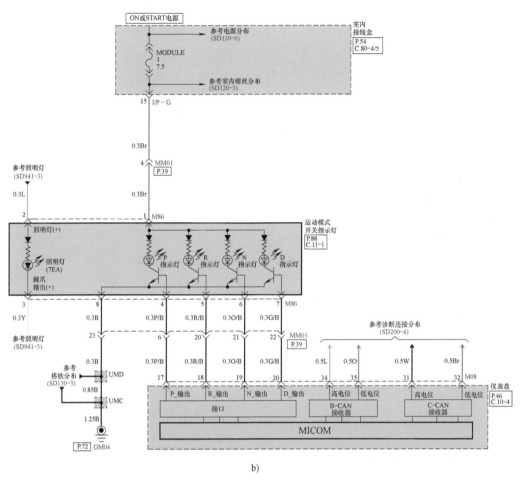

b)

图 8-2　第 8 代索纳塔车自动变速器控制电路（续）

与发动机冷却液温度传感器同属于负温度系数热敏电阻式传感器，用于检测自动变速器油（ATF）的油温，起到失效保护的作用，油温固定默认值为 80℃。电路如图 8-4 所示。

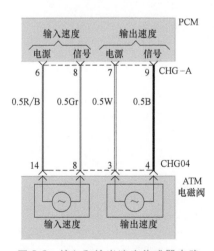

图 8-3　输入和输出速度传感器电路

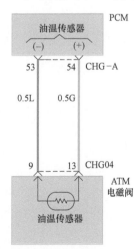

图 8-4　油温传感器电路

（3）档位开关　档位开关是一个由选档操纵手柄控制的多位多功能开关。它安装在变速器手动阀摇臂轴上或变速杆下端。当变速杆处于 P、N 位时，该开关接通发动机起动控制电路，并提供变速杆（自动变速器操纵手柄）位置信号，以控制发动机起动和怠速工况，并且在相应的档位上时，仪表内相应的档位指示灯会点亮，方便驾驶人随时了解档位情况。档位开关的电路连接示意图如图 8-5 所示。

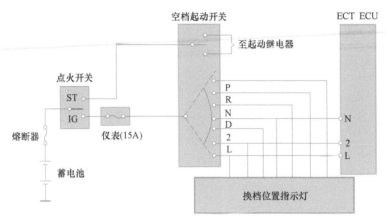

图 8-5　档位开关的电路连接示意图

索纳塔自动变速器档位开关电路连接如图 8-6 所示。当驾驶人选择相应的档位时，档位开关向控制单元 PCM 发送相应的档位信息。档位开关插接器 CHG01 的 8# 为 P 位（驻车档）信号端子，接 PCM 模块 CHG-A 的 40#；CHG01 的 4# 为 R 位（倒档）信号端子，接 PCM 模块 CHG-A 的 25#；CHG01 的 7# 为 N 位（空档）信号端子，接 PCM 模块 CHG-A 的 26#；CHG01 的 9# 为 D 位（前进档）信号端子，接 PCM 模块 CHG-A 的 27#；4 个端子输出信号的组合共同向 PCM 提供相关档位信号。另外，CHG01 的 3# 为 12V 电源端子。PCM 通过数据总线传递信息进而控制发动机的起动和怠速工况，并控制相应的档位指示灯点亮。

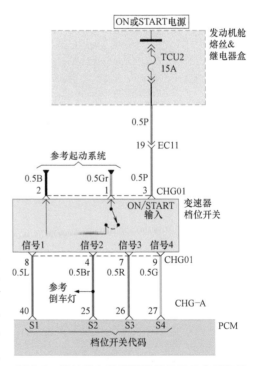

图 8-6　索纳塔自动变速器档位开关电路连接

（4）运动模式开关和拨片换档开关　配备手自一体的自动变速器的档位开关上都有运动模式开关，可以在手动和自动之间切换。有些车型还在转向盘上装有换档拨片。这样驾驶人可以双手不离开转向盘就可以轻松换档，减少驾驶人在驾驶车辆时注意力的分散。当选择手动换档运动模式时，驾驶人可以通过变速杆进行升降档，也可以通过换档拨片进行升降档。

运动模式开关和拨片换档开关电路如图 8-7 所示。运动模式开关和拨片换档开关并联连接，M40 的 6# 为选择开关信号端子，接 PCM 模块 CHG-A 的 38#，M40 的 9# 为模式开关和拨片换档开关的搭铁端子。当选择开关闭合时，CHG-A 的 38#有搭铁信号传给 PCM 模块，此时，自动变速器控制单元和发动机控制单元判断此时变速器为手动模式，按照手动模式进行转矩和喷油的控制。M40 的 7#为换档手柄上升档信号端子，它与拨片换档开关升档端子 M01-R 的 5#并联后接 PCM 模块 CHG-A 的 37#；M40 的 5#为换档手柄上降档信号端子，它与拨片换档开关降档端子 M01-R 的 4#并联后接 PCM 模块 CHG-A 的 36#。当 PCM 模块 CHG-A 的 37#接到搭铁信号时，控制自动变速器在原来基础上升一个档位；当 PCM 模块 CHG-A 的 36#接到搭铁信号时，控制自动变速器在原来基础上降低一个档位。

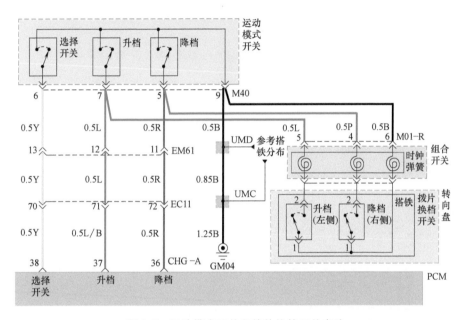

图 8-7　运动模式开关和拨片换档开关电路

（5）超速档（O/D）开关　超速档开关又称 O/D 开关，其作用是控制自动变速器是否升到超速档（即 O/D 档）行驶。O/D 开关一般都为按钮式开关，设在选档操纵手柄上。同时在组合仪表板上设有相应的指示灯。

2. 控制单元电路

控制电路的供电电源电路：常时电源→TCU1 20A 熔丝→EC11 的 34#、35#→PCM 模块 CHG-A 的 49#、50#，如图 8-2a 所示。

搭铁电路：PCM 模块 CHG-A 的 34#、35#→CHG01 搭铁，如图 8-2a 所示。

3. 执行器电路

2011 款索纳塔自动变速器有 8 个电磁阀，分别是管路压力_ VFS（减速离合器）、UD_ VFS、26_ VFS、换档电磁阀 SS_ B、锁止离合器_ VFS、OD_ VFS、35R_ VFS 和换档电磁阀 SS_ A。各电磁阀电路图如图 8-8 所示。

CHGO4 的 10#、5#为各电磁阀的供电端子，接 PCM 模块 CHG-A 的 47#和 48#。电磁阀的另一个接线端子都接 PCM 控制模块。由 PCM 控制它们的搭铁端，为搭铁电路控制。

换档电磁阀属于自动变速器换档锁止系统，其系统电路如图 8-9 所示。当变速杆处在档

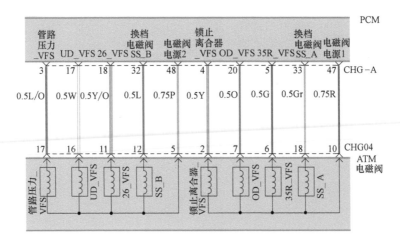

图 8-8　自动变速器电磁阀电路

位开关的 P 位时，变速杆被锁死，不能移动到其他档位，只有在踩下制动踏板或按下锁止按钮才能移动变速杆。换档电磁阀的工作与否受 BCM 模块控制。换档锁止电磁阀 M40 的 10#接 BCM 模块 M02-C 的 7#。

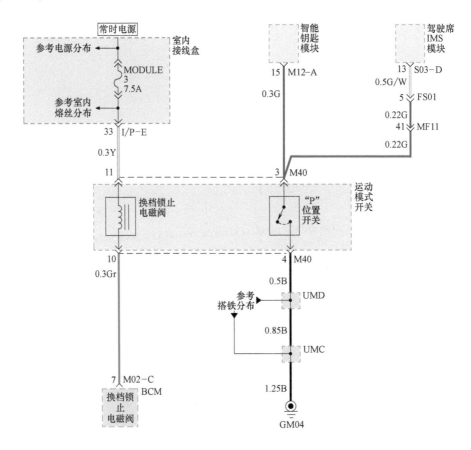

图 8-9　换档锁止系统电路

第二节 电子控制动力转向系统电路图的识读

一、电子控制动力转向系统概述

电子控制动力转向（Electronic control Power Steering，EPS）系统主要由转矩传感器、车速传感器、电子控制单元（ECU）、电动机和电磁离合器等组成，如图 8-10 所示。当操纵转向盘时，装在转向盘轴上的转矩传感器不断地测出转向轴上的转矩信号，该信号与车速信号同时输入到电子控制单元。电控单元根据这些输入信号，确定助力转矩的大小和方向，即选定电动机的电流和转向，调整转向辅助动力的大小。电动机的转矩由电磁离合器通过减速机构减速增矩后，加在汽车的转向机构上，使驾驶人的转向力根据车速和行驶条件的变化而得到改变。也就是说，在低速行驶或转急弯时，能以很小的转向力进行操作，以获得较轻便的转向；而在高速行驶时能以稍重的转向力进行稳定的操作，以避免转向"发飘"，使转向的操纵性和稳定性达到最合适的平衡状态。

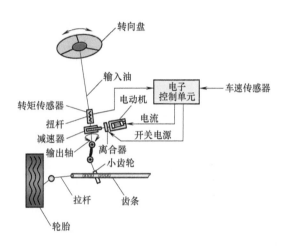

图 8-10 电子控制动力转向系统

二、电子控制动力转向系统电路图的识读示例

以本田飞度轿车为例，讲解电子控制动力转向系统电路图的识读方法，本田飞度电子控制动力转向系统电路如图 8-11 所示。

1. 转矩传感器电路

转矩传感器的作用是检测驾驶人作用在转向盘上的转矩大小，以此计算出驾驶人期望的转向角度并送入 EPS 控制单元，用于控制电动机电流大小。其中转矩传感器 6 脚是电源脚，接 EPS 控制装置的 1 脚；2 脚是转矩传感器参考电压脚，接 EPS 控制装置的 2 脚；1 脚是转矩传感器信号，接 EPS 控制装置的 8 脚；3 脚是转矩传感器信号，接 EPS 控制装置的 10 脚；7 脚是转矩传感器 F/S 信号，接 EPS 控制装置的 7 脚；4 脚是转矩传感器接地，接 EPS 控制装置的 9 脚。

转矩传感器各输出信号（以 EPS 控制系统端子说明）检测参见表 8-1。

2. 电动机控制电路

当点火开关置于 ON（Ⅱ）时，EPS 控制装置 11 号端子输出蓄电池电压，电动机继电器得电，其 1~3 端子接通。EPS 控制装置的 1 脚和 3 脚外接电动机，EPS 控制装置根据转矩传感器和车速传感器信号，控制输出至电动机的电流。同时，当系统检测有故障时，失效保护继电器线圈将失电，断开蓄电池电源至电动机之间的电路，转向系统将失去助力作用。

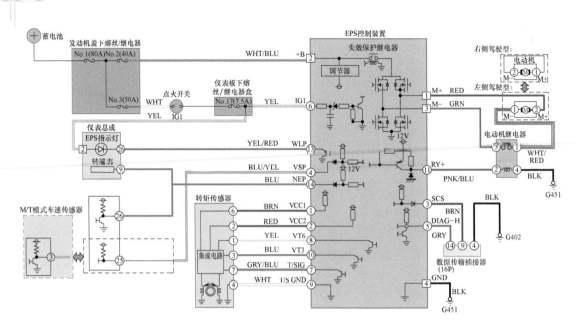

图 8-11 本田飞度电子控制动力转向（EPS）系统电路

表 8-1 转矩传感器输出信号（以 EPS 控制系统端子说明）检测

端子编号	导线颜色	端子符号（端子名称）	说　明	测量（断开 ABS/TCS 控制装置 47P 插接器）		
				端子	条件（点火开关置于 ON（Ⅱ））	电压
1	棕	VCC1（12V）（公共电压 1）	转矩传感器电源（12V）	1-接地	起动发动机	蓄电池电压
					点火开关置于 OFF	0V
2	红	VCC2（5V）（公共电压 2）	转矩传感器参考电压（5V）	2-接地	起动发动机	大约 5V
					点火开关置于 OFF	0V
7	灰/蓝	T/STG（转矩传感器 F/S 信号）	检测转矩传感器信号	7-接地	起动发动机	短暂出现 5V
8	黄	VT6（转矩电压 6）	检测转矩传感器信号	8-接地	起动发动机，并转动转向盘	为 0~5V
9	白	T/S GND（转矩传感器接地）	检测转矩传感器接地	9-接地	—	—
10	蓝	VT3（转矩电压 3）	检测转矩传感器信号	10-接地	起动发动机，并转动转向盘	为 0~5V

3. 指示灯电路

EPS 指示灯用于指示 EPS 系统的工作状态。当点火开关位于 IG1 位置时，蓄电池电源→发动机盖下熔丝/继电器盒内熔丝 No.1（80A）及 No.3（50A）→点火开关 IG1 触点→仪表板下熔丝→继电器盒 No.17（7.5A）→仪表总成内 2 脚→EPS 指示灯→EPS 控制装置内电子开关→接地。

通常，当点火开关置于 ON（Ⅱ）位置时，EPS 指示灯会亮，发动机起动后它会熄灭，这说明 EPS 指示灯及其电路运行正确。发动机起动后，如果系统有问题，则 EPS 指示灯会常亮，而动力转向会关闭。EPS 指示灯亮时，控制装置会记忆 DTC。这种情况下，如果发动机再次起动，控制装置将不会激活 EPS 系统，但是，系统会让 EPS 指示灯常亮。

即使系统运行正常，在下列情况下，EPS 指示灯也会亮：

1）车辆不移动时，发动机转速为 2500r/min 或更高，持续大约 30min 时。

2）发动机转速为 280r/min 或更低，且车辆以 10km/h 或更高的速度行驶大约 3min 时。

第三节　汽车电控制动系统电路图的识读

一、电控制动系统简介

1. 电控制动系统的相应功能

汽车电控制动系统主要包括 ABS、EBD、BAS（EBA）、ASR（TRC）、DAC、HAC、EDL（EDS）、ESP（VSC/VSA）等，目的是使汽车在各种操控及路面条件下都能得到最佳的控制和行驶稳定性。

（1）ABS　电子控制防抱死制动装置也称防抱制动系统（Anti-lock Brake System，ABS）。其作用是使汽车在制动时，防止车轮抱死在路面上滑拖（车轮与路面间产生滑移），以提高汽车在制动过程中的方向稳定性、转向控制能力，缩短制动距离，使汽车制动更为安全有效。

（2）EBD（EBV）　电子制动力分配（Electric Brake-force Distribution，EBD）能够根据由于汽车制动时产生轴荷转移的不同，而自动调节前、后轴的制动力分配比例，提高制动效能，并配合 ABS 提高制动稳定性。

（3）BAS（EBA）　制动辅助系统（Brake Assist System，BAS）也称为电子控制制动辅助系统（Electronic Brake Assist，EBA），能判断驾驶人的制动动作，在紧急制动时增加制动力，缩短制动距离。它根据驾驶人踩下踏板的力度及速度、将制动力适时加大，从而提供一个有效、可靠、安全的制动。对老人和女性（脚力不足者）帮助奇大。还有缩短制动距离的效果。它可以从驾驶人踩制动踏板的速度中探测到车辆行驶中遇到的情况，当驾驶人在紧急情况下迅速踩制动踏板但踩踏力又不足时，此系统便会在不到 1s 的时间内把制动力增至最大，缩短紧急制动情况下的制动距离。

（4）ASR（TRC）　驱动（轮）防滑系统（Acceleration Slip Regulation，ASR）或牵引力控制（Traction Control System，TRC 或 TRAC）的作用是使汽车在各种行驶状况下都能获得最佳的牵引力。汽车在行驶时，加速需要驱动力，转弯需要侧向力。这两个力都来源于轮胎对地面的摩擦力，但轮胎对地面的摩擦力有一个最大值。在摩擦系数很小的光滑路面上，汽车的驱动力和侧向力都很小。车辆在光滑的路面上起步或加速，该控制功能有助于防止因驾驶人过度踩下加速踏板引起驱动轮打滑的现象。

（5）HAC 和 DAC　上坡（斜坡）起步辅助控制（Hill-start Assist Control System，HAC），在斜坡起步时，该系统在松开制动踏板，踩下加速踏板的间隔时阻止车辆后溜，提高车辆斜坡起步的安全性和可靠性。下坡辅助控制（Down Hill Asist Control System，DAC），通过防滑控制系统在汽车下坡时自动进行制动介入，从而避免车辆在下坡过程中出现危险情况。

（6）EDL（EDS）　电子防滑差速系统（Electronic Differential System，EDS），也有些车型称为电子差速锁（Electronic Differential Lock，EDL），电子差速锁用于汽车的加速打滑控制。电子防滑差速系统（EDS）是防滑差速器的一种，它的作用是在车辆起步或低速时，若一侧驱动轮有打滑趋势时，EDS介入工作，使打滑驱动轮速度降低，并将大部分驱动力矩分配给另一侧转速低的驱动轮，从而提高车辆的驱动性能和通过性能。

（7）ESP（VSC/VSA）　电子稳定程序（Electronic Stability Program，ESP），通过有选择性地分缸制动及发动机管理系统干预，防止车辆滑移，提高在所有条件下的车辆稳定性，纠正各种行驶条件下的过度转向和不足转向。ESP是建立在其他牵引控制系统之上的一个非独立的系统，也称之为动态驾驶控制系统，简单地说它是一个防滑系统。ESP能够识别车辆不稳定状态，并通过对制动系统、发动机管理系统和变速器管理系统实施控制，从而有针对性地弥补车辆滑动。ESP在主动安全性方面，防止车辆侧滑发生意外事故；ESP在被动安全性方面，在事故中减少侧面碰撞发生概率。ESP系统在不同的车型上往往赋予其不同的名称，如奔驰、奥迪称为ESP，宝马称其为DSC（Dynamic Stability Control，动态稳定控制），丰田、雷克萨斯称其为VSC（Vehicle Stability Control，车辆稳定性控制），三菱称为ASC/AYC（Automatic Stability Control，自动稳定控制），本田称为VSA（Vehicle Stability Assist，车辆稳定辅助系统），而VOLVO汽车称其为DSTC（Dynamic Stability & Traction Control System，动态稳定与牵引控制系统），现代称其为ESC（Electronic Stability Control，电子稳定控制），但其原理和作用基本相同。

2. 电控制动系统之间的异同

（1）ABS和ASR（TRC）的比较　两者的异同点如下：

1）共同点：ABS和ASR（TRC）系统的共同点是它们都是利用轮速传感器的控制方式，取其低速抱死信号或高速滑转信号，控制车轮的制动力矩，使其在最佳的滑移区工作，提高附着力的利用率，从而缩短制动距离，提高高速性能，改善汽车的行驶方向稳定性和转向操纵能力。两系统工作互不影响，都有自检、报警、自诊断功能。

2）不同点：

① ABS系统是防止制动时车轮抱死滑移，改善制动效能，确保制动安全；ASR系统则是防止驱动车轮原地滑转，提高汽车起步、加速性能及在滑溜路面行驶的通过性和方向稳定性。

② ABS系统对所有车轮实施调节，ASR系统只对驱动轮加以调节控制。

③ ABS系统控制起作用阶段是在制动过程期间；而ASR系统控制阶段是在汽车驱动期间（尤其是在起步、加速、转弯等过程中）。

④ ASR系统的调节功能在低速时，以提高驱动力为主，对两驱动轮能分别调节制动压力；在高速时，以提高行驶的稳定性为主，对两驱动轮统一调节驱动力或制动力。

⑤ ABS系统是在制动时，在车轮出现抱死的情况下起控制作用，在车速很低（<8km/h）时不起作用；而ASR系统则是在整个行驶过程中都工作，在车轮出现滑转时起作用，而当车速很高（80～120km/h）时不起作用。

（2）ESP与ABS、ASR（TRC）比较　装备ESP的汽车与只装备ABS及ASR的汽车之间的差别在于，ABS及ASR只能被动地做出反应，而ESP则能够探测和分析车况并纠正驾驶的错误，防患于未然。ESP 对过度转向或不足转向特别敏感，例如汽车在路滑时左拐过度转向（转弯太急）时会产生向右侧甩尾，传感器感觉到滑动就会迅速制动右前轮使其恢复附着力，产生一种相反的转矩而使汽车保持在原来的车道上。

二、ABS 的组成

ABS 通常由信号输入装置、电控单元（ECU）和输出执行装置等组成，各组成部分主要元器件及功用见表 8-2。

表 8-2　ABS 各组成部分主要元器件及功用

组成	主要元器件		组成、功用与工作原理
信号输入装置	轮速传感器	霍尔式	由传感头和齿圈组成，传感头由永磁体、极轴和感应线圈组成
		电磁式	由传感头和齿圈组成，传感头由永磁体、霍尔元件和电子电路等组成
	压力开关		压力开关装在储能器上，作用是监测储能器中的压力，向电控单元输入压力信号，从而控制液压泵电动机
	汽车制动开关信号		用于给电控单元提供制动信号，提示电控单元准备工作
	横向加速度开关信号		部分车型有此装置，用于检测汽车横向运动情况，如跑偏、侧滑等
	减速度传感器		用于向电控单元提供制动强度信号，以调节制动力
控制系统	控制单元		接收传感器信号，计算、输出指令给执行器
执行器	制动压力调节器		在接收了电控单元的信号后，通过操纵液压系统中的电磁阀式电动机来调节制动轮缸的液压
	继电器		电控单元向继电器发出信号，而继电器则接通电源与 ABS 电磁阀及电动机的电源电路
	ABS 警告灯		显示系统工作情况，提醒驾驶人系统可能出现的故障

三、ABS 电路图的识读示例

2011 款索纳塔 ABS 电路如图 8-12 所示。

1. 供电电路

当点火开关位于"ON"或"START"位置时，ABS 供电电路为蓄电池电源通过 10A 熔丝 ABS3 向 ABS 控制模块 E02 的 32#供电，另外还给制动灯开关和 ESS 继电器供电（见图 8-12c）；还有一路通过 7.5A 熔丝 MODULE1 向仪表板 M08 的 29#为指示灯供电（见图8-12a）。

蓄电池常时电源还通过 40A 熔丝 ABS1 和 30A 熔丝 ABS2 分别向 ABS 控制模块 E02 的 1#和 25#供电（见图 8-12c）。

ABS 控制模块 E02 的 38#和 13#为搭铁端子（见图 8-12c）。

2. 信号输入电路

ABS 的信号输入电路主要包括轮速传感器、手/脚驻车制动开关和制动油量（传感器）开关、制动开关等相关电路。

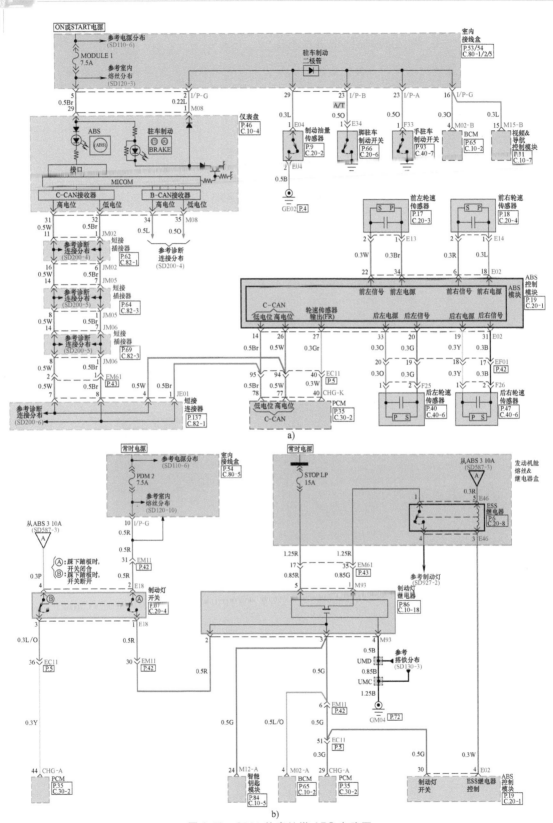

图 8-12 2011 款索纳塔 ABS 电路图

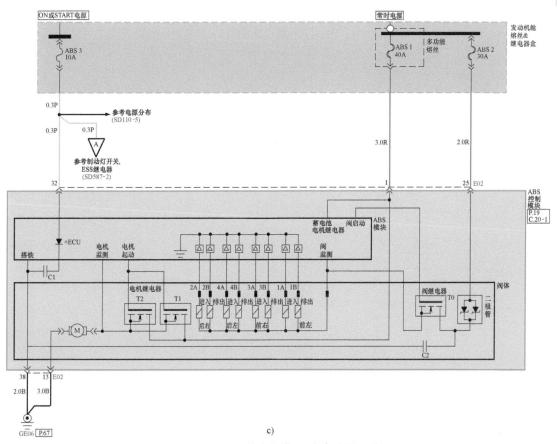

c)

图 8-12　2011 款索纳塔 ABS 电路图（续）

（1）轮速传感器　2011 款索纳塔有前左、前右、后左、后右 4 个轮速传感器。其电路如图 8-13 所示。以前左轮速传感器为例，E13 的 1# 为传感器电源信号端子，线束端接 ABS 控制模块 E02 的 34#；E13 的 2# 为传感器输出信号端子，线束端接 ABS 控制模块 E02 的 22#。当车轮转动时，E13 的 2# 会输出一个周期变化的频率电压，轮速发生变化时，感应电动势的频率也变化。ABS 控制模块通过检测感应电动势的频率来检测车轮转速。ABS 控制模块还会把检测到的轮速信号通过 E02 的 27# 输送给发动机 PCM 模块 CHG-K 的 40# 进行参考，PCM 可以通过对发动机转矩和转速的控制与制动系统相配合共同完成车辆制动。当转速信号不正常时，可检查轮速传感器。检查传感器连接端子 1 与 2 间的电阻，在 20℃ 时，前轮速传感器阻值应为 1.4~1.8kΩ，后轮速传感器阻值应低于 2.2kΩ。检查插接器端子 1 与搭铁、2 与搭铁间电阻，其阻值应不小于 10kΩ，否则应更换轮速传感器。同时，在检测时，应注意传感器周围零件的安装情况，并仔细观测传感器头部及传感器转子等。传感器头部应无刮痕或异物，转子齿面应无刮痕、缺齿或异物，否则应清洁或修理。

（2）手/脚驻车制动开关和制动油量（传感器）开关　手/脚驻车制动开关和制动油量（传感器）开关产生同一个信号。

当拉起手制动或制动液液面不足时，仪表板上的手制动指示灯点亮，同时这个信号送到 ABS 电脑。如果该信号持续一定的时间，ABS 电脑将控制 ABS 失效。电脑停止工作的同时

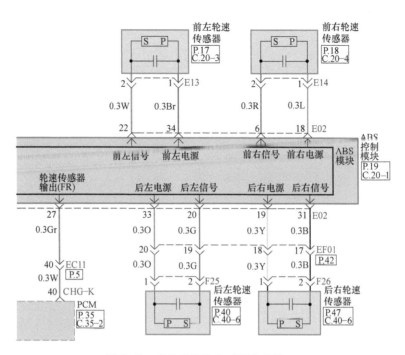

图 8-13　索纳塔轮速传感器电路图

点亮黄色的 ABS 故障警告灯。在这种情况下，红色故障灯比黄色故障灯先亮，电路如图 8-14所示。

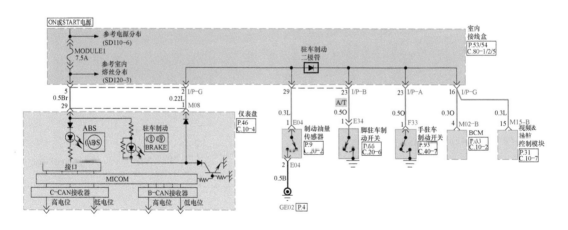

图 8-14　制动油量传感器及手/脚驻车制动开关电路

（3）制动开关　装在制动踏板上部，踩下制动踏板时，制动开关导通，给制动灯送电，制动灯点亮，同时将制动信号送到 ABS 电脑以及智能钥匙模块、BCM 模块和发动机 PCM 模块。

制动信号对于 ABS 电脑来说是必需的。制动信号送到 ABS 电脑，表明制动系统开始工作，车轮随时可能出现抱死，接到该信号后，ABS 电脑进入准备工作状态。如果制动开关损坏或者制动灯熔丝烧断，制动信号送不到 ABS 电脑，这时如果车轮抱死，ABS 电脑会产生车轮意外抱死的故障码，同时 ABS 警告灯点亮，ABS 失去作用。

3. 电控单元电路

电控单元电路由轮速传感器放大电路、运算电路、电磁阀控制电路、稳压电路、电源监控电路、故障反馈电路、继电器驱动电路和安全保护电路等组成。

（1）轮速传感器放大电路 安装在各车轮上的轮速传感器根据轮速输出交流信号，输入放大电路将交流信号放大成矩形波并整形后送往运算电路。

（2）运算电路 运算电路主要进行车轮线速度、初始速度、滑移率、加减速度的运算，以及电磁阀的开启控制运算和监控运算。

（3）电磁阀控制电路 接收来自运算电路的减压、保压或增压信号，控制电磁阀的电流。

（4）稳压电路、电源监控电路、故障反馈电路和继电器驱动电路 在蓄电池供给电控单元内部所用5V稳压电源的同时，上述电路监控着12V和5V电压是否在规定范围内，并对轮速传感器放大电路、运算电路和电磁阀控制电路的故障信号进行监视，控制着电机继电器和电磁阀。出现故障信号时，关闭电磁阀，停止ABS工作，返回常规制动状态，同时仪表板上的ABS警告灯变亮，让驾驶人知道有异常情况发生。

（5）安全保护电路 安全保护电路具有故障状态外部显示功能。系统发生故障时，点亮仪表板上的ABS警告灯，提示整个系统处于故障状态；同时停止ABS工作，恢复常规制动状态。

4. 执行器电路

输出执行器主要有故障指示灯、电动机、电磁阀等。

（1）故障指示灯 ABS带有2个故障指示灯，一个是红色制动故障指示灯，另一个是黄色ABS故障指示灯。

2个故障指示灯正常闪亮的情况如下：当点火开关打开时，红色制动灯与黄色ABS灯几乎同时亮，制动灯亮的时间较短，ABS灯会亮得长一些（约3s）；起动汽车发动机后，蓄压器要建立系统压力，此时两灯泡会再亮一次，时间可达十几秒甚至几十秒。红色制动灯在停车驻车制动时也应亮。如果在上述情况下灯不亮，说明故障指示灯本身及电路有故障。黄色ABS故障指示灯常亮，说明电控单元发现ABS中有问题，要及时检修。

（2）电动机 ABS泵电动机是一个高压泵，它可以在短时间内将制动液加压到14～18MPa，并给整个液压系统提供高压制动液体。

（3）电磁阀 ABS电磁阀有三位电磁阀和两位电磁阀两种。电磁阀是由ABS控制单元通过控制流过电磁阀线圈电流的大小来工作的。随着汽车工业的发展，在ABS的基础上设置了一套更加完备的系统，带（ESP）汽车行驶电子稳定控制系统的ABS。

四、带ESP的ABS电路图的识读示例

ESP综合了ABS和ASR两大系统，功能更为强大，ESP可以使车辆在各种状况下保持最佳的稳定性，尤其在转向过度或转向不足的情形下效果更加明显。

ESP可以实时监控汽车行驶状态，必要时可自动向一个或多个车轮施加制动力，以保持车辆在正常的车道上运行，而且它还可以主动调控发动机的转速并可调整每个车轮的驱动力和制动力，以修正汽车的过度转向和转向不足。ESP还有一个实时警告功能，当驾驶人操作不当或路面异常时，它会用警告灯警示驾驶人。在ABS及ASR的共同作用下，ESP最大限度地保证汽车不跑偏、不甩尾、不侧翻。2011款索纳塔汽车电子稳定程序（ESP）系统电路如图8-15所示。该电路与不带ESP的ABS电路相比，主要区别在于多了一个转向角度传感器和一个横摆速率传感器。

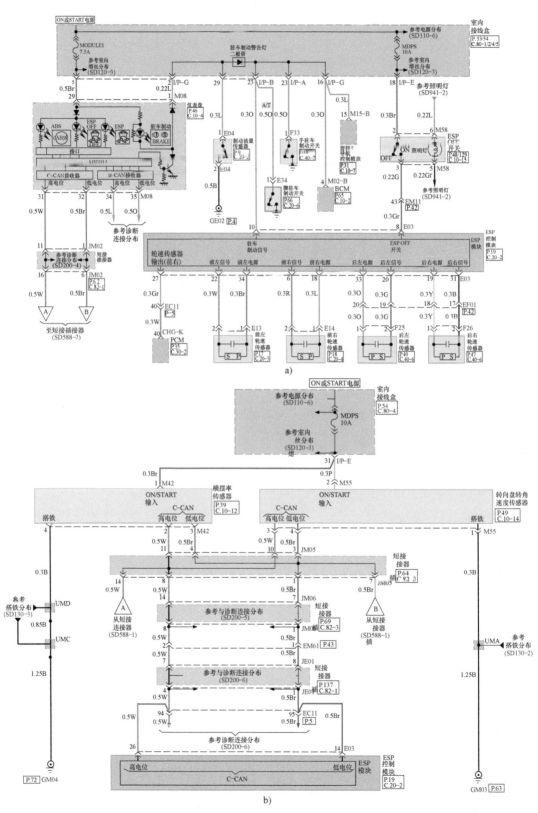

图 8-15 电子稳定程序

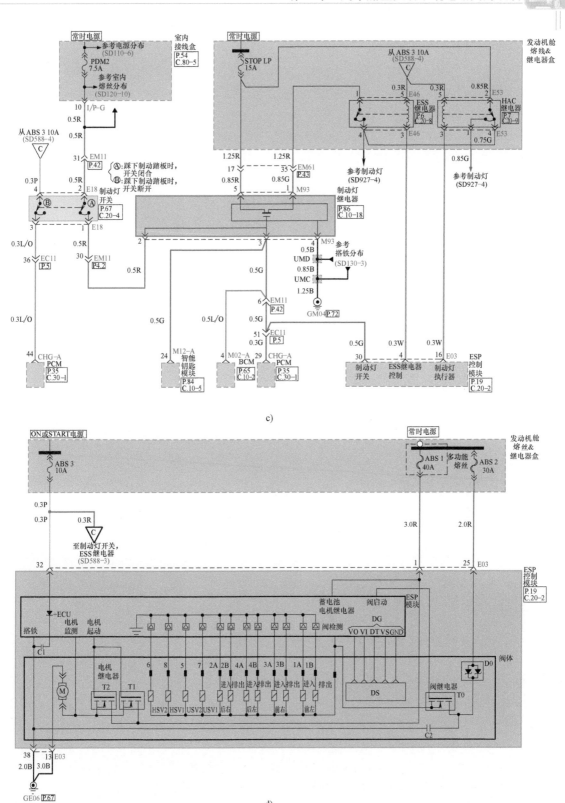

c)

d)

（ESP）系统电路

1. 供电电路

（1）当点火开关位于 ON 或 STAR 位置时系统供电电路

1）通过 7.5A 熔丝 MODULE1 向仪表板 M08 的 29#指示灯供电，如图 8-15a 所示。

2）通过 10A 熔丝 MDPS 向 ESP OFF 开关 M58 的 2#供电，ESP OFF 开关接通后，向 ESP 控制模块 E03 的 8#供电，如图 8-15a 所示。

3）通过 10A 熔丝 MDPS 向横摆率传感器 M42 的 1#和转向盘转角速度传感器 M55 的 2#供电。M42 的 4#和 M55 的 1#分别为横摆率传感器和转向盘转角速度传感器的搭铁端子，如图 8-15b 所示。

4）通过 10A 熔丝 ABS3 向 ESP 模块 E03 的 32#供电。E03 的 38#和 13#为 ESP 控制模块的搭铁端子，如图 8-15d 所示。

（2）常时电源

1）永久性地通过 7.5A 熔丝 PDM2 向制动灯开关 E18 的 2#供电，如图 8-15b 所示。

2）永久性地通过 15A 熔丝 STOP LP 向制动灯继电器 M93 的 5#和 HAC 继电器 E53 的 2#供电，如图 8-15c 所示。

3）永久性地通过 40A 熔丝 ABS1 向 ESP 控制模块 E03 的 1#供电，如图 8-15d 所示。

2. ESP 信号输入/输出电路

信号输入/输出电路框图如图 8-16 所示。

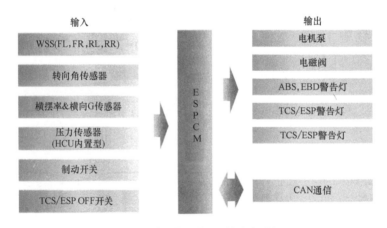

图 8-16　ESP 信号输入/输出电路框图

（1）轮速传感器　如图 8-15a 所示，ESP 控制模块 E03 的 22#和 34#为前左轮速传感器输入；E03 的 6#和 18#为前右轮速传感器输入；E03 的 33#和 20#为后左轮速传感器输入；E03 的 19#和 31#为后右轮速传感器输入。

以前左轮速传感器为例，当车轮转动时，E03 的 22#会输出一个周期变化的频率电压，轮速发生变化时，感应电动势的频率也变化。ABS 控制模块通过检测感应电动势的频率来检测车轮转速。ABS 控制模块还会把检测到的轮速信号通过 E03 的 27#输送给发动机 PCM 模块 CHG-K 的 40#进行参考，PCM 可以通过对发动机转矩和转速的控制与制动系统相配合共同完成车辆制动。当转速信号不正常时，可检查轮速传感器。检查传感器连接端子 1 与 2 间的电阻，在 20℃时，前轮速传感器阻值应为 1.4~1.8kΩ，后轮速传感器阻值应低于 2.2kΩ。检查插接器端子 1 与搭铁、2 与搭铁间电阻，其阻值应不小于 10kΩ，否则应更换轮速传感器。同时，在检测时，应注意传感器周围零件的安装情况，并仔细观测传感器头部及传感器转子等。传感器头部应无刮痕或异物，转子齿面应无刮痕、缺齿或异物，否则应清洁或修理。

（2）转向盘转角速度传感器　转向盘转角速度传感器 M55 的 2# 为传感器供电端子，1# 为接地端子，信号由 3# 和 4# 通过 C-CAN 总线输出到电控单元 ESP 控制模块，如图 8-15b 所示。转向盘转角速度传感器的一般规格见表 8-3。

表 8-3　转向盘转角速度传感器的一般规格

电源电压/V	额定电压/V	测量范围		分辨率	
		角度/(°)	速率/(°/S)	角度/(°)	速率/(°/s)
8~16	12	−780~−779.9	0~1016	0.1	4

（3）横摆率传感器　横摆率传感器 M42 的 1# 为传感器供电端子，M55 的 4# 为接地端子，信号由 M42 的 2# 和 3# 通过 C-CAN 总线输出到电控单元 ESP 控制模块，如图 8-15b 所示。横摆率传感器一般规格见表 8-4。

表 8-4　横摆率传感器一般规格

工作温度/℃	电源电压/V	额定电压/V	12V 时电流消耗/mA
−40~85	8~16	12	80

（4）ESP OFF 开关　电控单元 ESP 插接器 E03 的 8# 为 ESP OFF 开关信号输入；E03 的 10# 为驻车制动信号输入，如图 8-15a 所示。ESP OFF 开关位置如图 8-17 所示。

3. 信号输出电路

电控单元 ESP 插接器 E03 的 27# 输出车轮转速信号到 PCM 控制模块插接器 CHG-K 的 40#，如图 8-15a 所示。

电控单元 ESP 控制模块通过 CAN 总线输出制动灯信号到仪表板插接器 M08 的 31# 和 32#，如图 8-15a 所示。现代索纳塔仪表及 ESP OFF 指示灯如图 8-18 所示。

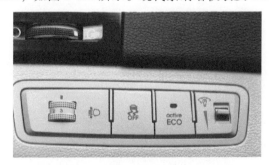

图 8-17　ESP OFF 开关位置图

图 8-18　现代索纳塔仪表及 ESP OFF 指示灯

第四节　电子控制悬架系统电路图的识读

一、电子控制悬架系统的功能及分类

电子控制悬架系统的功能是在汽车行驶路面、行驶速度和载荷变化时，自动调节车身高

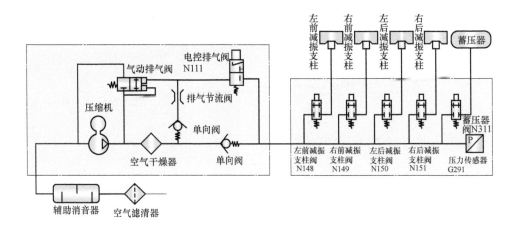

度、悬架刚度和减振器阻尼的大小，从而改善汽车的行驶平顺性（即乘座舒适性）。电子控制悬架系统主要由模式选择开关、传感器、悬架 ECU、可调阻尼减振器、空气压缩机总成、高度控制阀和空气弹簧（或液压泵和油气弹簧）等部件组成。该系统具有车身高度控制、减振器阻尼力控制和弹簧弹性系统控制 3 种功能。

（1）车身高度控制　无论汽车的载荷多少，都可以保持汽车高度一定，车身保持水平，从而使前照灯光束方向保持不变。当汽车在坏路面上行驶时，可以升高车身，防止底盘与路面相碰。当汽车高速行驶时，又可以降低车身，以便减少空气阻力，提高操纵稳定性。

（2）减振器阻尼力控制　通过对减振器阻尼系数的调整，防止汽车起步或急加速时车尾下蹲，防止紧急制动时的车头下沉，防止汽车急转弯时车身横向摇摆，防止汽车换档时车身纵向摇动等，提高行驶平顺性和操纵稳定性。

（3）弹簧弹性系统控制　针对不同工况，调整弹簧弹性模量，改善汽车的乘坐舒适性与操纵稳定性。

电子控制悬架系统分为电子控制空气悬架系统和电子控制油气弹簧系统。空气悬架以高压气体作为能量，油气悬架以高压液体作为能量。

空气悬架需要空气压缩机等为系统提供动力，而油气悬架由液压缸等提供动力。主动空气悬架系统根据车速、转向、制动和车身高度等传感器信号，经 ECU 处理后，控制电磁式或步进电动机式执行器动作来调节弹簧刚度和减振器阻尼力；控制空气压缩机或高度控制阀和排气阀动作来调节车身高度。

二、电子控制悬架系统电路图的识读示例

以奥迪 A8 轿车电子控制悬架系统为例，介绍电子控制悬架系统电路图的识读方法。

1. 悬架气动工作过程

奥迪 A8 轿车采用主动式空气悬架，工作过程如图 8-19 所示。

图 8-19　悬架气动工作过程

（1）压力建立过程　左前减振支柱阀、右前减振支柱阀和左后减振支柱阀、右后减振支柱阀是成对控制的（前桥和后桥）。空气由压缩机经空气滤清器和辅助消音器吸入。压缩空气经空气干燥器、单向阀和减振支柱阀进入空气弹簧。如果空气弹簧由蓄压器充气，那么

蓄压器阀和相应车桥上的减振支柱阀就会打开。蓄压器由压缩机经打开的蓄压器阀来充气。在车辆发生侧滑时，左前减振支柱阀、右前减振支柱阀和左后减振支柱阀、右后减振支柱阀也可单独来调节。

（2）卸压过程　相应的左前减振支柱阀、右前减振支柱阀和左后减振支柱阀、右后减振支柱阀以及电控排气阀打开，气流流经排气阀并打开气动排气阀。气流经排气、辅助消音器和空气滤清器离开系统。当气流流经空气干燥器时，干燥剂被还原。蓄压器的作用是用尽可能小的能量消耗来保证功能要求（有了这个装置后，压缩机就可以尽可能少地接通工作）。为了能使得调节过程只由蓄压器来进行，蓄压器与空气弹簧之间必须存在至少0.3MPa的压力差。

2. 电子控制悬架系统电路识读

（1）电源与搭铁电路　常相电压：蓄电池电压→S132（150A）→SC11（15A）→J197端子A1/30。

点火开关控制线：总线端15供电继电器2/87→熔丝SC5（5A）→J197端子A6/15。

搭铁线：J197水平高度调节系统控制单元的搭铁线为A3/31端子，搭铁点为主导线束中的接地连接8。

（2）传感器电路　系统控制电路如图8-20、图8-21所示，传感器主要有压缩机温度传感器、压力传感器、汽车高度传感器和车身加速度传感器：

1）压缩机温度传感器G290。水平高度调节系统控制单元J197的E5、E6端子外接水平高度调节系统的压缩机温度传感器G290，该传感器接收的是压缩机汽缸盖的温度。它是在一个玻璃壳体内装有一个负温度系数（NTC）电阻，电阻值随着温度的升高而减小（负温度系数电阻的特性）。控制单元对这个电阻变化进行分析、计算，然后判断压缩机最长可以工作多长时间。

2）压力传感器G291。水平高度调节系统控制单元J197的C13~C15端子外接水平高度调节系统的压力传感器G291，该传感器被浇铸在电磁阀体内。测量前、后桥减振支柱的压力或蓄压器内的压力（取决于电磁阀的控制状态），压力传感器G291采用的是电容测量原理。传感器内部集成的电子装置会测量出这个电容值并将它转换成一个线性输出信号。T10n/10为传感器电源输入端，T10n/9为信号输出端，T10n/7为接地端。

3）汽车高度传感器G76~G78、G289。控制单元J197的C1~C12端子外接汽车高度传感器G76~G78、G289。这4个传感器是完全一样的，但支架和连接杆是不同的（与在车的哪面和哪个轴上有关），这些传感器将接收叉形臂和车身之间的距离信号。传感器是以800Hz（4轮驱动汽车是200Hz）的频率来工作的。传感器2号端子为供电端，3号端子为信号输出端，1号端子为接地端。

4）车身加速度传感器G341~G343。控制单元J197的B10~B18端子外接车身加速度传感器G341~G343，传感器通过支架用螺栓固定在车身上。传感器部件是由数层硅和玻璃组成的。中间的硅层是弹性舌片（振动块）。传感器的灵敏度主要取决于弹簧刚度和舌片的质量。供电电压由空气悬架控制单元来提供，车身加速度当前的电压值可通过测量数据块读出。

（3）水平高度调节系统控制单元J197　水平高度调节系统控制单元J197（见图8-20）接收传感器信号，控制压缩机的工作或蓄压器打开阀门，并通过控制减振支柱阀和减振调节阀的开启或关闭，调节进入空气弹簧的压缩空气，达到调节汽车悬架刚度和高度的目的。

（4）执行器电路

奥迪 A8 空气悬挂系统电路如图 8-20 所示，压缩机由压缩机继电器控制，而压缩机继电器线圈由控制单元 J197 控制。

控制电路：控制单元 J197 的 E2 端子→水平高度调节系统压缩机继电器线圈→控制单元 J197 的 E1 端子。此时，继电器线圈得电。

主电路：蓄电池电源通过主熔丝架→继电器座上 S110 熔丝→压缩机继电器 2/30→压缩机继电器 8/87→压缩机电动机 A1→压缩机电机 A2/31→搭铁 614。

1）水平高度调节系统排放阀 N111。控制单元 J197 的 B4、B7 端子外接水平高度调节系统排放阀 N111，N111 控制空气弹簧的排气。

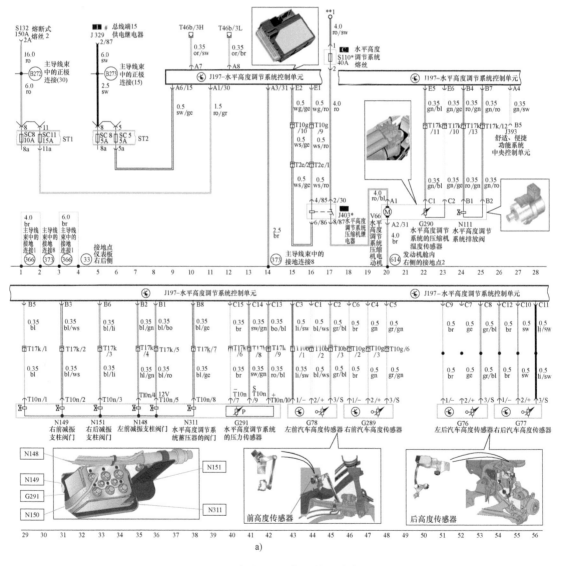

图 8-20　奥迪 A8 空气悬挂系统电路

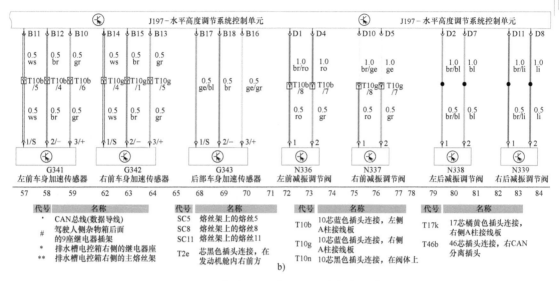

图 8-20　奥迪 A8 空气悬挂系统电路（续）

2）水平高度调节系统蓄压器的阀门 N311。控制单元 J197 的 B1 端子→水平高度调节系统蓄压器的阀门 N311→控制单元 J197 的 B8 端子，N311 控制空气弹簧的充气。

3）减振调节阀和减振支柱阀门。控制减振器的阻尼系数和弹簧的刚度。

第五节　轮胎压力监测器系统电路图的识读

1. 轮胎压力监测器系统的组成与工作原理

轮胎压力监测器（RDK）系统会帮助驾驶人检查轮胎气压，从而提高主动安全性。轮胎压力监测器系统监测各轮胎中的气压，并与之前存储的规定气压做比较，如果发生相对压力损失，则向驾驶人传送警告信息。奔驰轮胎压力监测器系统控制框图如图 8-21 所示。

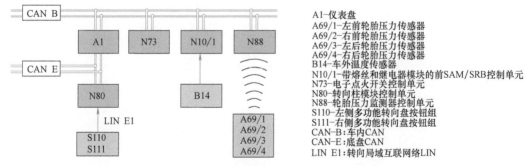

图 8-21　奔驰轮胎压力监测器系统控制框图

在行驶过程中，轮胎压力监测器系统不断监测所有转动车轮的轮胎气压。在行驶过程中，左前轮胎压力传感器（A69/1）、右前轮胎压力传感器（A69/2）、左后轮胎压力传感器（A69/3）和右后轮胎压力传感器（A69/4）会每隔 60s 发送数据信息，这些数据信息包括压力、轮胎气体温度、转动方向等。数据由轮胎压力监测器控制单元 N88 通过无线电频率发送，通过分析轮胎压力传感器的接收水平进行车轴定位，根据轮胎压力传感器的右侧/左侧信息执行侧面定位。

车外温度传感器 B14 检测车外温度，并由带熔丝和继电器模块的前 SAM/SRB 控制单元 N10/1 传送；仪表板 A1 传送车速信号；电子点火开关控制单元 N73 传送端子 15 状态。上述信号都通过 CAN-B（车内 CAN）传送至 N88。左侧多功能转向盘按钮组 S110、右侧多功能转向盘按钮组 S111 信号通过转向局域互联网络 LIN 总线传送至转向柱模块控制单元 N80，通过底盘 CAN 总线，N80 将转向信号发送至底盘 CAN。

如果 N88 检测到至少一个轮胎中出现相对压力损失，则会发出警告。驾驶人会在仪表板的多功能显示屏上或者通过轮胎气压监测器警告灯接收反馈信息。

2. 轮胎压力监测器电路分析

图 8-22 所示为轮胎压力监测器电路，该电路适用于 2009 年 12 月起的奔驰车型。轮胎压力监测器控制单元 N88 的 1-1 端为供电端，由带熔丝和继电器模块的后 SAM/SRB 控制单元 N10/2 的 15H-4 端提供"30g 号电路"电压；N88 的 1-2 端为接地端，通过 W7/1 点接地。

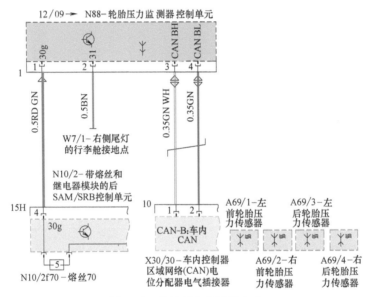

图 8-22　轮胎压力监测器电路

N88 的 1-3 端、1-4 端为 CAN-B（车内 CAN）总线端，通过车内 CAN 总线，N88 分别与仪表板、电子点火开关控制单元、带熔丝和继电器模块的前 SAM/SRB 控制单元进行通信。通过 CAN-B（车内 CAN）总线控制仪表板上的菜单显示和警告信息。

轮胎压力监测器控制单元 N88 位于行李舱的左侧。通过无线电连接读入左前轮胎压力传感器 A69/1、右前轮胎压力传感器 A69/2、左后轮胎压力传感器 A69/3 和右后轮胎压力传感器 A69/4 的信号。

第九章

汽车舒适与安全系统电路图的识读

第一节　防盗系统电路图的识读

汽车防盗系统是为了防止汽车本身或车上的物品被盗所设的系统。汽车防盗系统实质上是一种安装在车上，用来增加盗车难度、延长盗车时间的装置。当盗贼碰触车辆时，防盗系统会被触发，报警装置立即发出刺耳的声响和忽明忽暗闪烁的灯光，以恐吓盗贼，增加盗贼的心理压力，使其主动放弃盗车行为，同时也提醒行人和驾驶人采取相应的措施。汽车防盗系统按其结构可分为机械式、机电式、电子式和网络式4大类。本节以09款别克君威轿车为例讲解中控门锁与防盗系统电路的识读。

一、防盗系统电路及局部解读

如图9-1和图9-2所示，遥控功能接收器模块提供一个安装在转向柱锁上的线圈，此线圈用于读出钥匙的无线电频率收发器代码，并将该信息发送到车身控制模块（BCM）。主防盗系统模块的功能是作为几个模块之间的交互。

确定发动机是否接合的程序由如下几个步骤组成：

1）用于车辆的钥匙必须在车身控制模块上注册。

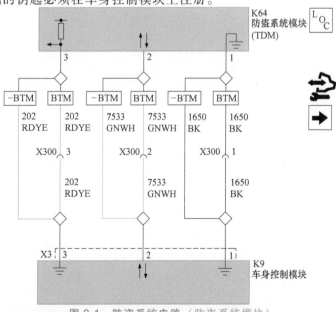

图9-1　防盗系统电路（防盗系统模块）

2）在几个模块中，车辆识别码被编程。所使用的电子控制单元包括电子制动控制模块，暖风、通风与空调系统控制模块，组合仪表和安全气囊系统传感和诊断模块。其中，至少有3个模块必须在给定时间内响应以使发动机起动，并且始终需要组合仪表的响应。

3）需要在发动机控制模块（ECM）和车身控制模块之间进行安全数据交换，以使发动机起动。发动机控制模块发送检验口令至车身控制模块，车身控制模块再将计算值回发至发动机控制模块。如果计算值正确，则允许发动机起动。

如果3个步骤中有任何一个无法完成，则停用起动机、燃油喷射和点火，进而导致发动机不起动。此外，指示灯也指示防盗系统启动。

如图9-3所示，电动警报器监测警报启用信号电路，当车身控制模块显示发生了需要报

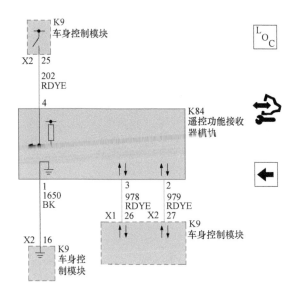

图 9-2　防盗系统电路（遥控功能接收器模块）

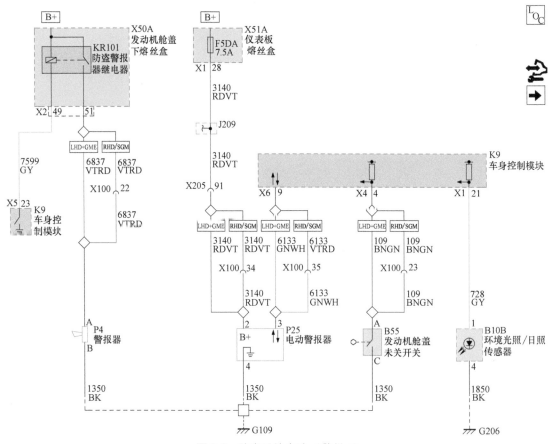

图 9-3　防盗系统电路（警报 1）

警的事件时，鸣响声音警报。电动警报器独立于车身控制模块监测其自身的电压电路。若电压干扰电动警报器，警报将鸣响。

二、安全防盗系统综合解读

如图 9-4 所示，启动安全防盗系统（CTD）用来阻止车内物品被盗，当检测到非法进入车辆时，它会鸣响喇叭并点亮车外灯约 30s。但是，安全防盗系统不影响发动机起动。

安全防盗系统的部件包括车身控制模块、遥控门锁接收器、安全指示灯、车门未关开关、驾驶人侧车门锁锁芯开关、发动机舱盖未关开关（若装备）、行李舱盖未关开关、安全防盗系统传感器（若装备）、防盗警报器或电动警报器（若装备）、玻璃破裂传感器（若装备）等。

（1）车身控制模块 安全防盗系统是车身控制模块的一个内部功能，车身控制模块利用串行数据和各种开关输入信息执行安全防盗系统的功能。当车身控制模块检测到非法进入车辆时，就会触发喇叭并点亮车外灯。车身控制模块有解除、待机、启动和报警 4 个运行安全防盗系统的基本模式。

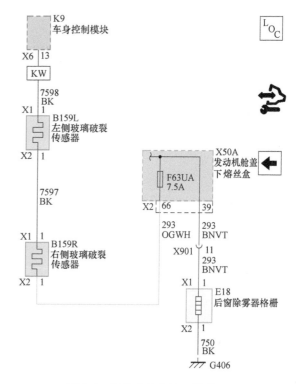

图 9-4 防盗系统电路（警报 2）

（2）遥控门锁接收器 遥控门锁系统能启动和解除安全防盗系统。当遥控门锁接收器接收到来自发射器的车门锁止或解锁信号时，遥控门锁模块通过串行数据向车身控制模块发送一条信息，以执行相应的启动/解除功能。防盗指示灯接收车身控制模块或防盗系统模块指令，在仪表板组合仪表上点亮。在启动前，防盗指示灯通知驾驶人系统的状态。

（3）安全指示灯 安全指示灯由安全防盗系统的车身控制模块或防盗模块的防盗系统模块指令控制，在仪表板组合仪表上点亮。在启动前，安全防盗系统使用安全指示灯通知驾驶人系统的状态。组合仪表上的安全指示灯由安全防盗系统和防盗模块系统共同控制。

（4）车门未关开关 安全防盗系统使用车门未关开关作为状态指示灯，以启动警报。车身控制模块通过每个车门未关开关的离散输入信号监视车门未关开关。在安全防盗系统启动时，如果车身控制模块收到一个指示车门已打开的信号，车身控制模块就会启动警报。

（5）驾驶人侧车门锁锁芯开关 安全防盗系统使用驾驶人侧车门锁芯开关作为解除安全防盗系统的一种方法。根据来自每个开关的离散输入，车身控制模块接收驾驶人侧车门锁芯开关状态。当转动驾驶人侧车门锁芯时，安全防盗系统将立即解除。

（6）发动机舱盖未关开关 安全防盗系统使用发动机舱盖未关开关作为状态指示灯，

以启动警报。车身控制模块通过开关的离散输入信号监视发动机舱盖未关开关。在安全防盗系统启动时，如果车身控制模块收到一个指示发动机舱盖已打开的信号，车身控制模块就会启动警报。

（7）行李舱盖未关开关　安全防盗系统使用行李舱盖未关开关作为状态指示灯，以启动警报。车身控制模块通过开关的离散输入信号监视行李舱盖未关开关。在安全防盗系统启动时，如果车身控制模块收到一个指示行李舱盖已打开的信号，车身控制模块就会启动警报。

（8）安全防盗系统传感器（侵入/倾角传感器）　安全防盗系统传感器是一个双传感器，它包括侵入传感器和倾角传感器。侵入/倾角传感器由车身控制模块监测，侵入传感器是一个振动传感器，它监视强行进入或车内移动，倾角传感器监视车辆的驻车角度。举升车辆或挂车时，可能会出现车辆角度改变的现象。如果安全防盗系统处于启动模式，且检测到车辆侵入或有倾角，安全防盗系统将进入警报模式。

（9）防盗警报器或电动警报器　防盗警报器或电动警报器在某些出口型车辆上使用。如果安全防盗系统处于警报模式，车身控制模块将请求防盗警报器或电动警报器接通。

（10）玻璃破裂传感器　玻璃破裂传感器是振动传感器，它监测通过后侧车窗的强行进入或玻璃破裂。如果安全防盗系统处于启动模式，且检测到后侧车窗玻璃破裂，则安全防盗系统将进入警报模式。

第二节　娱乐通信系统电路图的识读

一、汽车音响系统电路图的识读

1. 收音机

汽车收音机的主要功能是接收广播电台发送的调频和调幅广播信号，并对广播信号进行处理得到音频信号。汽车收音机与普通收音机不同，这主要是因为汽车收音机内部不包括低频功率放大器、扬声器、天线等，汽车收音机实质上是一个调谐器。汽车收音机接收来自天线的射频信号，而输出的是小功率的音频信号，此音频信号经共享的功放电路放大后，推动扬声器还原成声音。

收音机一般接收的信号有调幅和调频 2 种，调幅又分中波和短波。磁带放音机一般由机芯、电动机、磁头、放音降噪电路以及自动选曲电路等组成。图 9-5 所示为收放机的基本原理图，电路部分由收音/放音电路、音调/音量平衡控制电路及音频功率放大电路组成。

当开关 S 中的①、③端接通时，收音电路工作，收音信号经音调/音量平衡控制电路及音频功率放大器还原为声音。

当开关 S 中的②、③端接通时，放音电路工作，磁带放音信号经音调/音量平衡控制电路及音频功率放大器还原为声音。

下面以大众宝来轿车为例讲解收音机电路的识读。图 9-6 所示为宝来收音机电路图，宝来收音机有 Alpha、Beta、带 CD 机的 Beta、Gamma、带 CD 机的 Gamma 等多种品牌。

广播信号经 R11 天线接收后，由 R24 天线放大器进行信号选频和放大后再输入收音机R。天线作为信号发射接收装置，都会有屏蔽装置，既防止外来信号的干扰，也隔断本身信

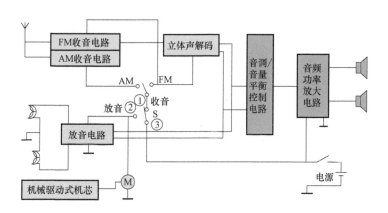

图 9-5 收放机的基本原理图

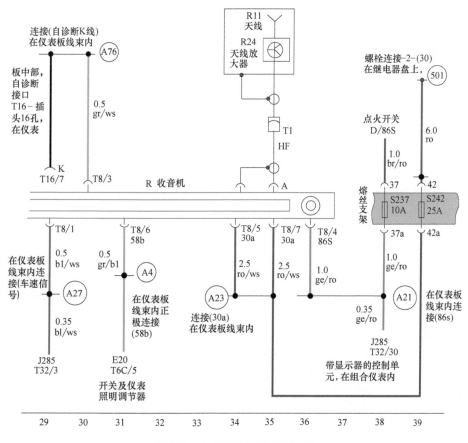

图 9-6 大众宝来收音机电路图

号对其他电气设备的干扰。

30 号电源经熔丝 S242，分成 2 条支路进入收音机，一路直接从 T8/7 进入，另一路经连接点 A23 从 T8/5 进入；熔丝 S237 为点火开关内的触点，当点火钥匙一插入时，S237 就已接通电源。然后电源经 A21 连接点由 86S 线从 T8/4 进入。

2. 音响电路

以日产天籁轿车为例，讲解音响电路图的识读。日产天籁音响电路（有集成显示系统）如图 9-7 所示。

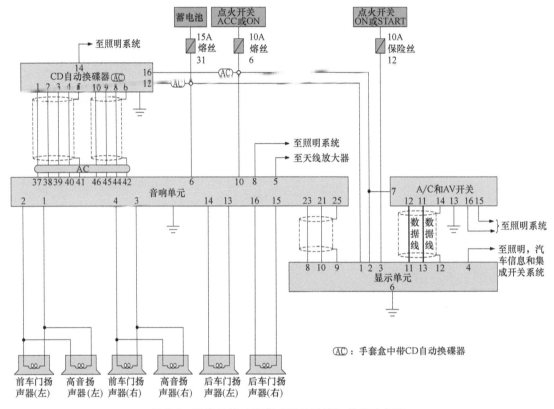

图 9-7　日产天籁（有集成显示系统）的音响电路

常供电电路：蓄电池电压→31 号熔丝（15A）→音响单元端口 6、CD 自动换碟器端口 12、显示单元端口 1。

点火开关控制电路：当点火开关位于"ACC"或"ON"位置时，经点火开关后的蓄电池电压→6 号熔丝（10A）→音响单元端口 10、CD 自动换碟器端口 16、显示单元端口 2、A/C 和 AV 开关端口 7。

音响系统的运行信号从 A/C 和 AV 开关端口 11、12、14 传输到显示单元端口 13、11、12，通过显示单元的通信线路传送到音响设备，并控制着音响系统。显示信号通过显示单元的通信线路从音响设备传送到显示单元，然后显示出音响系统的运行状态。CD 自动换碟机通过通信线路连接到音响设备，A/C 和 AV 开关的运行信号通过音响设备传送到 CD 自动换碟机。

音响信号从音响设备的端口 1~4 输出，分别输出到前车门左右扬声器和左右高音扬声器，通过音响设备端口 13~16 输出到后车门左右扬声器。

二、导航系统电路图的识读

汽车导航系统由 GPS（Global Positioning System，全球卫星定位系统）、主控中心和车载部分等组成，如图 9-8 所示。

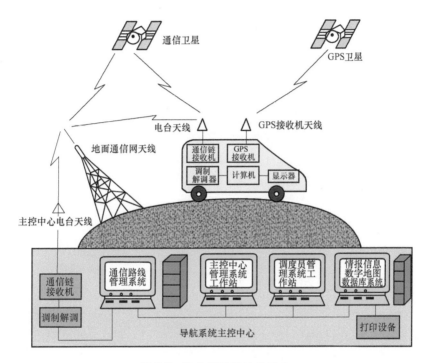

图 9-8　汽车导航系统的组成

　　车载部分由 GPS 接收机、调制解调器及计算机等组成，有的还包括自律导航装置、车速传感器、轮速传感器、CD-ROM 驱动器等，如图 9-9 所示。GPS 接收机用于接收 GPS 发射的信号。调制解调器用来控制 GPS 接收机的数据采集工作并将数据信息转换成模拟信号后再通过电台天线发往主控中心。

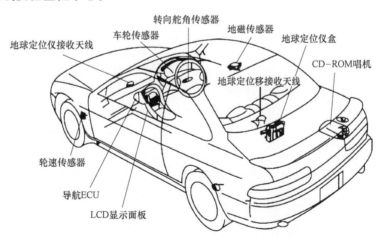

图 9-9　汽车自动定位/导航系统的车载部分

　　以日产天籁轿车为例讲解导航系统电路图的识读。导航系统主要由 NAVI（导航系统）控制单元、显示器、显示控制单元、A/C 和 AV 开关、后视相机控制单元等组成，电路如图 9-10 所示。

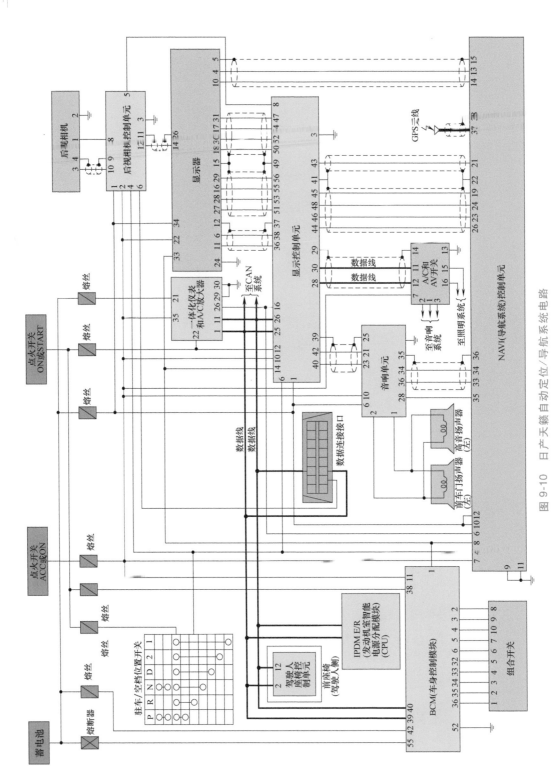

图 9-10 日产天籁自动定位/导航系统电路

（1）NAVI 控制单元　NAVI 控制单元包括陀螺仪（角速度传感器）、GPS 调谐器和 DVD ROM 驱动以及控制导航功能。汽车位置由陀螺仪、汽车角度传感器、GPS 卫星和地图 DVD ROM 的信号计算得到，然后把地图图像信号传输到显示控制单元显示出来。显示器的运行信号从其 4、5、10 脚通过通信线路，从显示器传输到 NAVI 控制单元的 13、14、15 脚。

（2）GPS 天线　GPS 天线外接于 NAVI 控制单元的 37、38 脚，它从 GPS 卫星接收无线电波并将其放大，然后把 GPS 信号传输到 NAVI 控制单元。

（3）显示器　显示器主要显示地图窗口、音响和空调的状态，倒档时的后视图像、时间等。系统采用了与导航系统操作开关相集成的显示器，以显示器上的面板开关运行导航系统，并触摸显示在屏幕上的开关。显示器的操作信号通过通信线路，从显示器传输到 NAVI 控制单元。

（4）显示控制单元　显示控制单元得到音响和空调屏幕、驾驶信息屏幕、燃油耗尽屏幕等的状态，然后将图像信号传输到显示屏幕。同时，显示控制单元接收来自 A/C 和 AV 开关的音响和空调操作信号，并通过通信线路将音响操作信号传送到音响单元，通过 CAN 通信将空调的操作信号传送到一体化仪表和 A/C 放大器。

（5）A/C 和 AV 开关　A/C 和 AV 开关采用了音响和空调开关的集成组合。音响操作信号通过显示控制单元的通信线路传送到音响单元。空调的操作信号通过显示控制单元的 CAN 通信传送到一体化仪表和 A/C 放大器。在屏幕上显示燃油耗尽信息时，使用 A/C 和 AV 开关。

（6）后视相机　在倒车时，后视相机从其 3、4 脚输出图像信号到后视相机控制单元，通过后视相机控制单元将图像信号传送到显示屏幕上。

（7）后视相机控制单元　后视相机控制单元的 8 脚输出电源到后视相机的 1 脚，当有倒车信号输入时，后视相机的图像将传送到显示屏幕上。汽车宽度和距后端距离的轮廓线，被合成后显示在后视图像上。

第三节　汽车空调系统控制电路图的识读

汽车空调的作用是对车内空气的温度、湿度等进行调节。汽车空调系统按操纵和控制方式的不同可划分为手动空调和自动空调。手动空调系统的温度调节、鼓风机档位选择、配风方式由驾驶人操作空调控制面板上的开关或推杆实现。自动空调系统由电子控制单元根据传感器监测到的信号或驾驶人设定的信号，通过对执行元件的控制，对车内温度、鼓风机转速、配风方式等进行调节。

一、手动空调电路图的识读

以桑塔纳 3000 轿车空调系统为例进行讲解。

1. 电路组成

图 9-11 所示为桑塔纳 3000 轿车空调系统电子控制电路，它由电源电路、进气门电磁阀控制电路、鼓风机控制电路、空调电磁离合器控制电路、散热器风扇控制电路以及空调保护电路等组成。该空调系统在原型号的基础上，对蒸发器、储液器、冷凝器、压缩机等总成和

零件做了很大改进，使它的降温效果有了明显提高。

桑塔纳3000轿车空调系统的工作受发动机控制，发动机必须能正常工作，发动机ECU（J220）的T80/8端输出高电平时，压缩机切断继电器J26才能吸合，制冷系统才能工作。

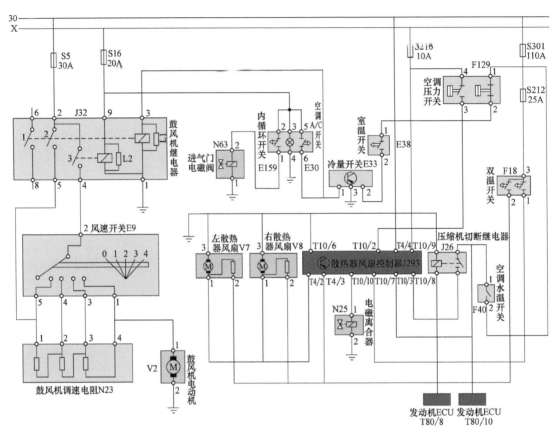

图9-11 桑塔纳3000轿车空调系统电子控制电路

2. 工作原理

（1）电源电路 空调系统由30号线和X号线供电，30号线为常相线，与蓄电池正极直接连接，X号线受点火开关及卸荷继电器（中间继电器）的控制。当卸荷继电器线圈得电吸合，其常开触点闭合后，30号线上的蓄电池电压就会加至X号线上，使连接在X号线上的鼓风机、空调电磁离合器以及散热器风扇控制部分（除风扇水温控制外）等均得电。

（2）进气门电磁阀控制电路 进气门电磁阀N63线圈的电流通路：X号电源线→空调熔丝S16→内循环开关E159→进气门电磁阀N63线圈→搭铁→蓄电池负极。

（3）鼓风机控制电路 鼓风机电动机V2的供电受控于鼓风机继电器J32，当闭合点火开关时，X号线通电，鼓风机继电器吸合，V2才会得电工作。

鼓风机共有4种不同的转速，以满足不同送风量的要求，转速的变换是由鼓风机风速开关E9通过切换调速电阻N23来实现的：

1）当点火开关处于ON位置时，X号线通电，由此形成了以下的电流通路：X号线电源→熔丝S16→鼓风机继电器J32内的线圈L2→搭铁→蓄电池负极。

2）当将鼓风机的风速开关置于1、2、3、4档时，就形成了以下的电流通路：蓄电池正极→30号线→熔丝S5→继电器J32内的线圈2的已闭合常开触点→风速开关E9的2端。此时，E9若在1~4档，则鼓风机电动机V2均会得电工作，可从1~4档，使鼓风机以依次升高的4种不同速度进行转动，实现对通风量的控制。当E9处于0档时，鼓风机将停止工作。

当鼓风机开关E9在0档且打开空调A/C开关E30时，鼓风机继电器J32吸合，以保证在起动空调系统时，鼓风机与空调系统同步工作。其电流通路如下：X号线电源→熔丝S16→空调A/C开关E30→鼓风机继电器J32内的线圈1→搭铁→蓄电池负极。

上述这一电流通路使继电器J32内常开触点2得电闭合，从而又形成了如下的电流通路：蓄电池正极→30号线→熔丝S5→继电器J32内的线圈L1的已闭合常开触点→鼓风机调速电阻N23→鼓风机电动机V2→搭铁→蓄电池负极。

（4）空调电磁离合器控制电路　空调电磁离合器的状态除了受X号线、空调A/C开关E30、冷量开关E33、室温开关E38、空调水温开关F40以及制冷液管路空调压力开关F129的控制外，还受散热器风扇控制器J293和发动机ECU的控制。如果不满足上述任一单元所设定的条件，空调电磁离合器的供电都将被切断，从而使压缩机停止工作。

开启空调后，12V电压从X号线经熔丝S16、空调A/C开关E30、冷量开关E33、室温开关E38、空调压力开关F129（低压开关）、空调水温开关F40后分成3路：第1路到发动机控制单元ECU的T80/10端，作为空调请求信号；第2路到散热器风扇控制器J293的T10/3端，作为散热器风扇低速档工作信号；第3路经空调压缩机切断继电器J26触点加至散热风扇控制器J293的T10/8端，作为电磁离合器工作信号。

当发动机ECU（J220）的T80/10端收到空调请求信号时，发动机ECU（J220）的T80/8端输出高电压，压缩机切断继电器J26电流通路使继电器吸合。

当散热器风扇控制器J293的T10/8端为高电平时，风扇控制器的T10/10端输出12V电压控制空调电磁离合器吸合，空调工作。

（5）散热器风扇控制电路　散热器风扇除了受冷却水温度和发动机舱温度的控制外，还受空调系统工作状态的控制。

1）散热器风扇低速运转：当发动机运转时，如接通冷量开关E33，散热器风扇控制器J293的T10/3端为高电平时，风扇控制器的T4/3端输出12V电压控制左、右散热器风扇V7、V8低速运转。

当发动机冷却液温度达95℃时，双温开关F18内的低温触点（右边）闭合，12V电源电压经触点接通风扇电动机的低速档，左、右散热器风扇V7、V8低速运转。

2）散热器风扇高速运转：当发动机冷却液温度达102℃时，双温开关F18内的高温触点（左边）闭合，12V电压经闭合的触点到散热器风扇控制器J293的T10/7脚。风扇控制器的T4/2输出12V电压控制左、右散热器风扇V7、V8高速运转。

（6）空调保护电路　当空调管路压力高于1.45MPa时，空调压力开关F129中的1.45MPa压力开关（左边）闭合，散热器风扇控制器J293的T10/2端为高电平，其T4/3端输出12V电压控制散热器风扇高速运转，冷却强度加强，使空调系统的冷凝器迅速散热，用于降低制冷系统中的压力。

当空调制冷剂泄漏时，如果管路静态压力低于0.2MPa，空调压力开关F129内的0.2/3.2MPa压力开关（右边）则断开，散热风扇控制器J293的T10/3端失电，空调停止工作，以防止空调压缩机在润滑不良的情况下运转而损坏。当管路压力高于 3.2MPa 时，0.2/3.2MPa 压力开关也断开，空调不工作，以保护空调管路及压缩机。同理，当发动机冷却液温度高于 119℃时，空调水温开关 F40 断开，空调也将停止工作。

空调压缩机切断继电器 J26 由发动机 ECU 的 T80/8 端控制。它有双向作用：一是控制全负载时切断空调；二是在空调工作时，控制发动机急速提升。当发动机 ECU（J220）有故障或处于急加速工况时，发动机 ECU 的 T80/8 端输出低电平，使压缩机切断继电器 J26 停止工作，散热器风扇控制器 J293 的 T10/8 端为低电平，从而使压缩机停止工作。

二、自动空调电路图的识读

现以天籁轿车自动空调为例，介绍自动空调系统电路图的识读方法。天籁轿车自动空调主要由一体化仪表和 A/C 放大器、风扇控制放大器、显示单元（见图 9-12）、显示控制单元（见图 9-13）、A/C 和 AV 开关、鼓风机电动机、模式门电动机、空气混合门电动机、进气门电动机、压缩机、传感器等组成，自动空调电路如图 9-14 所示。

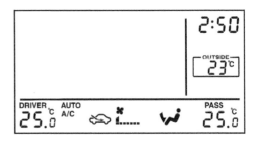

图 9-12　日产天籁轿车自动空调显示单元

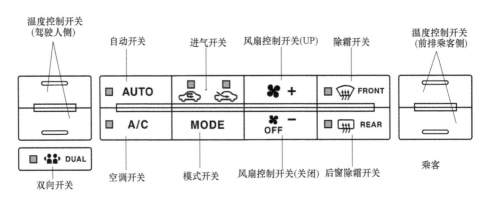

图 9-13　日产天籁轿车自动空调显示控制单元

1. 电源电路

（1）常电源电路　常电源电路分别由蓄电池直接供电的熔丝 19#、71#、78#、79#组成。为一体化仪表和 A/C 放大器供电的为 19#熔丝，电路：蓄电池电流→19#熔丝（10A）→一体仪表和 A/C 放大器的 21 端子，无论发动机是否工作，一体化仪表和 A/C 放大器的 21 端子均有电。79#熔丝为空调压缩机电磁离合器提供电源。71#、78#熔丝为发动机室智能电源分配模块供电。

（2）点火开关 ON 通电电路　点火开关 ON 位通电电路分别通过 10#、11#熔丝，10#熔丝为一体化仪表和 A/C 放大器 46 端子供电，其电路：蓄电池→点火开关→10#熔丝（15A）→一体化仪表和 A/C 放大器的 46 端子，进而供给相关的传感器和执行器工作。11#熔丝为鼓风机供电，同时通过一体化仪表和 A/C 放大器的 47 端子将鼓风机工作的信号提供给一体化仪表和 A/C 放大器。

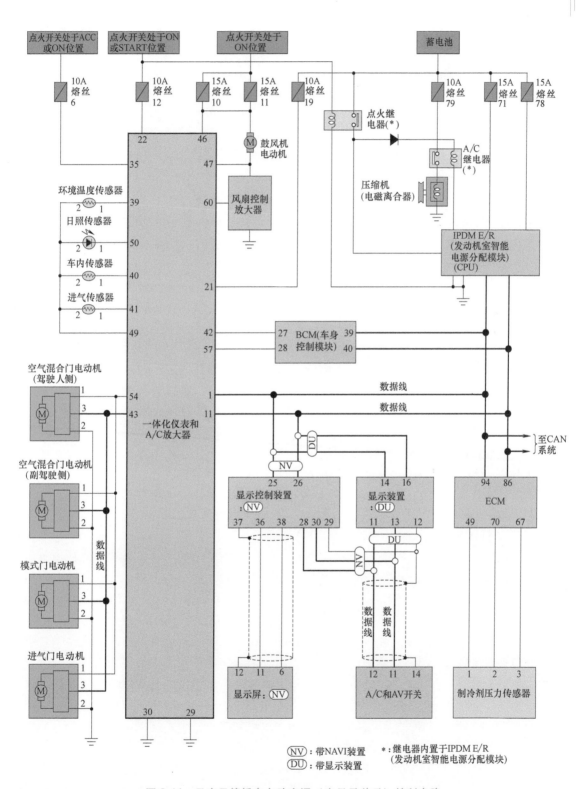

图 9-14　日产天籁轿车自动空调（有显示单元）控制电路

（3）点火开关 ON 和 START 位通电电路　12#熔丝在点火开关 ON 和 START 位时均通电，电路：经点火开关 ON 和 START 位的蓄电池电流→12#熔丝（10A）→一体化仪表和 A/C 放大器 22 端子。

（4）点火开关 ON 和 ACC 位通电电路　6#熔丝在点火开关 ON 和 ACC 位时均通电，电路：经点火开关 ON 和 START 位的蓄电池电流→6#熔丝（10A）→一体化仪表和 A/C 放大器 35 端子。

2. 传感器电路

大赖轿车自动空调的传感器主要有环境温度传感器、车内传感器、日照传感器和进气传感器。

（1）环境温度传感器　环境温度传感器安装在发动机罩锁撑杆上。它探测环境温度并将其转换成电阻值，然后输入一体化仪表和 A/C 放大器，环境温度传感器的 1#端子为信号输出端子，接一体化仪表和 A/C 放大器的 39 端子；2#端子为接地端子，接一体化仪表和 A/C 放大器的 49 端子。

（2）车内传感器　车内传感器位于驾驶人下侧仪表板。它将吸气机所抽取的车厢内的空气温度变化转换成电阻值，然后输入一体化仪表的 A/C 放大器中。车内传感器的 1#端子为传感器信号输出端子，接一体化仪表和 A/C 放大器的 40 端子；2#端子为接地端子，接一体化仪表和 A/C 放大器的 49 端子。

（3）日照传感器　日照传感器位于前排乘客侧除霜器格栅上。它利用光敏二极管来探测风窗玻璃进入的日光量。日照传感器将日光转换成电流值，然后输入一体化仪表和 A/C 放大器中。日照传感器的 1#端子为信号输出端子，接一体化仪表和 A/C 放大器的 50 端子；2#端子为接地端子，接一体化仪表和 A/C 放大器的 49 端子。

（4）进气传感器　进气传感器装在制热和制冷装置上。它将通过蒸发器的空气温度转换成电阻值，然后输入一体化仪表和 A/C 放大器。进气传感器的 1#端子为信号输出端子，接一体化仪表和 A/C 放大器的 41 端子；2#端子为接地端子，接一体化仪表和 A/C 放大器的 49 端子。

3. 执行器电路

（1）模式门电动机　模式门电动机安装在制热和制冷单元上。它的旋转使空气可以由一体化仪表和 A/C 放大器设定的出风口排出，电动机的转动通过一个连杆驱动模式门。模式门电动机的 2#端子为接地端子；1#端子为供电端子，接一体化仪表和 A/C 放大器的 54 端子；3#端子为通信信号端子，通信信号从一体化仪表和 A/C 放大器的 43 端子输出。

（2）空气混合门电动机　空气混合门电动机安装在制热和制冷单元上。它的转动使空气混合门可以开启或关闭到一体化仪表和 A/C 放大器设定的位置，空气混合门直接转动滑门齿轮并移动滑门。空气混合门电动机的 2#端子为接地端子；1#端子为供电端子，接一体化仪表和 A/C 放大器的 54 端子；3#端子为通信信号端子，通信信号从一体化仪表和 A/C 放大器的 43 端子输出。天赖轿车中有 2 个空气混合门电动机：一个是驾驶人侧空气混合门电动机；另一个是前排乘客侧空气混合门电动机。

（3）进气门电动机　进气门电动机安装在进气单元上。它的旋转使空气可以由一体化仪表和 A/C 放大器设定的进气口吸入，电动机的转动通过一个杠杆运动驱动进气门。进气门电动机的 2#端子为接地端子；1#端子为供电端子，接一体化仪表和 A/C 放大器 54 端子；

3#端子为通信信号端子，通信信号从一体化仪表和 A/C 放大器的 43 端子输出。

（4）鼓风机电动机　在自动模式下，鼓风机电动机的转速由一体化仪表和 A/C 放大器根据车内的传感器、日照传感器、进气传感器及环境温度传感器等的输入信息进行计算控制（控制电压在 3.5~12V 的范围内）。一体化仪表和 A/C 放大器的 60 端子向风扇控制放大器提供电压。在这个电压的基础上，风扇控制放大器控制其 3#端子输出电流供给鼓风机电动机，同时此电流经一体化仪表和 A/C 放大器的 47 端子反馈给一体化仪表和 A/C 放大器。

（5）压缩机（电磁离合器）　根据进气温度及发动机控制模块（ECM）的信号，一体化仪表和 A/C 放大器对压缩机的工作进行控制。当按下空调开关（风扇打开）、按下 DEF 开关（有显示单元），一体化仪表和 A/C 放大器将压缩机的 ON 信号输入 BCM 中。通过 CAN 通信线路，BCM 将压缩机的 ON 信号传送给发动机控制模块（ECM）。依据每个传感器状态（制冷剂压力传感器信号、节气门位置传感器等），发动机控制模块（ECM）判断是否能开启压缩机。如果它判断压缩机可以开启，就会通过 CAN 通信线路将压缩机的开启信号传送给 IPDME/R。从发动机控制模块（ECM）中接收压缩机开启信号后，IPDME/R 就开启 A/C 继电器。A/C 继电器触点闭合，蓄电池电流→79#熔丝（10A）→A/C 继电器触点→ IPDM E/R 的 33 端子→压缩机→搭铁，此时压缩机通电运转。

第四节　安全气囊控制系统电路图的识读

一、安全气囊的组成

安全气囊（Safety Air Bag）系统的确切名称是辅助防护系统（Supplemental Restraint System）或辅助防护安全气囊系统（Supplemental Restraint Safety Air Bag System），英文缩写为 SRS。安全气囊系统（SRS）是座椅安全带的辅助装置，只有在使用安全带的条件下，该系统才能充分发挥保护驾驶人和乘员的作用。

安全气囊系统由各种传感器、安全气囊电控单元、气囊组件、安全气囊警告灯等组成。电路组成框图如图 9-15 所示。

1. 传感器

传感器用于检测、判断汽车发生事故后的撞击信号，以便及时启动安全气囊系统。传感器按功能分为碰撞传感器和碰撞防护传感器两种。

1）碰撞传感器：负责检测碰撞的强度，又称为碰撞烈度传感器，检测安全气囊是否需要打开。如果汽车以 40km/h 的车速撞到一辆正在停放的同样大小的汽车上，或者以不低于 22km/h 的车速迎面撞到一个不可变形的固定障碍物上，碰撞传感器便会动作，接通接地回路。

2）碰撞防护传感器：又称为安全传感器或保险传感器，简称防护传感器，一般都安装在 SRS ECU 内部。碰撞防护传感器和碰撞传感器的结构原理完全相同，其唯一区别在于设定的减速度阈值有所不同。换句话说，一只碰撞传感器既可用作碰撞传感器，也可用作碰撞防护传感器，但是必须重新设定其减速度阈值。设定减速度阈值的原则是碰撞防护传感器的减速度阈值比碰撞传感器的减速度阈值稍小。

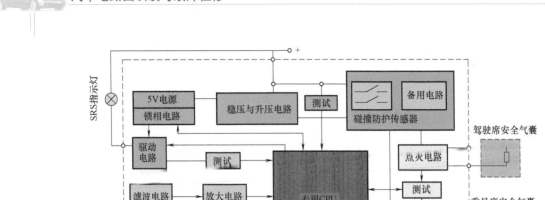

图 9-15 安全气囊系统基本电路组成

2. 安全气囊电控单元

安全气囊电控单元是安全气囊系统的控制中心，其功用是接收传感器输入信号，判断是否点火引爆气囊组件而使气囊充气，并对系统故障进行自诊断。

安全气囊电控单元（ECU）是安全气囊系统的核心部件，主要由安全气囊逻辑模块、能量储存装置（电容）、电路插接器、信号处理电路、备用电源和稳压电路等组成。安全气囊 ECU 一般与安全传感器一起被制作在安全气囊控制组件中，通常安装在驾驶室变速杆前、后的装饰板下面。

3. 气囊组件

气囊组件主要由气体发生器、点火器和气囊等组成。其中，驾驶人侧气囊组件位于转向盘中心处，前排乘客侧气囊组件位于仪表板右侧、杂物箱的上方，侧面气囊组件位于前排座椅的靠背里。

4. 安全气囊指示灯

安全气囊（SRS）指示灯又称为 SRS 警告灯，一般安装在驾驶室仪表板面膜下面，并在面膜表面相应位置制作有气囊动作图形或 "SRS" "AIR BAG" "SRS AIR BAG" 等字母表示。

安全气囊指示灯的功用是指示安全气囊是否处于正常状态。当点火开关置于 ON 位置后，如果安全气囊指示灯亮或闪亮 6s 后自动熄灭，则表示安全气囊系统功能正常。如果安全气囊指示灯不亮、一直点亮或在汽车行驶中突然亮或闪亮，则表示自诊断系统发现安全气囊系统有故障，应及时排除。自诊断系统在控制安全气囊指示灯亮或闪亮的同时，还会将所发现的故障编成代码存储在存储器中。

二、安全气囊系统电路图的识读示例

以本田雅阁轿车安全气囊系统电路为例进行说明。本田雅阁轿车安全气囊系统电路如图

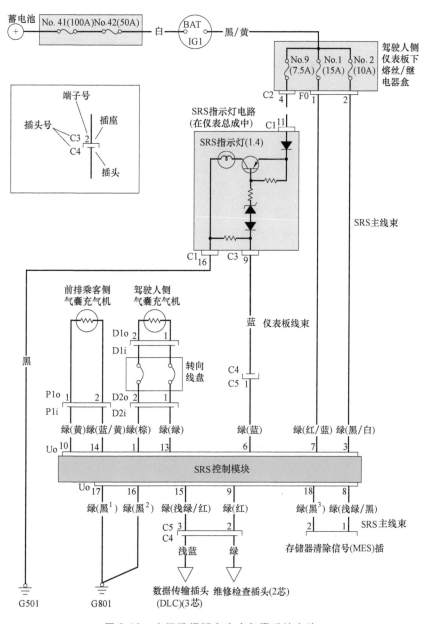

图 9-16　本田雅阁轿车安全气囊系统电路

9-16 所示，安全气囊系统包括驾驶人侧气囊组件、前排乘客气囊组件、SRS 控制模块、SRS 指示灯、转向线盘、线束等组成。

　　当点火开关闭合时，蓄电池电压经过 No.41 和 No.42 熔丝→点火开关→驾驶人侧仪表板下熔丝/继电器盒中的 No.1（15A）和 No.2（10A）分别给 SRS 控制模块的 7 号和 3 号端子供电；另一路电源通过点火开关后通过驾驶人侧仪表板下熔丝/继电器盒中的 No.9（7.5A）熔丝为 SRS 指示灯供电，在指示灯和电源间串联一个晶体管，当晶体管导通时，气囊指示灯点亮，晶体管的通断由 SRS 控制模块的 6 号端子控制。SRS 控制模块通过 16、17 号端子搭铁。

SRS 控制模块的 1、13 端子经转向线盘后再与驾驶人侧安全气囊相接；前排乘客侧安全气囊则直接与 SRS 控制模块 10、14 端子连接。

第五节　车载网络系统电路图的识读

一、车载网络系统介绍

由于汽车技术的不断发展，汽车上采用的电控系统的数量越来越多，多个处理器之间相互连接、协调工作并共享信息构成了汽车车载计算机网络系统，简称车载网络。

控制器局域网络（Controller Area Network，CAN）是国际上应用最广泛的现场总线之一，是一种实时应用的串行数据通信总线系统，具有高性能和高可靠性，并易于检测故障。CAN 数据传输系统由控制器、收发器、数据传输终端和数据总线等构成。

（1）CAN 控制器　CAN 控制器的作用是接收控制单元中微处理器发出的数据，处理数据并传送给 CAN 收发器。同时 CAN 控制器也接收收发器收到的数据，处理数据并传给微处理器（电脑内部数据的接收、处理及传送）。CAN 控制器的类型有两类，一类是独立的，另一类是和微处理器做在一起的。

（2）CAN 收发器　CAN 收发器是一个发送器和接收器的组合（见图 9-17），它将 CAN 控制器提供的数据转化成电信号并通过数据总线发送出去，同时，它也接收总线数据，并将数据传到 CAN 控制器。

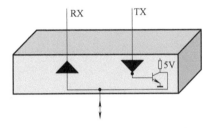

图 9-17　发送器和接收器结构示意图

（3）CAN 数据传递终端　数据传递终端实际是一个电阻，作用是避免数据传输终了反射回来，产生反射波而使数据遭到破坏。终端电阻的布置如图 9-18 所示。

（4）CAN 数据总线　CAN 数据总线是用以传输数据的双向数据线，分为 CAN 高位（CAN-high）和低位（CAN-low）数据线，两线条上的电位是相反的，如果一条线的电压是 5V，则另一条线就是 0V。数据没有指定接收器，数据通过数据总线发送给各控制单元，各控制单元接收后进行计算。为了防止和避免外界电磁波的干扰和向外辐射，这两条总线是缠绕在一起的（见图 9-19）。并且不同类型 CAN 总线的颜色是不同的，如图 9-20 所示。

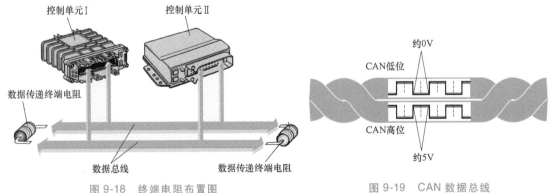

图 9-18　终端电阻布置图

图 9-19　CAN 数据总线

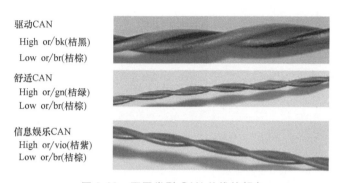

驱动CAN
High or/bk(桔黑)
Low or/br(桔棕)

舒适CAN
High or/gn(桔绿)
Low or/br(桔棕)

信息娱乐CAN
High or/vio(桔紫)
Low or/br(桔棕)

图 9-20　不同类型 CAN 总线的颜色

二、车载网络系统电路图的识读示例

以丰田凯美瑞轿车为例，介绍车载网络系统电路图的识读。

1. CAN 总线结构

图 9-21 所示为不带智能起动进入系统的丰田凯美瑞 CAN 总线结构。

各节点（ECU 或传感器）通过 CAN 总线相连，实现数据的实时通信。各节点分别是指发动机控制模块（ECM）、防滑控制 ECU、组合仪表、主车身 ECU、空调放大器、中央气囊传感器总成、DLC3。CAN 总线为双绞线，由 CANH 和 CANL 两条线配对，并由差动电压驱动，如图 9-22 所示。CAN 有两个 120Ω 的终接电阻器，这里终接电阻器位于组合仪表和发动机控制模块（ECM）中，连接终接电阻器的总线为主总线，其他为总线支线。

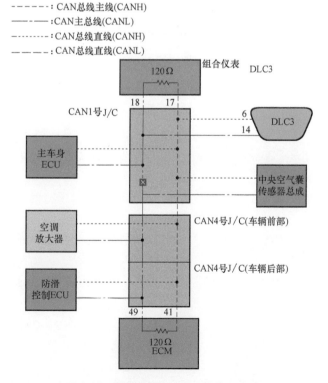

图 9-21　凯美瑞 CAN 总线结构示意图

2. CAN 总线读图

信息的发送有 2 种规则，一是某一节点向该节点发送请求时，该节点才向其发送信息；二是没有请求信号，各节点向对应节点定期发送信息。当 2 个以上节点同时需要发送信号时，那么节点自身需判定信号优先级别，优先级别高的先发送，如发动机控制模块（ECM）发送发动机冷却液温度信号 THW 到组合仪表，防滑控制 ECU 需电子节气门协调工作的信号发送到发动机控制模块（ECM），这时发动机控制模

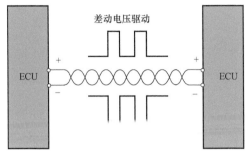

图 9-22　CAN 总线节点通信示意图

块（ECM）和防滑控制 ECU 各自比较信号优先级别，结果是，防滑控制 ECU 优先发送。同样，当同一节点需同时发送 2 个以上信号时，该节点也要判定优先级别，级别高的先发送，如发动机控制模块（ECM）发送发动机冷却液温度信号 THW、发动机转速 Ne，则发动机转速 Ne 信号优先发送。信息接收时，也会有相应的规则，如某一节点发送信息的同时如何协调信息接收等。那么，CAN 总线通过通信协议，也就是通信规则，保证了通信的顺利进行，同时也保证了较高的通信稳定性和通信速度。一般 CAN 的通信速度为 500KB/s（最高2MB/s）。

CAN 总线为短字节传输，数据帧 1~8 个字节，保证了传输的可靠性和稳定性。另外，一旦节点判定传输数据出错时，会请求重新发送，具有纠错功能。

第六节　驻车辅助系统电路图的识读

一、驻车辅助系统的组成及控制原理

驻车辅助系统（PTS）利用超音波回声定位原理，检测车辆与障碍物之间的距离，辅助驾驶人避免视线的死角而轻松地停放车辆。奔驰 C 级轿车上装备有 10 个驻车距离传感器：车辆前部左/右保险杆共 6 个，后保险杆共 4 个。每个传感器都有水平 120°与垂直 60°的侦测范围。在倒车时，驻车辅助系统同时监视前方和后方的状况；如前行，则仅监视前方状况。该系统在车速不超过 15km/h 的情况下工作，监视的前方距离范围为 15~18cm，后方范围为 20~120cm。一旦在此距离范围内发现障碍物，显示灯便会亮起，同时车辆会发出报警声提示驾驶人。驻车辅助系统在后排座椅靠背上部和中控台前端有两组显示灯，这是驻车辅助系统的重要组成部分。驻车辅助系统控制框图如图 9-23 所示。

倒车灯开关信号及驻车制动器指示器开关信号发送至带熔丝和继电器模块的前 SAM/SRB 控制单元 N10/1，上部控制板控制单元 N72/1 将驻车辅助系统按钮的请求通过 LIN 1（仪表板局域互联网 LIN）发送至 N10/1，N10/1 通过 CAN-B（车内 CAN）总线将这些信号传输至 N62。

驻车辅助系统控制单元 N62 控制距离传感器发出超声波信号，每个距离传感器接收其本身和其他距离传感器的信号回波，并将计算出的到障碍物的距离发送至 N62。

N62 控制仪表板驻车辅助系统警告指示器 A44/4 和后部驻车辅助系统警告指示器 A44/3，通过声音和发光二极管的指示，告知驾驶人是否有障碍物。

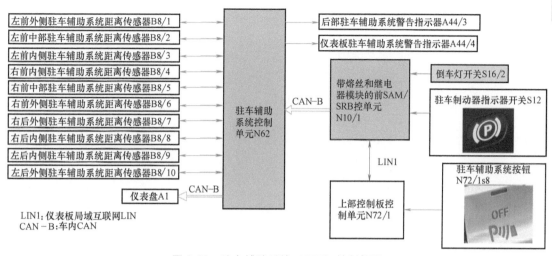

左前外侧驻车辅助系统距离传感器B8/1

左前中部驻车辅助系统距离传感器B8/2

左前内侧驻车辅助系统距离传感器B8/3

右前内侧驻车辅助系统距离传感器B8/4

右前中部驻车辅助系统距离传感器B8/5

右前外侧驻车辅助系统距离传感器B8/6

右后外侧驻车辅助系统距离传感器B8/7

右后内侧驻车辅助系统距离传感器B8/8

左后内侧驻车辅助系统距离传感器B8/9

左后外侧驻车辅助系统距离传感器B8/10

仪表盘A1

后部驻车辅助系统警告指示器A44/3

仪表板驻车辅助系统警告指示器A44/4

带熔丝和继电器模块的前SAM/SRB控制单元N10/1

倒车灯开关S16/2

驻车制动器指示器开关S12

驻车辅助系统控制单元N62

CAN-B

CAN-B

LIN1

上部控制板控制单元N72/1

驻车辅助系统按钮N72/1s8

LIN1:仪表板局域互联网LIN
CAN-B:车内CAN

图9-23　驻车辅助系统（PTS）控制框图

二、驻车辅助系统电路分析

1. 驻车辅助系统供电电路图

驻车辅助系统（PTS）供电电路如图9-24所示。驻车辅助系统控制单元N62的B-18端为供电端，由带熔丝和继电器模块的后SAM/SRB控制单元N10/2的12I-7端输出"15号电路"电压供给N62；N62的B-9端为接地端，经W15/7点接地；N62的B-5端、B-6端为CAN-B车内CAN总线端，通过车内CAN总线，N62与仪表板A1、带熔丝和继电器模块的前SAM/SRB控制单元N10/1等进行数据通信。

2. 驻车辅助系统（PTS）传感器电路

驻车辅助系统（PTS）传感器电路如图9-25所示。

距离传感器既是发射器也是接收器，用于发射和接收测量障碍物距离所需的超声波信号。通过驻车辅助系统控制单元控制距离传感器发出超声波信号，经过短暂的衰减时间后，距离传感器准备接收信号。

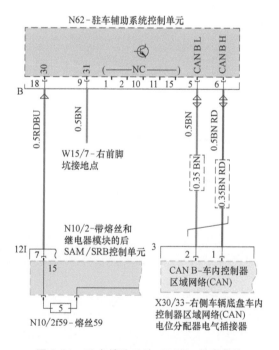

图9-24　驻车辅助系统（PTS）供电电路

每个距离传感器接收其本身和其他距离传感器的信号回波。到障碍物的距离根据信号发出到收到之间所经过的时间来计算。距离传感器的2端为接地端；3端为传感器供电端；1端为信号输出端，分别接驻车辅助系统控制单元N62。其中，N62的A-6端为左前外侧驻车辅助系统距离传感器B8/1信号输入端，N62的A-12端为左前中部驻车辅助系统距离传感器B8/2信号输入端，N62的A-5端为左前内侧驻车辅助系统距离传感器B8/3信号输入端，N62的

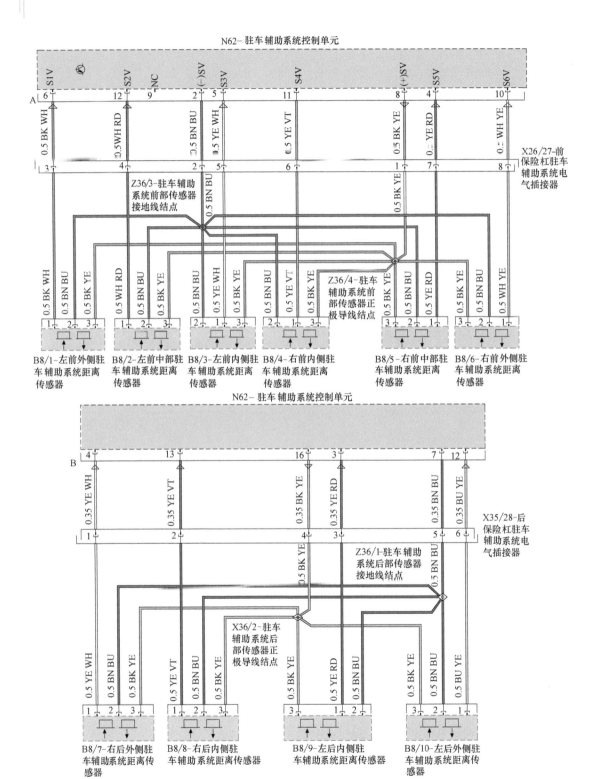

图 9-25　驻车辅助系统（PTS）传感器电路

A-11 端为右前内侧驻车辅助系统距离传感器 B8/4 信号输入端，N62 的 A-4 端为右前中部驻车辅助系统距离传感器 B8/5 信号输入端，N62 的 A-10 端为右前外侧驻车辅助系统距离传感器 B8/6 信号输入端，N62 的 B-4 端为右后外侧驻车辅助系统距离传感器 B8/7 信号输入端，N62 的 B-13 端为右后内侧驻车辅助系统距离传感器 B8/8 信号输入端，N62 的 B-3 端为左后内侧驻车辅助系统距离传感器 B8/9 信号输入端，N62 的 B-12 端为左后外侧驻车辅助系统距离传感器 B8/10 信号输入端。

3. 驻车辅助系统（PTS）警告指示器电路

驻车辅助系统（PTS）警告指示器电路如图 9-26 所示。前部驻车

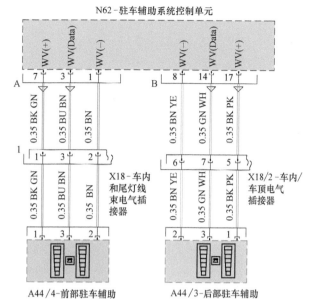

图 9-26　驻车辅助系统（PTS）警告指示器电路

辅助系统警告指示器 A44/4 位于中央仪表板，后部驻车辅助系统警告指示器 A44/3 位于车顶镶板后部。每个驻车辅助系统警告指示器都由 12 个黄色和 4 个红色发光二极管和 1 个声音传感器组成。当检测到障碍物时，先亮起的黄色发光二极管，接着亮起的红色发光二极管，随后由警告指示器内的转换器集发出的声讯报警告知驾驶人距离。当没有检测到障碍物时，警告指示器里 2 个水平放置的黄色"信号段"亮起时亮度降低。

A44/4 的 1 端为前部驻车辅助系统警告指示器供电端，经插接器 X18 的 1-1 端后接驻车辅助系统控制单元 N62 的 A-7 端；2 端为接地端，经插接器 X18 的 1-2 端后接驻车辅助系统控制单元 N62 的 A-1 端；3 端为控制端，经插接器 X18 的 1-3 端接至 N62 的 A-3 端，并由 N62 的 A-3 端输出控制信号。

A44/3 的 1 端为后部驻车辅助系统警告指示器供电端，经插接器 X18/2 的 5 端后接驻车辅助系统控制单元 N62 的 B-17 端；2 端为接地端，经插接器 X18/2 的 6 端后接 N62 的 B-8 端；3 端为控制端，经插接器 X18/2 的 7 端接至 N62 的 B-14 端，并由 N62 的 B-14 端输出控制信号。

参 考 文 献

[1] 季杰，吴敬静. 轻松看懂汽车电路图 [M]. 北京：化学工业出版社，2011.

[2] 谭本忠. 轻松看懂丰田汽车电路图 [M]. 北京：化学工业出版社，2013.

[3] 谭本忠. 轻松看懂马自达汽车电路图 [M]. 北京：化学工业出版社，2013.

[4] 于海东，胡波勇. 轻松看懂汽车电路图 [M]. 北京：化学工业出版社，2018.

[5] 李林. 零基础学看汽车电路图 [M]. 北京：机械工业出版社，2017.

[6] 宁德发. 汽车电路识图入门与提高 [M]. 北京：化学工业出版社，2017.

[7] 姚科业. 汽车电路图识读 [M]. 北京：化学工业出版社，2017.

[8] 陶荣伟. 怎样识读汽车电路图 [M]. 北京：中国电力出版社，2016.

[9] 吴文琳. 汽车电路图识读与故障检修 [M]. 北京：化学工业出版社，2011.

[10] 谭本忠. 轻松看懂奥迪汽车电路图 [M]. 北京：化学工业出版社，2013.

[11] 林传洪. 图解汽车电路图识读快速入门 [M]. 北京：机械工业出版社，2016.

[12] 姚科业. 轻松看懂日产汽车电路图 [M]. 北京：化学工业出版社，2013.

[13] 于海东. 15 天看懂汽车电路图 [M]. 北京：化学工业出版社，2017.

[14] 阴丽华，胡勇. 汽车整车电路检测与修复 [M]. 北京：机械工业出版社，2011.

[15] 孙运生. 汽车电路识图从入门到精通 [M]. 北京：化学工业出版社，2013.

[16] 谭本忠. 汽车电路图识读入门 [M]. 北京：化学工业出版社，2013.

[17] 蔡永红. 轻松看懂奔驰汽车电路图 [M]. 北京：化学工业出版社，2013.

读者沟通卡

一、申请课件

本书附赠教学课件供任课教师采用，可在机械工业出版社教育服务网（www.cmpedu.com）注册后免费下载；也可扫描二维码关注"**爱车邦**"微信订阅号获取课件。

 **爱车邦**	**免费下载**　教学课件、学习视频、海量学习资料 ☆扫描二维码，关注"**爱车邦**" ☆点击"粉丝互动"→"视频课件"

二、机工汽车教师服务群

任课教师可加入"**机工汽车教师服务群**"，与教材主编、编辑直接沟通交流。"机工汽车教师服务群"提供最新教材信息、教材特色介绍、专业教材推荐、样书申请、出版合作等服务。

QQ 群号码：633529383，本群实行实名制，请任课教师以"院校名称+姓名"的方式申请加入。

三、微信购书

 **汽修邦**	关注微信订阅号"**汽修邦**"，可直达机工社旗下网络购书平台"**汽车书院**"，第一时间购买新书，获取新鲜实用的维修资讯。

四、意见反馈和编写合作

联系人：谢元
电话：010-88379349
电子信箱：22625793@qq.com
地址：北京市西城区百万庄大街 22 号汽车分社
邮编：100037